LAGOM

ANNA BRONES

LAGOM

DAS GEHEIMNIS DES SCHWEDISCHEN LEBENSGLÜCKS

Lifestyle
BUSSE
SEEWALD

INHALT

EINLEITUNG

Schweden ist ein Land der Gegensätze. Im Winter scheint es, als würde die Dunkelheit nie mehr vergehen, im Hochsommer dagegen ist es fast immer hell, denn die Sonne geht so weit im Norden nur für kurze Zeit unter. Hier gibt es ausgedehnte Wälder, die nur dünn besiedelt sind, mit schwer zugänglichen, von Granitfelsen umgebenen Seen darin, aber auch dicht besiedelte Großstädte. Doch selbst in den Ballungsräumen ist die Natur nie weit entfernt, denn die Schweden suchen stets nach einem Ausgleich. Zu dieser Art von Mittelweg werden sie von den Extremen ihres Klimas und ihrer Umwelt inspiriert.

An den kältesten Tagen flackert warmes Kerzenlicht am Küchenfenster – ein einladender Anblick im Kontrast zu der kahlen Landschaft draußen. Der Sommer ist ein einziges Fest, und das Leben blüht wieder auf. Jetzt ist die Zeit, um sich von der Dunkelheit des restlichen Jahres freizumachen. Dieses skandinavische Land wird von sanften Farbtönen geprägt, von den blassen Grauschattierungen der Felsen, den Blaunuancen des Himmels und von den warmen Gelbtönen der

Sonnenstrahlen, die ins Wohnzimmer fallen. Die Häuser sind wohl geordnet und funktional, ihr Design ist ein Ausdruck der Kultur, die sie hervorgebracht hat.

Viele Menschen fühlen sich von Schweden angezogen, obwohl sie selbst noch nie dort waren, denn trotz seiner zahlenmäßig kleinen Bevölkerung ist der kulturelle Einfluss des Landes bedeutend. Es kommt uns tatsächlich so vor, als würden wir das Land kennen, denn wir haben schwedische Musik gehört, schwedische Bücher gelesen und die schwedische Küche gekostet. Auch in Fragen der Gestaltung ist der schwedische Einfluss überall zu sehen. Wir begegnen der schwedischen Kultur mit Zuneigung und Respekt, auch dann, wenn wir keine familiären Bindungen zu diesem Land haben und es noch nicht bereist haben.

Kulturell gilt Schweden häufig als Vorreiter. Manchmal träumen wir davon, dort zu leben, weil es für uns eine gute Lebensart repräsentiert. Wie in allen skandinavischen Ländern ist auch in Schweden die Lebensqualität hoch, die Menschen sind gleichberechtigt, und die Natur wird respektiert und geehrt. Regelmäßig belegt das Land Top-Plätze auf der Rangliste der Orte, an denen man im Hinblick auf Glück, ein gesundes Sozialwesen und Nachhaltigkeit am besten leben kann. Für Ökonomen und Politikwissenschaftler gibt es immer wieder neue Anlässe, sich das „Skandinavische Modell" noch einmal genauer anzuschauen.

Von außen betrachtet strahlt die schwedische Kultur allgemein Ruhe und Ordnung aus. Selten scheint etwas deplatziert, hier ist kein Raum für Chaos. Am deutlichsten wird dies beim skandinavischen Design. Einfach und auf das Wesentliche reduziert steht IKEA, das bekannteste Designlabel des Landes, für Funktionalität und Ästhetik. Auch bei den kräftigen Farben und schwungvollen Mustern, die für die berühmten schwedischen Textilien charakteristisch sind, wird stets ein gutes Maß gefunden. Das Design ist nie übertrieben, sondern gerade abwechslungsreich genug, um unser Interesse zu wecken. Das bringt eine neue Frische in unsere chaotische Welt – durch die richtige Balance, durch die Gleichwertigkeit verschiedener Aspekte und durch Schlichtheit. Wir sind auf der Suche nach etwas, das sich nur schwer in Worte fassen lässt – ein Gefühl der Zufriedenheit, das aus dem richtigen Maß der Dinge und der angemessenen Zeit, um etwas zu tun, resultiert.

Die Schweden haben genau dafür ein Wort: *lagom*. Es bedeutet etwa „genau richtig“, „nicht zu viel und nicht zu wenig“ oder auch „genau in der Mitte“. *Lagom* ist eine Grundeinstellung, die sich wie ein roter Faden durch viele Teile der schwedischen Gesellschaft und Kultur zieht und sie verbindet. *Lagom* ist der Grundpfeiler von persönlichem Verhalten, Design-Ethos und Gemeinschaft. *Lagom* lässt sich nicht quantifizieren, daher ist es manchmal schwer zu beschreiben. *Lagom* ist einerseits ein ausgeglichener Zustand in uns selbst, andererseits ein Kriterium für das soziale Gefüge – es ist etwas, das für uns und die Welt um uns herum gut ist. In unserem Bemühen, unseren geschäftigen Alltag zu managen, könnte *lagom* genau der Ansatz sein, den wir brauchen, um uns einen bewussteren, ausgewogenen und gesunden Lebensstil zu erschließen.

Als Tochter einer Schwedin in Amerika habe ich das Wort *lagom* in meiner Kindheit nicht gemocht. Es wurde bei uns zu Hause häufig gebraucht: „Wie viel Essen soll ich dir auftun?" *„Lagom."* „Wie viel Kaffee soll ich aufbrühen?" *„Lagom."* Als Verhaltensmuster war *lagom* jedoch negativ besetzt. Meine Mutter, eine Künstlerin, wurde in Schweden geboren und wuchs auch dort auf. Für sie repräsentierte *lagom* die Struktur der restriktiven schwedischen Gesellschaft, vor der sie entfloh, als sie mit Anfang zwanzig an die amerikanische Westküste auswanderte. Dort gab es nur ein Minimum an sozialen Erwartungen, und sie hatte das Gefühl, mehr Freiheit zu haben, so zu sein, wie sie sein wollte. Für sie bedeutete *lagom* weniger Ausgewogenheit als soziale Gleichmacherei, also etwas, das einen einschränkte und davon abhielt, sich selbst so zum Ausdruck zu bringen, wie es einem am besten entsprach.

Als ich jedoch älter wurde und anfing, differenzierter über *lagom* nachzudenken, sah ich, wie es unser Familienleben trotzdem durchdrungen hatte, vielleicht in einer Art und Weise, die für meine Mutter oder mich nicht so offensichtlich war. Unsere Familie war exzentrisch, doch wir waren auch

lagom und brachten diesen schwedischen Ansatz in unser Umfeld ein. Wir aßen immer ausgewogene Mahlzeiten mit Vollkorn und Gemüse, und wir versuchten, negative Auswirkungen auf die Umwelt bestmöglich zu reduzieren, indem meine Mutter beispielsweise einen Komposthaufen im Garten hatte und Plastiktüten auswusch, damit sie wiederverwendet werden konnten. Ich wuchs mit dem Mantra auf, dass gute Sachen Geld kosten, dass man durch den Kauf guter Qualität eine langfristige Investition tätigt und keine, die von irgendwelchen Trends oder vergänglichen Interessen diktiert ist. Meine Eltern glaubten an den Wert einer öffentlichen Schule, sie glaubten daran, dass soziale Kompetenz der Leistung einer ganzen Gemeinschaft entsprang, nicht nur eines Einzelnen. Auf unseren Sofas lagen Wolldecken, und unsere Schränke waren mit Textilien aus Naturfasern gefüllt. Vielleicht wirkte unser Lebensstil auf unsere amerikanischen Nachbarn nicht sehr *lagom* (wahrscheinlich hielten sie uns tatsächlich für etwas extrem), aber er war sicher repräsentativ für einen schwedisch geprägten Lebensansatz: maßvoll und achtsam.

WIE LAGOM UNSERE MODERNE WELT IM GLEICHGEWICHT HALTEN KANN

In der heutigen westlichen Welt funktionieren wir nach der Denkweise „ganz oder gar nicht". Wir streben danach, uns bestmöglich zu präsentieren und nach außen hin gut auszusehen. Das verursacht einen hektischen Lebensstil. Wir sind überarbeitet und haben zu viele Termine. Wir eilen von einer Aufgabe zur nächsten, jonglieren mit To-do-Listen und kämpfen gegen unsere Erschöpfung an. Wir blättern Hochglanzmagazine zum Thema Lifestyle durch, die voll sind mit Bildern, von denen wir uns wünschen, sie würden unser eigenes Leben widerspiegeln. Wir vergleichen uns selbst und unser Zuhause mit diesen inszenierten Versionen der Wirklichkeit. Wir sehen unsere Freunde in den sozialen Netzwerken, wo sie ihr perfektes Leben präsentieren.

Unsere Erwartungen an das, was wir tun können und tun sollten, gehen weit über das hinaus, was realistisch für uns erreichbar ist. Nur eine Seite von uns zeigen wir öffentlich: die glänzende, herausgeputzte. Wir signalisieren: „Wir sind glücklich, egal, was passiert." Die andere Seite halten wir im Privaten unter Verschluss. Immer mehr Menschen sind gestresst, überanstrengt und ausgebrannt.

Das alles hat seinen sozialen Preis, ganz zu schweigen von den ökologischen Folgen. Wir fürchten uns immer mehr vor unseren Nachbarn, unser Weltbild wird von Hass und

Angst anstatt von Mitgefühl und Gemeinschaftssinn geleitet. Wir beanspruchen immer mehr für uns – man schaue nur auf unsere Häuser, unsere Autos und unseren Appetit –, und die Auswirkungen, die dieser Lebensstil auf die ganze Erde hat, nehmen ständig weiter zu. Da wir allmählich an unsere persönlichen Grenzen stoßen, genauso wie die Gesellschaft und die Umwelt an ihre Grenzen stoßen, fragen sich viele, was wir verändern können. Wie können wir besser leben?

Es gibt keine Wunderpille, die unseren Lebensstil über Nacht verwandeln könnte, aber *lagom* in den Alltag einzuführen, könnte eine Strategie sein. Für mich geht es bei *lagom* nicht darum, mich in einer durchschnittlichen, allgemein akzeptierten Art und Weise zu verhalten oder mich zu beschränken. Stattdessen geht es darum, dass ich in meinem alltäglichen Leben die Balance finde. Es geht darum, sich mehr am Allgemeinwohl und weniger am individuellen Wohl auszurichten – es geht um den Gedanken, dass wir als einzelne Menschen nur gedeihen, wenn die Gesellschaft gedeiht. Diese Philosophie betrifft alle Lebensbereiche von der Arbeit bis hin zur Umwelt.

In unserer täglichen Routine entscheiden wir, was wir essen, was wir tragen, wie wir leben und wie wir arbeiten. Wenn es uns gelingt, Aspekt von *lagom* hier einzubringen, dann könnte genau das der Trick sein, um einen ausgewogeneren und nachhaltigeren Lebensstil anzunehmen, der die Freuden des Lebens höher bewertet als die des Konsums. So wirken Entscheidungen, die *lagom* sind, als Gegenmittel für unsere moderne, konsumorientierte Welt. *Lagom* basiert im Grunde auf den Prinzipien der Einfachheit und Mäßigung. In einer Welt nach den Grundsätzen von *lagom* ist weniger mehr.

Selbst wenn etwas grundsätzlich positiv ist, gibt es ein „Zuviel des Guten". Stellen Sie sich vor, Sie bekommen ein Stück von einem köstlichen Kuchen und genießen ihn in vollen Zügen. Stellen Sie sich nun vor, wie es sich anfühlt, ein zweites Stück davon zu essen. Auch wenn Sie sich das selbst suggerieren wollen, wird der Genuss nur selten größer sein als beim ersten Stück. Dasselbe Prinzip lässt sich auf alle Möglichkeiten unseres Lebens anwenden. Würden wir unser ganzes Leben im Urlaub verbringen, wäre es schwierig, dies noch wertzuschätzen. Genuss fühlt sich gerade deshalb so gut an, weil wir ihn eben *nicht* immerzu haben. Wir wollen daher nach der Balance streben, die uns auf einem ruhigen Kurs hält.

Dieses Buch ist eine Einführung in *lagom*. Es beschreibt, worum es dabei genau geht und wie Sie diese Lebenseinstellung auf verschiedene Aspekte Ihres Alltags anwenden können. Dabei sollen Sie nicht schwedischer werden, sondern ausgeglichener und erfüllter. Sie sollen das Hamsterrad unserer modernen Gesellschaft verlassen und sich die Zeit nehmen, achtsam im Hier und Jetzt zu leben. Es ist ein Buch, das für die Entschleunigung des Lebens eintritt.

LAGOM

Für das schwedische Wort *lagom* gibt es keine genaue Entsprechung. *Lagom* kann als Adverb oder als Adjektiv verwendet werden und bedeutet nach dem schwedischen Bedeutungswörterbuch „Norstedts Ordbok" je nach Kontext „genau richtig", „ausreichend", „in Maßen", „gemäßigt", „adäquat", „passend", „geeignet", „angemessen" oder „moderat". Es wird auch als Substantiv benutzt und beschreibt dann ein Lebensprinzip, eine Grundeinstellung oder ein Motto, das sich am guten Mittelmaß orientiert.

WAS BEDEUTET LAGOM?

Lagom ist ein schwedisches Wort mit alten Wurzeln. Befragen Sie Schweden zur Geschichte von *lagom*, werden viele wahrscheinlich mit einer Erzählung über die Wikinger beginnen. Das ist eine romantisch verklärte Version der Wurzeln von *lagom*, und es geht in dieser Geschichte um Wikinger, die ein Trinkhorn mit Met herumgehen lassen. *Laget om*, oder „einmal für die ganze Runde", bedeutete, dass jeder etwas von dem Met bekommen sollte, was voraussetzte, dass jeder nur so viel davon trank, dass für alle anderen genügend übrig blieb. Diese Erklärung ist zwar einleuchtend und gehört in die populäre Volksetymologie, entspricht aber nicht den Tatsachen.

Die Wurzeln sind etwas elementarer und erklären tatsächlich recht gut, warum *lagom* als Leitbild in der modernen schwedischen Kultur so gut funktioniert. Auf Schwedisch bedeutet *lag* „Gesetz“ und das altschwedische *laguhm* kann als „gesetzeskonform“ übersetzt werden. Anders ausgedrückt geht es um ein korrektes und angemessenes Verhalten innerhalb einer Gesellschaft. In dieser Bedeutung ist *lagom* ein soziales Konstrukt, das sich darauf bezieht, eine gerechte Gesellschaft zu schaffen, deren Mitglieder sich nicht nur an das geschriebene Recht halten, sondern auch den gesunden Menschenverstand walten lassen.

Heute ist diese ursprüngliche Bedeutung modernisiert worden. Sie hat sich inhaltlich leicht verschoben, aber die soziale Komponente ist nach wie vor darin enthalten. *Lagom* wird häufig übersetzt mit „nicht zu viel, nicht zu wenig“ oder „genau richtig“. Damit zielt der Begriff auf einen Mittelweg zwischen Extremen ab. Sich angemessen verhalten, die richtige Menge essen, aber auch angemessen feiern wäre entsprechend *lagom.*

Auf Schwedisch ist dieses Wort vielseitig und universell anwendbar: *lagom* essen, *lagom* trinken, *lagom* arbeiten. Dahinter steht der Gedanke, dass eine ausgewogene Menge von allem zu einer gerechten und gleichberechtigten Gesellschaft und allgemein zu einem guten Leben führt. Man kann das Wort auch verwenden, um anzudeuten, dass etwas nicht so

gut war. Sagt man beispielsweise, dass eine Mahlzeit *lagom bra*, also „*lagom* gut“ war, bedeutet dies tatsächlich, dass es nur mittelmäßig geschmeckt hat. Bezeichnet man etwas als *lagom roligt*, „*lagom* lustig“, war es bestenfalls ein müdes Lächeln wert.

KÖNNEN NUR DIE SCHWEDEN LAGOM LEBEN?

In der schwedischen Kultur ist *lagom* tief verwurzelt und so gebräuchlich, dass die Schweden es ganz selbstverständlich anwenden. *Lagom* ist *lagom* – es *ist* einfach so. „Wie kann man nur ein ganzes Buch über *lagom* schreiben?“, fragte meine 102 Jahre alte Großmutter kopfschüttelnd meine Mutter.

Ich glaube, man könnte meine Oma, die *mormor*, als die „*Lagom*-Königin“ bezeichnen. Von unserem kostbaren Familien-Weihnachtsfrüchtebrot schnitt sie die dünnsten Scheiben, auf Brotscheiben strich sie dagegen großzügig Butter. In ihren letzten Jahren fing sie noch damit an, ein Glas Wein zum Essen zu trinken, aber nur, weil ihr Arzt ihr gesagt hatte, das könne ihr guttun. Sie ist keine Frau des Übermaßes, aber eine Frau, die es versteht, sich an den kleinsten Dingen zu erfreuen. Noch bis sie 100 Jahre alt wurde, zog sie los, um Wildblumen und Zweige für den Küchentisch zu sammeln. Zu ihren Kaffeepausen gab es immer ein leckeres Gebäck. Vielleicht war ihre Verkörperung von *lagom*, ihre Freude daran, das richtige Maß zu halten und das Einfache wertzuschätzen Teil ihres Geheimnisses für ein so langes Leben.

Nachdem ich meine schwedische Freundin Kerstin gefragt hatte, wie sie *lagom* wahrnimmt, brachte sie das Thema bei ihren Arbeitskollegen zur Sprache. Sie erzählte, es habe zu einem interessanten Gespräch geführt, als sie gezwungen

waren, über diesen Begriff nachzudenken. „*Precis som man vill ha det*", sagte jemand und meinte damit „Genau so, wie man die Dinge haben möchte".

Mir gefällt diese Auffassung von *lagom*, der Gedanke, zufrieden zu sein, wenn man alles genau im richtigen Maß erreicht hat. Das bedeutet aber nicht, dass es in Schweden niemals Überfluss gäbe – man denke nur an die Trinkkultur oder das üppige Essen zur Weihnachtszeit. Es gibt in der schwedischen Kultur sicherlich Momente, die von der Norm der Mäßigung abweichen, aber insgesamt ist Schweden ein Land, in dem dieses Grundprinzip das Verhalten des Einzelnen, die Mode, das Essen und viele weitere Lebensbereiche prägt. Für alle, die dazu neigen, von einem Extrem ins andere zu fallen – zum Beispiel einmal exzessiv Süßigkeiten naschen und dann wieder Diät halten –, kann der Gedanke einer Balance im Sinne von *lagom* verlockend klingen. So könnte es ein guter und maßvoller Weg sein, von vielem ein kleines bisschen zu genießen anstatt viel von einer Sache.

Die schwedische Redewendung „*Lagom är bäst*" bedeutet „am besten ist *lagom*" oder, anders ausgedrückt, „alles im richtigen Maß ist am besten". Wie viele Süßigkeiten sollte man sich gönnen? *Lagom är bäst.* Wie viele Überstunden sollten Sie machen? *Lagom är bäst.* Machen Sie in Ihrem Leben alles im rechten Maß. Es gibt sogar eine Steigerung von *lagom*: *precis lagom*, was bedeutet, dass etwas perfekt *lagom* ist – absolut im richtigen Maß.

Lagom ist als Wort und als soziales Konzept so stark in die schwedische Kultur integriert, dass Schweden gelegentlich als *landet lagom*, „*Lagom*-Land", bezeichnet wird. Außerhalb Schwedens haben wir das Land und das soziale Konzept lange Zeit als untrennbar voneinander angesehen, häufig beeinflusst durch das politische Vorbild, was dazu geführt hat, dass Schweden als ein Land wahrgenommen wird, das seinen Erfolg nicht in den Extremen, sondern irgendwo in der Mitte findet. So kam es, dass viele meinten, *lagom* existiere nur auf Schwedisch, und dass dieses Konzept ausschließlich schwedisch sei. Lassen Sie uns deshalb kurz in die Welt der Linguistik eintauchen. Sie lehrt uns, dass die Tatsache, dass es in einer Sprache ein spezielles Wort gibt, nicht bedeutet, dass ein damit bezeichnetes Verhalten nur dieser einen Kultur zu eigen ist.

Nehmen Sie beispielsweise das dänische Wort *hygge*. Dieser in Dänemark seit Langem bekannte Begriff eroberte die Welt im letzten Jahr im Sturm. Es mag zwar sein, dass es für das Wort keine direkte Übersetzung in andere Sprachen gibt, aber die Dänen sind sicher nicht die Einzigen, die sich gemütliche Momente schaffen. „Auch die Menschen in anderen Ländern kennen *hygge*, auch wenn sie kein Wort dafür haben", ist sich Mikael Parkvall, Autor des Buchs *Lagom finns bara i Sverige och andra myter om språk*, („*Lagom* gibt es nur im Schwedischen und weitere Mythen über die Sprache") und Dozent an der Linguistischen Fakultät der Universität Stockholm, sicher.

Mit *lagom* ist es wie mit *hygge*. „Es mag schon sein, dass die Schweden [von Natur aus] mehr *lagom* sind, aber wir sollten vorsichtig damit sein, die Sprache und den Menschen gleichzusetzen", so Parkvall. „Auch andere Menschen auf der Welt können der Meinung sein, die Dinge sollten *lagom* sein, sie haben nur kein spezielles Wort dafür."

Damit will er sagen, dass wir keine Schweden sein müssen, um den Begriff *lagom* zu verstehen oder anzunehmen. „Es gibt wohl niemanden auf der Welt, der nicht verstehen würde, dass es zwischen zu wenig und zu viel noch etwas gibt", meint Parkvall. Tatsächlich ist die Auffassung, dass Mäßigung und ein ausgewogenes Leben richtig sind, nicht allein den Schweden vorbehalten, sondern sehr viel globaler. Bei den alten Griechen hieß es *pan metron ariston*, „alles in Maßen". Parkvall zufolge gibt es in moderneren Sprachen die Begriffe *paras* auf Estnisch und *sopiva* auf Finnisch, die beide eine ähnliche Bedeutung haben wie *lagom*. Auf Deutsch kennt man den Ausdruck „alles in Maßen". Ausgewogenheit und Mäßigung sind Werte in allen Kulturen. Die meisten von uns wissen, dass wir etwas mehr darauf achten sollten.

Man kann vielleicht annehmen, dass in Schweden alles eher *lagom* sei als in anderen Ländern. Weil ich in den Vereinigten Staaten aufgewachsen bin, neige ich besonders zu der Verallgemeinerung, dass die schwedische Kultur *lagom* sei und die amerikanische Kultur ziemlich genau das Gegenteil

davon. Von außen betrachtet hat Schweden allgemein den Ruf, irgendwo zwischen den Extremen zu existieren – kühl, ruhig und gefasst. Ausnahmen gibt es natürlich immer, aber viele Menschen sind von Schweden angetan, weil Land und Leute insgesamt eine Balance gefunden zu haben scheinen, die sie gesund, glücklich und erfolgreich macht. Sogar wenn die Methoden progressiv sind – und häufig sind sie das – wirken sie stimmig und ausgewogen.

Für die Schweden kann ihr Ruf, *lagom* zu sein, „positiv und negativ sein", meint Parkvall. „Wahrscheinlich werden Sie ebenso häufig jemanden hören, der sich zufrieden über *lagom* äußert, wie jemanden, der sagt: ‚Warum müssen wir Schweden eigentlich immer so *lagom* sein?'" Nicht alle Schweden lieben *lagom*. Einige sehen es als Leitprinzip, und andere empfinden es als restriktiv, als etwas, das sie daran hindert, sich hervorzutun, das sie erdrückt und davon abhält, ihre Grenzen zu erweitern. „Es ist nicht so, dass dieses Wort in Schweden für eine Landesreligion stünde", erklärt Parkvall.

HAT LAGOM AUCH EINE NEGATIVE SEITE?

Wir können uns mit *lagom* nicht befassen, ohne uns auch die politische und soziale Struktur in Schweden genauer anzuschauen. Hier, wo eine innovative Umweltpolitik praktiziert wird und über die Hälfte der Energie aus erneuerbaren Energiequellen stammt, wo Eltern pro Kind mehr als ein Jahr lang bezahlten Urlaub bekommen, wo die Lebenserwartung bei knapp über 80 Jahren liegt und das Land zu den zehn glücklichsten Ländern der Welt zählt, lässt es sich gut leben. In allen Bereichen hat das skandinavische Modell eine soziale und wirtschaftliche Struktur geschaffen, in der es der Mehrheit gut geht. Ein Leitprinzip der schwedischen Politik und Kultur ist, dass das Wohl des sozialen Gefüges über dem Wohl des Einzelnen steht. Es herrscht der Gedanke vor, dass jeder dieselben Rechte und Vorteile genießen sollte. Die Umsetzung dieser Idee im Sozialen und in der Politik ist das Kernstück von *lagom*. Was gemäßigt ist, ist für uns alle gut. Wenn grundsätzlich alle gleichberechtigt behandelt werden, blüht eine Gesellschaft auf, und es gehört zu *lagom*, sich als Teil der Gesellschaft zu begreifen, indem die Menschen weder zu wenig noch zu viel für sich selbst beanspruchen.

Diese Grundeinstellung kommt dem sehr viel negativer gesehenen *Jantelagen* nahe, dem „Gesetz von Jante“. Diese Darstellung sozialer Normen stammt von Aksel Sandemoses

Buch *Ein Flüchtling kreuzt seine Spur*, das 1933 in Dänemark erschien. Darin beschreibt Sandemose die fiktionale Stadt Jante und die zehn Gesetze, die das soziale Verhalten ihrer Bewohner diktieren. Die zehn Gesetze schaffen eine Struktur, in der alle gleich sind, eine Haltung, die in allen skandinavischen Ländern zu finden ist. Auf den ersten Blick wirkt das angenehm, führt jedoch, wenn man es aufschlüsselt, zu vielen kulturellen Problemen. *Lagom* und das Gesetz von Jante „haben einen gemeinsamen Vorfahren im Sinne des gleichmachenden Effekts einer ländlichen Gesellschaft, in der die Dinge ausgewogen bleiben und die Ressourcen aufgeteilt werden. Diese Tendenz wurde durch das Luthertum noch verstärkt“, sagt Michael Booth, Autor von *The Almost Nearly Perfect People: The Myth of the Scandinavian Utopia (Das nahezu perfekte Volk: Der Mythos der skandinavischen Utopie)*. Der wichtigste Nachteil des Gesetzes von Jante ist, dass aus dem „Wir sind alle gleich“ schnell „Hebe dich nicht von deinem Nachbarn ab“ oder „Glaube bloß nicht, dass du etwas Besonderes bist“ wird. So beschreibt der Begriff heute den Akt der Abschreckung von Individualität, Übererfüllung und allem, was sich von der kulturellen Norm abhebt – die skandinavische Form der sozialen Gleichschaltung. Während sich dies über die Jahrzehnte verändert hat, ist es doch eine kulturelle Gepflogenheit, mit der viele, die nach Schweden oder in ein anderes skandinavisches Land ziehen, zu kämpfen haben, insbesondere,

wenn sie aus einer aufgeschlosseneren Kultur stammen, in der der Individualismus gefeiert wird. Das Gesetz von Jante „fördert eine allgemeine Missbilligung von Ehrgeiz oder Konkurrenzdenken, was meiner Meinung nach Kinder am stärksten beeinträchtigt: Kluge Überflieger werden in der Schule häufig noch immer unterdrückt, vor allem, wenn sie akademische Überflieger sind“, so Booth. „Es ist nur in Ordnung, im Handball oder einem anderen Teamsport gut zu sein, solange man keine große Sache daraus macht.“

Schweden ist mit dieser Haltung nicht alleine. Australien muss mit dem *Tall Poppy Syndrom*, dem Phänomen, dass Massen keine Menschen mit herausragenden Leistungen mögen, fertig werden, das auch in anderen englischsprachigen Ländern, wie Neuseeland und Kanada, bekannt ist. Es gibt ein holländisches Sprichwort, das ebenfalls in diese Richtung geht: *hoge bomen vangen veel wind* oder „hohe Bäume bekommen viel Wind ab“. Das alles sind soziale Bedingungen, die einerseits dazu beitragen können, dass alle Menschen gleich behandelt werden, die aber andererseits auch leicht dazu führen können, dass Individuen eingeschränkt anstatt gefördert werden, weil man nicht möchte, dass sich jemand über die Masse erhebt. Noch schlimmer ist es, wenn dies dazu führt, dass jemand, der Erfolg hat, zurechtgestutzt wird.

WELCHE VORTEILE HAT EIN LEBEN NACH DEM MOTTO LAGOM?

Wie bei allem im Leben findet sich die perfekte Balance in der Mitte, und *lagom* zu leben ermöglicht es uns, von den Extremen wegzukommen. Extreme können für unsere körperliche und emotionale Gesundheit schädlich sein. Wir essen zu viel und versuchen dann, zum Ausgleich eine strenge Diät einzuhalten. Kaum haben wir die Diät beendet, geht es mit der Völlerei wieder weiter. Im Beruf arbeiten wir viele Stunden und sind gestresst. Wir sind mit unserer Arbeit nie zufrieden und streben ständig danach, „der oder die Beste" zu sein. Wir nehmen Arbeit mit nach Hause und checken unsere E-Mails sogar zwischen dem Abendessenkochen und dem Zubettbringen der Kinder. Wir sind zerstreut, erschöpft und fühlen uns alles andere als erfolgreich. Wir haben den Eindruck, keine Kontrolle über unser Leben zu haben, da wir versuchen, viele Dinge gleichzeitig zu erledigen, aber nichts davon machen wir wirklich gut.

Unser moderner Alltag wird durch die Auffassung bestimmt, wir müssten immer möglichst aktiv sein und unsere eigenen Grenzen ständig überschreiten. Dabei gehen wir auch über die Grenze der Belastbarkeit unserer Umwelt hinaus. Ein solcher exzessiver Lebensstil hat seinen Preis. Wir sind körperlich und seelisch krank, genau wie die Welt um uns herum. Das Lebensmotto *lagom* ist da vielleicht geradezu ein Geschenk.

Es gibt kein Patentrezept, keine Pille, die wir schlucken könnten, um den Stress zu reduzieren und die Probleme unserer modernen Welt schnell zu lösen. Wenn wir aber beginnen, *lagom* zu leben, dann können wir das, was wir gerade leisten, als etwas Gutes wertschätzen und suchen nicht länger unser Glück darin, immer höhere Ziele zu erreichen.

In der Welt der Mode- und Designmagazine, der Promis und der sozialen Netzwerke werden wir ständig mit Bildern überschwemmt, die uns suggerieren, wie wir leben sollten. Wir denken dann: „Ich sollte mehr Sport treiben ...", „Ich sollte geselliger sein ...", „Ich sollte mehr Schlaf haben ...", „Ich sollte mich besser ernähren ...", „Ich sollte einen besseren Job haben ...", „Ich sollte mehr selber kochen ...", „Ich sollte eine neue Sprache lernen ...", „Ich sollte reisen ...", „Ich sollte ..."

Diese Impulse führen nicht dazu, dass wir uns als Menschen weiterentwickeln. Stattdessen werden sie zu Hindernissen. Wir nutzen sie nicht als Inspiration, sondern nehmen sie zum Anlass, mit uns selbst unzufrieden zu sein – sie wirken weniger als Ermutigung und mehr als Problem. So werden wir in einen sozialen Wettbewerb getrieben, der uns müde macht.

Wir sind nicht zufrieden mit dem, was wir besitzen und damit, wer wir sind. Stattdessen sind wir ständig auf der Jagd nach mehr. Wir glauben: „Wenn ich diese nächste Stufe erreiche, werde ich glücklich sein." Es wird schwierig, sich diesem ständigen persönlichen und sozialen Konkurrenzkampf zu entziehen, und wenn wir erst einmal auf dieser Spur sind, konzentrieren wir uns nur noch auf die nächste Stufe, die uns Glück, Frieden und Zufriedenheit zu versprechen scheint. Doch diese Lebensqualitäten findet man nur im gegenwärtigen Moment und genau in dem Raum, in dem wir uns gerade befinden, aber nur dann, wenn wir im Gleichgewicht mit uns selbst und der Welt um uns leben.

Es wäre nicht richtig zu denken, *lagom* bedeute, sich zurückzunehmen und nicht mehr nach Neuem zu streben, ganz so, als müsse man an dem Punkt stehen bleiben, an dem man Zufriedenheit erlangt hat. Wir lernen als Menschen ständig dazu und entwickeln uns weiter. *Lagom* bedeutet nicht, diesen Prozess anzuhalten, sondern so wie man ist, Glück zu finden, ganz gleich, was daraus resultiert. Wenn wir am Ende auf unserem Gebiet nicht anerkannt werden, oder wenn wir nach wie vor kein Gehalt im sechsstelligen Bereich bekommen, ist das in Ordnung. Unsere Erfolge oder Misserfolge definieren nicht, wer wir sind; was uns wirklich ausmacht, ist unser Umgang mit ihnen.

Die Vorteile eines Lebens nach dem *Lagom*-Prinzip beschränken sich nicht auf den persönlichen Bereich. In der heutigen Welt, in der wir auf großem Fuß leben, fordert unsere Lebensweise auch ihren ökologischen Tribut. Wir haben größere Häuser und größere Autos, kaufen mehr und werfen daher auch mehr weg. Wir leben ein Leben des

Übermaßes und der Verschwendung. Wenn wir uns in unserer Lebensführung mäßigen, wird unsere soziale Bedeutung geringer. Wenden wir das *Lagom*-Prinzip in manchen Lebensbereichen an, dann kann das nicht nur dazu führen, dass wir uns besser fühlen, sondern auch dazu beitragen, dass wir einen nachhaltigeren Weg einschlagen. Wenn wir mit der richtigen Menge aller Dinge zufrieden sind, leben wir ausgeglichener, und unser Verhältnis zur Gemeinschaft und zu unserer Umwelt ist ebenfalls ausgewogen.

Dieses Buch soll Sie dazu anregen, über einen langsamen Lebensstil nachzudenken. Ähnlich wie die Slow-Food-Bewegung zu mehr Achtsamkeit in Bezug auf das, was wir essen, woher die Lebensmittel kommen und wie wir sie zubereiten, geführt hat, ist ein langsames Leben ein bewusstes Leben. Es ist ein Leben, das nicht zu viel nimmt oder Schaden verursacht, ein Leben, das sich auf das Wesentliche konzentriert.

In diesem Buch erfahren Sie, wie Sie die Bereiche Arbeit und Beruf, Zuhause, Gesundheit und Umwelt mehr nach dem *Lagom*-Prinzip gestalten können, bewusster und achtsamer werden und mit weniger einfach besser leben.

LAGOM IN DER ARBEITSWELT

> Schau nicht zurück, und träume auch nicht von der Zukunft.
> Du bekommst weder die Vergangenheit zurück noch werden deine Tagträume erfüllt.
> Deine Aufgabe, deine Belohnung – dein Schicksal – liegen im Hier und Jetzt.
>
> DAG HAMMARSKJÖLD

Das Streben nach einer guten Ausgewogenheit von Berufs- und Privatleben ist in Schweden nicht nur ein individuelles, sondern ein nationales Thema. Laut OECD leistete der durchschnittliche schwedische Arbeitnehmer 2016 rund 1600 Arbeitsstunden. Um diese Zahl in eine Relation zu setzen: In Großbritannien lag der Durchschnitt bei 1700 und in den Vereinigten Staaten bei 1800 Stunden. Nur etwa ein Prozent der schwedischen Arbeitnehmer macht Überstunden. Dies ist eine der niedrigsten Raten in den OECD-Ländern, wo der Durchschnitt bei 13 Prozent liegt. Somit sind die negativen Auswirkungen auf Gesundheit und Stress, die mit Überstunden in Zusammenhang stehen, bei den schwedischen Arbeitnehmern geringer. Da man den gesellschaftlichen Nutzen einer geringeren Zahl von Arbeitsstunden verstand, gab es kürzlich in Schweden eine Initiative der Regierung, über einen Zeitraum von zwei Jahren einen sechsstündigen Arbeitstag zu testen. Pflegekräfte in einer Rentnersiedlung in Gothenburg beispielsweise reduzierten ihre Arbeitszeit bei gleicher Bezahlung. Das Ergebnis war sozial gesehen positiv – die Pflegekräfte fühlten sich gesünder, hatten weniger krankheitsbedingte Fehlzeiten, und die Versorgung der Patienten war besser. Das Experiment war jedoch mit beträchtlichen Kosten verbunden, da mehr Pflegekräfte eingestellt werden mussten, um die Zeiten abzudecken, in denen die eigentlichen Pflegekräfte nicht arbeiteten. Dies bedeutet, dass nicht alle sofort auf eine kürzere Arbeitswoche werden umstellen können, die Studie unterstrich jedoch die sozialen Auswirkungen einer reduzierten Arbeitszeit und zeigte auf, dass dies sicherlich Teil einer langfristigen Lösung sein könnte und von den politischen Entscheidungsträgern in die Überlegungen miteinbezogen werden könnte.

Schweden hat eine sozial ausgerichtete Arbeitswelt – von bezahlter Elternzeit über die Möglichkeit, ein Sabbatjahr einzulegen, bis zu verhältnismäßig vielen Urlaubstagen. Dies alles ist das Ergebnis einer Politik, die eine soziale Struktur schafft, welche sich auf das Wohlergehen der Bürger konzentriert. Eltern, die zu Hause bleiben müssen, weil ihr Kind krank ist, können beispielsweise eine Smartphone-App der Regierung nutzen, um Leistungen zu beantragen. An den

Krankheitstagen ihres Kindes erhalten sie einen Ausgleich für ihren Verdienstausfall. In Schweden haben Arbeitnehmer mindestens 25 Tage bezahlten Urlaub im Jahr, viele von ihnen kommen jedoch sogar in den Genuss von noch mehr Urlaubstagen.

Die Arbeitswelt in Schweden spiegelt die kulturelle Wahrnehmung von Arbeit und die Einstellung der Schweden zur Arbeit wider. Entsprechend ist der Arbeitsbereich organisiert. In gewisser Weise hat die schwedische Regierung beim Thema Work-Life-Balance bereits dem Motto *lagom* entsprechend gehandelt – nicht zu viel, nicht zu wenig, genau richtig –, und die Bevölkerung profitiert davon.

Wer nicht in Schweden lebt, kann im Hinblick auf die Balance von Berufs- und Privatleben im eigenen Land zwar kurzfristig nicht besonders viel ausrichten, aber man kann die eigene Einstellung gegenüber Arbeit und Beruf verändern, indem man *lagom* als Grundhaltung annimmt und sich entsprechend verhält.

DIE EIGENE BALANCE VON BERUFS- UND PRIVATLEBEN FINDEN

Wer nicht ungewöhnlich reich ist und seine Tage nicht einfach so verbringen kann, wie es ihm oder ihr gerade gefällt, muss Geld verdienen, um Essen auf dem Tisch und ein Dach über dem Kopf zu haben. Für die meisten führt kein Weg an der Notwendigkeit einer Erwerbstätigkeit vorbei. Wichtig ist auch zu bedenken, dass es in vielerlei Hinsicht ein Luxus ist, überhaupt Betrachtungen zur Ausgewogenheit von Berufs- und Privatleben anzustellen. Wenn wir den Spielraum haben, darüber nachzudenken, wie wir eine bessere Work-Life-Balance finden können, setzt dies voraus, dass wir über ausreichend Mittel für unseren Lebensunterhalt verfügen und uns keine Sorgen darüber machen müssen, wo die nächste Zahlung herkommt. Dafür sollten wir dankbar sein.

Wir neigen dazu, das Thema der Balance zwischen Berufs- und Privatleben mit der Frage zu beginnen: „Wie kann ich weniger arbeiten?“ Wie wäre es, wenn wir uns stattdessen fragen würden: „Wie kann ich besser arbeiten?“ Besser zu arbeiten bedeutet, effizienter, produktiver, kreativer und vermehrt im Team zu arbeiten. Eine gute Arbeitsqualität setzt nicht unbedingt voraus, länger zu arbeiten, genau wie eine reduzierte Arbeitszeit nicht bedeuten muss, eine weniger qualifizierte Arbeit zu leisten. Tatsächlich kann besseres Arbeiten dazu beitragen, dass wir dieselbe Menge an Arbeit in kürzerer Zeit schaffen, was wiederum die Antwort auf die erste Frage liefert. Um diese Balance zu finden, müssen wir lernen, geschickter darin zu werden, wie wir arbeiten, das heißt, wir müssen die Arbeit gut planen, Prioritäten setzen und unsere Grenzen festlegen, um in der Arbeit, die wir verrichten, erfolgreich zu sein.

PAUSEN SIND WICHTIG

Jeder, der einmal eine Aufgabe zu Ende bringen musste, weiß, wie schwierig das sein kann. Wir schieben sie lieber auf und bringen unseren Schreibtisch in Ordnung, als sie einfach anzupacken. Stattdessen sollten wir lieber loslegen, dafür aber echte Pausen machen, denn viele Studien zeigen, wie wichtig Pausen sind, um die Produktivität zu verbessern.

Eine gesellschaftliche Gepflogenheit, die schwedische Geschäftsführer häufig als Grund für die Effizienz, Produktivität und das allgemeine Wohlbefinden ihrer Arbeiter nennen, ist die *fika*, die schwedische Kaffeepause. Die *fika* ist an schwedischen Arbeitsplätzen üblich. Sie findet normalerweise am Vormittag und am frühen Nachmittag statt. Dabei kann man sich eine Tasse Kaffee holen, sich vom Arbeitsplatz entfernen und zu einem kleinen Plausch mit den Kollegen zusammensetzen. Dieser Brauch ist so verbreitet, dass die Firmen den Pausenraum häufig als *fikarum* bezeichnen, den Raum für die *fika*. Manchmal bringt jemand schwedisches Gebäck für alle mit. Der Kaffee steht zwar traditionell im Mittelpunkt, aber es geht nicht nur um eine koffeinhaltige Stärkung. Vielmehr ist es ein Moment, um sich räumlich und gedanklich von der Arbeit zu entfernen, unter Leute zu kommen und präsent zu sein, ohne sich auf einen Abgabetermin oder einen anderen arbeitsbedingten Stress zu konzentrieren.

Auch wenn Sie nicht im Team arbeiten, sollten Sie für sich eine *fika* einlegen. Es wird Ihnen sehr gut tun, sich 10 oder 15 Minuten vom Computer zu entfernen, während Sie Ihren Kaffee oder Tee trinken. Anschließend kehren Sie erfrischt und mit neuer Kraft wieder zur Arbeit zurück.

QUALITÄT GEHT VOR QUANTITÄT

Anstatt eine Menge überflüssiger Aufgaben zu erledigen, nur um beschäftigt auszusehen, sollte man sich lieber auf das Wesentliche konzentrieren. Dieses Vorgehen entspricht einem wesentlichen Gedanken des *Lagom*-Prinzips, und die Schweden sind dafür bekannt, dass sie genau das tun. Das heißt, sie analysieren, welche Arbeit wirklich getan werden muss, und behandeln manche Aufgaben vorrangig. Ein solches Vorgehen ist ausgesprochen klug.

Als Amerikanerin bin ich an eine Arbeitshaltung gewöhnt, die lange Arbeitszeiten positiv bewertet. Eine ausgefüllte, lange Arbeitswoche im Büro kann als Zeichen dafür gesehen werden, dass man wichtig ist und Engagement für seinen Job zeigt. Wenn Sie jemandem erzählen würden, dass Sie nur genau so viel gearbeitet haben, wie nötig war, um Ihre Aufgaben zu erledigen, so wird Ihr Gegenüber wahrscheinlich die Augenbrauen hochziehen und sich fragen, ob es Ihnen an Ehrgeiz fehlte. In Schweden hingegen, wo man eine ausgewogenere Sicht auf die Arbeit und das Leben pflegt, können Überstunden als Anzeichen dafür gesehen werden, dass Sie nicht effizient arbeiten, also schlichtweg Ihren Job nicht gut gemacht haben und aus diesem Grund länger bleiben mussten.

Es kann natürlich schwierig sein zu beurteilen, was das richtige Maß an Arbeit ist, das benötigt wird, um einen Job gut zu erledigen. Wenn wir aber umlernen und mehr über die Qualität einer Arbeit nachdenken und weniger über die Quantität, können wir die Balance finden, die *lagom* entspricht. Das beinhaltet, sich auf Effizienz zu konzentrieren und zu erkennen, wo die Prioritäten liegen müssen und wo nicht. Von leerer Geschäftigkeit sollte man Abstand nehmen. Das bedeutet vielleicht, morgens eine Stunde weniger unbedeutende E-Mails zu checken oder mit einem Kollegen zu plaudern und stattdessen eine Stunde mehr konzentriert zu arbeiten.

Es gibt noch einige weitere Ansatzpunkte, um der Qualität den Vorrang vor Quantität zu geben:

Weniger Multitasking betreiben
Das Übernehmen zu vieler Aufgaben kann uns nicht nur aus dem Gleichgewicht bringen, sondern auch dazu führen, dass wir weniger produktiv sind. Wenn wir beim Telefonieren eine E-Mail schreiben, schnell zwischen verschiedenen Projekten hin und her wechseln, einen Bericht zu Ende schreiben, während wir gleichzeitig schon Recherchen für den nächsten anstellen, haben wir vielleicht die Illusion, viele Dinge gleichzeitig zu erledigen. Es wurde aber nachgewiesen, dass Multitasking unsere Produktivität deutlich verschlechtert. Wir sollten uns daher Zeit nehmen, uns auf einzelne Aufgaben oder Projekte zu konzentrieren.

Für viele kann das schwierig sein, vor allem für diejenigen, die an das Multitasking gewöhnt sind. Fangen Sie klein an. Schalten Sie Ihr Telefon auf stumm, machen Sie das E-Mail-Programm und den Internetbrowser zu und konzentrieren Sie sich eine Stunde lang nur auf Ihre aktuelle Aufgabe. Schließen Sie Ihre Bürotür. Nehmen Sie keine Anrufe an. Anfangs wird Ihr Gehirn nach Ablenkung lechzen, aber je mehr Sie sich daran gewöhnen, sich eine Zeit lang ganz auf Ihre Aufgaben zu konzentrieren, desto länger können Sie das durchhalten.

Denken versus Handeln

Haben Sie schon einmal von dem Ausdruck „Paralyse durch Analyse" gehört? Sie beschreibt eine Art Lähmung, die eintritt, wenn man zu intensiv und zu lange über eine Entscheidung nachdenkt. Wer zu viel Zeit mit dem Grübeln über ein Projekt verbringt, fühlt sich am Ende vielleicht davon völlig überfordert. Anstatt das Projekt anzupacken, kommen Vermeidungsstrategien zum Einsatz. Wenn Sie das nächste Mal das Gefühl haben festzustecken, verbringen Sie mehr Zeit mit aktivem Handeln und weniger Zeit mit Nachdenken. Anders gesagt: Denken und planen Sie *lagom,* und handeln Sie entsprechend.

Planen und Prioritäten setzen
Einen wesentlichen Anteil an einer ausgewogenen Arbeitsbelastung hat eine gute zeitliche Verteilung der Arbeit, und dies erfordert Planung. Sie wollen ja proaktiv und nicht reaktiv arbeiten, und ohne Planung und ohne das Setzen von Prioritäten fühlen Sie sich leicht überlastet und überfordert, da Sie das Gefühl haben, mit der Arbeitsbelastung niemals fertigzuwerden. Es kann sein, dass Sie ein paar Wochen lang mehr arbeiten müssen als normalerweise, aber wenn Ihre Arbeitsbelastung die meiste Zeit über ausgewogen ist, geht es Ihnen auch in Zeiten gelegentlicher Mehrarbeit besser.

EINE KULTUR DER ZUSAMMENARBEIT UND GEMEINSCHAFT PFLEGEN

Wie bereits in der Einleitung erwähnt, wird in Schweden dem Vorteil für die Gesellschaft insgesamt eine sehr viel größere Bedeutung beigemessen als dem Erfolg des Einzelnen, und dies spiegelt sich auch in der Geschäftswelt wider. In ihrem Buch *The Seven Cultures of Capitalism* zeigen Charles Hampden-Turner und Alfons Trompenaars auf, dass man überall dort, wo *lagom* in der Arbeitswelt zu finden ist, feststellt, „dass das Optimum irgendwo zwischen den zum Ausdruck gebrachten Meinungen liegt". Mit anderen Worten: im Konsens. Arbeitnehmer aus anderen, stärker auf den Einzelnen fokussierten Kulturen, können in der Geschäftswelt damit zu kämpfen haben, denn es kann länger dauern, bis Entscheidungen getroffen werden. Der Grund dafür ist die Tatsache, dass von jedem ein Beitrag gefordert ist, und es ist harte Arbeit, den Mittelweg – also *lagom* – zu finden.

Ein guter Arbeitsplatz zeichnet sich durch Teamgeist, gegenseitiges Vertrauen und Verständnis aus. Er ist ein sicherer Raum, wo ein Arbeitnehmer schwierige Probleme und Fragen zur Sprache bringen kann, ohne fürchten zu müssen, entlassen oder verwarnt zu werden. Sie können eine solche Atmosphäre mit Ihren eigenen Kollegen schaffen, indem Sie sie dazu ermutigen, sich auszusprechen und Dinge gemeinsam anzugehen.

Werden Beiträge von allen Seiten wertgeschätzt, ist das gesamte Team eingebunden. Wird Zusammenarbeit gewürdigt, entsteht ein Arbeitsumfeld, in dem nicht eine Einzelperson die ganze Last der Verantwortung trägt, was wiederum dazu beiträgt, Stress zu reduzieren. Wenn Sie zusammen mit Kollegen an einem Projekt arbeiten, achten Sie darauf, dass die anfallende Arbeitsbelastung gleichmäßig auf alle Beteiligten verteilt wird.

Die Pflege einer Kultur der Zusammenarbeit trägt auch dazu bei, dass wir auf bessere Ideen kommen als alleine. Teamwork ist für die Kreativität förderlich. Wir werden dazu angeregt, Dinge einmal aus einer anderen Perspektive zu betrachten. Das hat tatsächlich Auswirkungen auf unser Denken, denn das Gehirn vernetzt verschiedene Aspekte neu. Dadurch entsteht die Möglichkeit, ganz neue Ideen und Ansätze zu entwickeln.

Wenn wir ausschließlich auf uns selbst fixiert sind, fokussieren wir uns nur auf das, was zu persönlichem Erfolg führt. Wir versäumen, darüber nachzudenken, was die anderen um uns herum brauchen, um ebenfalls erfolgreich zu sein. Erfreuen wir uns aber am Erfolg der ganzen Gruppe, dann sind wir weniger auf persönlichen Erfolg um jeden Preis aus, der häufig Prahlerei und egozentrisches Verhalten nach sich zieht und schnell abstoßend wirkt. Es ist das Gegenteil von *lagom,* von der „wahnsinnigen 70-Stunden-Woche“ zu sprechen, die man gerade hinter sich gebracht und die zu einem „großartigen Erfolg" geführt habe. In einer stärker auf die Teamarbeit ausgerichteten Arbeitskultur ist es weniger wichtig, wem ein Erfolg zuzuschreiben ist, da die Qualität der Arbeit der Leistung des gesamten Teams entspringt. Anstatt gegenüber den Bürokollegen lautstark zu verkünden, wie viel Sie für ein Projekt getan haben, lassen Sie besser Ihre Arbeit für sich sprechen, und würdigen Sie die Leistung der Kollegen.

Ein anhaltender Kritikpunkt an dieser *Lagom*-Haltung in der Arbeitswelt lautet, dass sie den Arbeitnehmern nicht immer den richtigen Anreiz zu mehr Leistung bietet. In einer *Lagom*-Kultur werden Sie nicht immer für herausragende Leistungen belohnt, und es ist ein Manko, dass Vordenker und alle, die danach streben, Überdurchschnittliches zu leisten, unterdrückt werden. So bekommen manche Arbeitnehmer das Gefühl, auf der Stelle zu treten, und auch für Menschen mit unternehmerischem Geist kann es schwieriger werden. Von vielen schwedischen Expats habe ich gehört, dass erst das Auswandern in eine Kultur, die Leute mit dem Wunsch nach überdurchschnittlichen Leistungen stärker unterstützt, es ihnen ermöglicht habe, ihr volles Potenzial zu entfalten.

Aber auch das verändert sich. Schweden macht sich inzwischen einen Namen als ein Land, das Start-up-Unternehmen fördert. Städte wie Gothenburg und Stockholm

unterhalten Einrichtungen, die für potenzielle Unternehmer attraktiv sind, wie Acceleratoren, Inkubatoren, *Co-working Spaces* etc. Schweden hat sich zudem dank führender, in Stockholm ansässiger Unternehmen, wie Skype und Spotify, zu einem europäischen Technologiezentrum gemausert. Die heutige jüngere Generation hat das Ausland entweder bereist oder dort gearbeitet und spricht daher tadellos Englisch. Als flächenmäßig und von der Bevölkerungszahl her kleines Land kann Schweden seine Geschäftsmöglichkeiten erweitern, wenn es in den globalen Fokus rückt. Das Land hat alles dafür getan, sich der Außenwelt zu öffnen, und dies wiederum hat dazu beigetragen, dass viele schwedische Firmen für ihre Aktivitäten eine globalere Ausrichtung vorgenommen haben. Sie haben den glücklichen Mittelweg aus genau dem richtigen Maß schwedischer Geschäftskultur einerseits und ausländischer Geschäftskultur andererseits eingeschlagen, um das sogenannte *Lagom*-Geschäftsmodell zu finden, das gut funktioniert.

SICH SELBST ERLAUBEN, „GUT GENUG" ZU SEIN

Am Arbeitsplatz beurteilen unsere Vorgesetzten und Kollegen unsere Leistung, aber was noch wichtiger ist: Wir beurteilen uns auch selbst. Man muss gar nicht weit schauen, um festzustellen, dass in der heutigen Kultur von allen Seiten Botschaften auf uns niederprasseln, die uns erzählen wollen, wonach wir streben und was wir erreichen sollten. Man will uns glauben machen, dass wir alles haben können, und verkauft uns eine Vorstellung von Perfektion als erstrebenswert, die in der Realität unerreichbar ist.

Beim Lebensstil nach dem Motto *lagom* geht es darum, die Balance zu finden. Wir erlauben uns, „gut genug" zu sein und die Zufriedenheit in einem gut erfüllten Job zu genießen, der innerhalb angemessener Grenzen ausgeübt wird. Wir steigen vielleicht nicht in die Position eines CEO auf und erreichen auch kein sechsstelliges Gehalt, aber wenn dies die Dinge sind, die wir uns wünschen – oder von denen wir glauben, wir würden sie uns wünschen –, müssen wir uns selbst fragen, ob wir mit dem Preis leben können, der dafür fällig wird.

Jeder Job hat seinen Preis, jeder Job verlangt Kompromisse. Die berufliche Laufbahn als kreativer Freiberufler mag zwar ein geringeres Einkommen bedeuten, hat jedoch den Vorteil eines flexiblen Stundenplans. Ein herkömmlicher Job mit festen Arbeitszeiten mag zwar weniger Spielraum bieten, garantiert dafür aber größere finanzielle Sicherheit. Letztlich müssen wir diese Wahl selbst treffen, und dabei sollten wir uns auf das konzentrieren, was uns wichtig ist: Welche Faktoren sind für uns ausschlaggebend, und auf welche können wir verzichten? Gut genug zu sein bedeutet im Kontext von *lagom* nicht, der oder die Beste zu sein, sondern herauszufinden, was unsere Stärken und unsere Wünsche sind und es uns dann zu erlauben, mit den eigenen Ergebnissen zufrieden zu sein. Das gilt auch, wenn dieses Ergebnis nicht wie das Leben aussieht, das man uns in den Zeitschriften oder in der Werbung als erstrebenswert verkaufen will.

Alles haben zu können, was man will, ist unrealistisch. Wünsche, die sich in einem vernünftigen Rahmen bewegen, können jedoch durchaus verwirklicht werden, wenn wir zu hohe Erwartungen und zu kritische Selbstbeurteilungen loslassen. Wir müssen aufhören, uns mit anderen zu vergleichen.

Eine gute schwedische Freundin von mir mit zwei kleinen Kindern sagt oft: „Ich weiß nicht, wie andere das schaffen.“ Mit „das schaffen“ meint sie, eine Familie zu haben, einen Beruf auszuüben, den Haushalt zu führen und auch noch Freizeit zu haben. Obwohl Schweden eine *Lagom*-Kultur hat, sind heute auch die Erfolgserwartungen hoch – ein hohes Gehalt, ein großes Haus verlangen ihren Tribut, was zu krankheitsbedingten Fehlzeiten wegen Burn-out und einem hohen Stressspiegel führt.

Wir kennen alle diesen Stress und das Gefühl, als würde es uns nur noch mit Mühe und Not gelingen, die Dinge am Laufen zu halten. Ein Geheimnis dabei ist, dass es bei anderen Menschen zwar oft so aussehen mag, als hätten sie alles perfekt im Griff, dies jedoch häufig gar nicht der Fall ist. Auch sie sind gestresst. Ehen leiden, Familien leiden – und zwar alle durch den Versuch, einen Lebensstil aufrechtzuerhalten, der nach kulturellen Standards als erfolgreich gilt.

Doch genau diese Standards können unsere Arbeit behindern. Der Traum von etwas Großem und ein entsprechender Ehrgeiz haben häufig einen wichtigen Anteil daran, dass uns etwas Neues gelingt. Dies kann aber auch hemmend wirken. Der Druck, etwas Erstaunliches und Einmaliges tun zu wollen, kann uns lähmen. Wir sollten natürlich von Großem träumen, sollten hohe Ziele verfolgen, aber wir müssen auch verstehen, dass uns solche Bestrebungen auf unserem Weg manchmal stoppen können. Häufig sind wir nur dazu fähig, die nötige Arbeit zu tun, wenn wir unsere hohen Ambitionen zurücknehmen und es uns gestatten, einfach „gut genug" zu sein.

Für diese Probleme von gesellschaftlich erzeugtem Stress gibt es keine Patentlösung. Aber wenn wir größere Zufriedenheit darin finden, wer wir sind und wo wir uns gerade befinden, und nicht darin, wer wir zu sein träumen oder wo wir uns in der Zukunft hinwünschen, so ist dies ein Weg, mehr Ausgeglichenheit und Glück in unseren Alltag zu bringen. Wir sind soziale

Wesen, aber die Technologie hat dazu beigetragen, diesen sozial erzeugten Stress zu verschlimmern. Einfach mal eine Social-Media-Pause einzulegen oder sogar für längere Zeit ganz darauf zu verzichten, kann uns dabei helfen, uns auf unser Inneres und auf das Wichtige zu konzentrieren, anstatt unsere Aufmerksamkeit nach außen zu richten und uns ständig mit anderen zu vergleichen. Diese Aufgabe ist nicht immer einfach, es braucht Engagement und Arbeit, um aus dem sozialen Hamsterrad auszusteigen. Aber wenn es uns gelingt zu erkennen, was unsere wahren Ziele sind – Ziele, die wir selbst definieren, nicht solche, die von der Gesellschaft definiert werden –, dann sind wir besser dafür gerüstet, ein Leben zu führen, das nach unserer eigenen Definition erfolgreich ist. Denken Sie immer daran, dass Sie gut genug sind!

WISSEN, WANN MAN URLAUB NEHMEN MUSS

Ein erfolgreicher schwedischer Lebensstil definiert sich nicht unbedingt durch viele Überstunden. Vielmehr ist es ein Lebensstil, bei dem es Ihnen mit Ihrer Arbeit gut geht, wobei die Arbeitszeiten durch Freizeit gut ausgeglichen werden. Das ist für die Schweden, die beträchtlich viel bezahlten Urlaub erhalten, einfach zu erreichen. Aber auch bezahlten Urlaub kann man sinnlos vergeuden, solange man keine gute Work-Life-Balance erreicht hat. Manche Leute nehmen ihren Urlaub nicht einmal in Anspruch. Wenn man der Arbeit im Leben zu viel Gewicht verleiht, gesteht man sich die unbedingt nötige und wohltuende Zeit ohne Arbeit nicht zu, was zur Folge hat, dass man schnell körperlich, mental und psychisch leidet. Man sollte sich deshalb darin üben, das richtige *Lagom*-Maß an Arbeit und Freizeit zu finden.

Für viele ist das schwierig – sogar für manche Schweden. Wir leben heute in einer Kultur zunehmender „Geschäftigkeit“. Wir füllen unsere Tage bis zum Rand mit Aktivitäten aller Art, sei es im Beruf oder durch soziales Engagement. Wir können dann unsere Freunde nicht treffen, weil wir zu viel zu tun haben. Wir können ein Buch nicht zu Ende lesen, weil wir zu viel zu tun haben. Werden wir gefragt: „Wie ist es dir ergangen?“, lautet unsere vorprogrammierte Antwort häufig: „Ach, im Moment habe ich sooo viel zu tun.“

In der westlichen Kultur definiert sich unser Wert dadurch, dass wir viel zu tun haben – ständige Aktivität ist gesellschaftlich akzeptiert. Wir verbinden mit dieser Geschäftigkeit die Annahme, wir seien wichtig, wenn unser Terminkalender bis zum Rand gefüllt ist. Arbeit ist dann Sinn und Zweck des Lebens. Wir benutzen das Vielbeschäftigtsein, um eine Frage zu umgehen, vor der wir uns fürchten: Wer sind wir, wenn wir nichts zu tun haben? Tatsächlich sind wir sogar so beschäftigt, dass wir nicht einmal mehr genau wissen, womit. Um das zu erkennen, müssten wir erst einen Schritt zurücktreten. Manchmal haben wir ein zu hohes Arbeitspensum mit vielen Abgabeterminen, die schwer einzuhalten sind. Meistens jedoch nehmen wir uns selbst in unserer Freizeit zu viel vor und vergessen darüber, uns Zeit zu nehmen, um einfach nur zu leben.

Die Schweden gleichen Zielorientiertheit in der Arbeit durch die Wertschätzung von Entspannung aus. Das sollten wir ihnen gleichtun. Wir könnten zum Beispiel ein paar Wochen Sommerurlaub in einem Landhäuschen verbringen, fern von den Anforderungen des modernen Lebens. Dabei hätten wir Gelegenheit, unsere Hektik im Alltag zu reduzieren und ganz in der Gegenwart zu leben. Das ist gut verbrachte Zeit, denn sie wirkt regenerierend, sodass wir der Arbeit und der Routine des Alltags anschließend wieder besser gewachsen sind.

Man muss jedoch nicht aufs Land flüchten, um diese Art Ruhe zu finden. Ziel ist, sich selbst Tage zuzugestehen, an denen man einfach mal nichts tut, und es sollte einem möglich sein, sich dabei wohlzufühlen. Wenn unser Terminkalender ständig vollgepackt ist, haben wir keine Zeit zum Nachdenken oder Ausruhen. „Nichtstun" ist eigentlich nicht die richtige Bezeichnung für solche Ruhephasen, denn tatsächlich tun wir ja etwas: Wir fördern unsere Gesundheit und unser Wohlbefinden. Wir brauchen Zeit, die nicht verplant ist, wir brauchen Zeit, in der wir uns den Luxus gönnen, nach einer Tasse Kaffee in einem Buch zu lesen und später vielleicht noch einen Kaffee zu trinken. Wir brauchen Langsamkeit.

Wir neigen dazu, uns Langsamkeit langweilig vorzustellen. Was schaffen wir denn, wenn wir nicht mit irgendetwas beschäftigt sind? Dabei sind diese Phasen der Langsamkeit wesentlich für unsere Gesundheit und sogar für unsere Kreativität. Das Gehirn braucht Raum und Zeit für Tagträume.

Solche Pausen gehören nicht nur in den großen Urlaub, wir können tatsächlich das ganze Jahr über Zeit dafür erübrigen. Nehmen Sie sich Zeit für Kurzurlaube und Ausflüge oder auch für Tagesreisen. Vielleicht ist es ein Wochenende in einer anderen Stadt, vielleicht ein Tag zu Hause, an dem Sie auf keine To-do-Liste schauen und sich einfach nur treiben lassen. Sie müssen selbst herausfinden, was für Sie passt. Aber

wenn es darum geht, eine Ausgewogenheit zwischen Berufs- und Privatleben zu erreichen, ist das Nachdenken über die Zahl der Arbeitsstunden ebenso wichtig wie die Überlegung, wie Sie Ihre Freizeit gestalten wollen. Ein Lebensstil nach dem *Lagom*-Prinzip zeichnet sich durch eine gute Balance zwischen aktiven Phasen und Ruhephasen aus. Er gibt Zeit und Raum für Stille und das Leben im Hier und Jetzt.

Das bedeutet auch, dass wir nicht immer verfügbar sein sollten. Wir müssen mit unserer Zeit besser umgehen. Unsere Smartphones und Tablets sorgen dafür, dass wir uns selten Zeit nehmen, in der wir wirklich „abschalten". Stattdessen sind wir ständig online, beantworten E-Mails, schicken kurze Textnachrichten oder scrollen durch die News. Diese Aktivitäten füllen unsere Zeit sehr schnell aus. Man bedenke nur einmal, wie schnell eine halbe Stunde bei Facebook vergehen kann oder man dazu verleitet ist, nach einem langen Arbeitstag nach Hause zu kommen und eine Folge einer TV-Serie anzuschauen. Nach dieser Folge kommt eine weitere und vielleicht noch eine, und schon sind ein paar Stunden verstrichen.

Was hätten wir mit dieser Zeit stattdessen alles anfangen können? Ab und zu sind solche Aktivitäten okay, aber ich bin sicher, dass die meisten von uns sehr viel mehr Zeit damit verbringen, als sie sollten – definitiv ist diese Mediennutzung nicht *lagom*.

Um ein ausgewogenes Verhältnis zwischen Berufs- und Privatleben zu finden, müssen Prioritäten gesetzt werden. Es muss Raum für Dinge geschaffen werden, die für uns wirklich wichtig sind. „Ich habe dafür keine Zeit" bedeutet häufig „Ich nehme mir dafür keine Zeit". Ein Tag hat nur eine begrenzte Stundenzahl – Zeit ist wertvoll. Es liegt einzig und alleine an uns, was wir damit machen. Wir werden niemals mehr Zeit bekommen, wir müssen lernen, uns Zeit für uns selbst zu nehmen. Unser Glück und unser seelisches Gleichgewicht liegen in unserer eigenen Hand.

LAGOM ZU HAUSE

> **Allen Frauen ist klar, dass Nützliches Respekt verdient; vielen ist klar, dass etwas Schönes liebenswert ist, aber dass das einzig Erstrebenswerte die Harmonie zwischen dem Nützlichen und dem Schönen ist – wie vielen ist das klar?**
>
> ELLEN KEY

DESIGN UND ARCHITEKTUR

Funktionales Design spiegelt die materielle und kulturelle Identität der schwedischen Gesellschaft wider und ist ihre tragende Säule. Stil und Material des schwedischen Designs haben ihren Ursprung in der Umwelt des Landes. Licht ist im Winter sehr wichtig, im Sommer wird ihm sogar gehuldigt. Es ist ein zentrales Element bei der Gestaltung schwedischer Gebäude und Inneneinrichtungen und ein Grund für die starke nationale Glasindustrie. Die Wälder liefern seit Langem Nutzholz, die Böden bringen Fasern, wie Leinen, hervor, nähren die Schafe, die Wolle liefern, und in der Tiefe gibt es Eisenvorkommen, aus denen später Stahl erzeugt wird. Das schwedische Design repräsentiert sein Herkunftsland.

Design und Architektur sind von den sozialen und kulturellen Einflüssen des jeweiligen Herkunftslandes nicht zu trennen, sie erzeugen ein Spiegelbild des Landes in materieller Form – durch die verarbeiteten Materialien – und in kultureller Form, wofür das Design steht. Das heutige schwedische Design hat seine Wurzeln im frühen 20. Jahrhundert, in einer Zeit, in der die Bewegung des Modernismus entstand. Der Fokus lag auf Form und Funktion, die auch heute noch Grundpfeiler des schwedischen Designs sind. Das Design der damaligen Zeit entstand aus dem Gedanken, dass gutes Design die Lebensqualität verbessern kann. *Vackrare Vardagsvara (Bessere Gegenstände für den Alltag)* lautete der Titel eines 1919 vom schwedischen Kunsthistoriker Gregor Paulsson veröffentlichten programmatischen Textes. Er und seine Mitstreiter postulierten auch die Überzeugung, dass Stil und gutes Design nicht einer kleinen Elite vorbehalten, sondern jedem zugänglich sein sollten.

Diese Prinzipien ließen das zeitgenössische skandinavische Design entstehen, das in den 1950er- und 1960er-Jahren internationale Bekanntheit erlangte, ebenso wie viele Kult-Designs und Namen skandinavischer Designer, die wir noch heute kennen und schätzen: Arne Jacobsen, Stig Lindberg,

Alvar Aalto, Poul Henningsen, Jørn Utzon, Gunnar Asplund und Greta Grossman.

Auch heute noch ist dieser Designstil weltweit sehr beliebt. Er hat einen hohen Wiedererkennungswert und wird von Innenarchitekten in aller Welt umgesetzt. Es ist genau diese Designperiode – eine Zeit, die das schwedische Design noch jahrzehntelang beeinflusste – an die wir häufig denken, wenn wir „schwedisches Design" hören. Daher verbinden wir mit schwedischem Design meist einen sehr klaren und minimalistischen Stil. Es gibt jedoch auch andere Stilrichtungen, die ebenso ein fester Bestandteil der schwedischen Designkultur sind. Denken Sie nur an Josef Frank. Der in Österreich geborene Designer war führend im schwedischen Textil- und Möbeldesign, er schuf kühne und komplizierte Formen und Muster, die noch sehr verbreitet sind und die man auch heute noch in vielen schwedischen Häusern findet. Die finnische Designfirma Marimekko und das frühere schwedische Kollektiv von zehn Designern *(10-Gruppen)* liefern weitere Beispiele für kühne skandinavische Formgebung.

Aber selbst bei wilden Farben und Mustern bleibt immer eine gewisse schwedische Sensibilität erhalten, sodass es nie übertrieben oder irritierend wirkt. Letztlich bleibt das schwedische Design immer bei seinem ausgewogenen Ansatz, bei einem zugleich heiteren und dynamischen Look, der dennoch immer klar und einfach wirkt. „Muster wirken beruhigend", schrieb Josef Frank, dessen Werk, obgleich es kompliziert, bunt und wild ist, ein meditatives Element besitzt. Das ist bei ihm genau wie bei vielen anderen schwedischen Textildesignern. Dynamische Muster definieren inzwischen die schwedischen Textilien und können, kombiniert mit neutraleren, minimalistischen Elementen, dazu beitragen, einen Raum ausgewogen zu gestalten.

DESIGN IN SCHWEDISCHEN HÄUSERN

Eines der wichtigsten Elemente des schwedischen Designs ist, dass es nicht einer kleinen Elite vorbehalten ist – Design taucht überall im Alltag auf. Es ist mit den sozialen Werten verwoben, die im ersten Kapitel des vorliegenden Buchs besprochen wurden. Das Buch *Swedish Design: An Ethnography* von Keith Murphy wirft einen genauen Blick auf die Schnittstelle von kulturellen Normen und Design. „In Schweden wird Design zu einem Hilfsmittel zur Verbesserung persönlicher Handlungsabläufe, zur Lösung gemeinsamer Probleme und zur Erfüllung gemeinsamer Bedürfnisse. Es wird nicht als Spezialgebiet oder Profithindernis behandelt, sondern vielmehr als der Ausgangspunkt für die Gestaltung einer gerechten Gesellschaft. In Schweden, so sagt es das kulturelle Vorbild, ist Design überall und gehört jedem." Vielleicht sind wir außerhalb Schwedens aus diesem Grund so begeistert vom schwedischen Design.

In anderen Ländern gilt Design als etwas für Menschen mit entsprechenden finanziellen Mitteln: ein gut entworfenes Haus oder ein Kunstwerk an der Wand, das man nur zu einem gewissen Preis bekommt. „Guter Geschmack" ist untrennbar mit einem gewissen Status verknüpft. Aber wenn wir nach Schweden blicken, scheint dort jedes Alltagsobjekt gut auszusehen, einschließlich der einfachsten Gegenstände. Etwas so Banales wie eine Zeitung, die neben einem einfachen Teebecher auf dem Küchentisch liegt, wird zu etwas Besonderem. Es ist das rechte Maß an Design und Schönheit in den alltäglichen Objekten.

Zum Großteil beruht dies auf dem kulturellen Fokus, der sich in Schweden auf das Zuhause richtet, „den primären Ort, wo Design im kleinsten Detail des Alltags auftaucht". Dieser Stellenwert des Zuhauses geht auf die romantische Bewegung des späten 19. und frühen 20. Jahrhunderts in Schweden zurück. Die bekannteste schwedische Persönlichkeit dieser Bewegung war Carl Larsson, ein Maler und Schriftsteller, dessen Werke heute Kult und überall in der schwedischen Kultur zu finden sind, von Postkarten bis zu Frühstückstabletts. Er machte das Zuhause zum Mittelpunkt, indem er sich auf die privaten Räume und Routinetätigkeiten des Alltags konzentrierte. Zwar erlangte Karin Larsson nicht so viel Aufmerksamkeit wie ihr Mann, aber auch sie war Künstlerin und beeinflusste maßgeblich, worauf er seinen Fokus gerichtet hat. Viele Elemente in Larssons Gemälden sind noch immer Grundelemente der heutigen Haus- und Wohnungsgestaltung in Schweden: Küchenbänke, Topfpflanzen, Holzböden, auf denen Webteppiche liegen, und die gedämpften Grau- und Blautöne, für die schwedische Häuser bekannt sind.

Die Feministin und Gesellschaftskritikerin Ellen Key griff ebenfalls das Thema „Zuhause" auf, allerdings auf direktere Weise. In ihrer Essay-Sammlung von 1889, *Skönhet för Alla*

(Schönheit für alle), die von William Morris und der Arts-and-Crafts-Bewegung inspiriert war, setzte sie sich für die Macht der Schönheit ein und erklärte, wie Schönes nicht nur für eine kleine Elite, sondern für alle zugänglich gemacht werden könne. Damit legte sie das Fundament für Designer und Künstler, auch Massenprodukte ästhetisch zu gestalten. Ihr Argument lautete, dass ein Objekt zwar einem Zweck dient – wie beispielsweise ein Esstisch –, dass es jedoch diesen Zweck „einfach und mit Leichtigkeit, mit Behutsamkeit und Ausdrucksstärke" erfüllen sollte. Ein Objekt sollte demnach nicht ausschließlich schön oder funktional sein. Das Ideal liegt in der Balance von beidem.

Heute findet sich das *Lagom*-Prinzip im Erscheinungsbild von Wohnungen und Häusern wieder, Orte, die durch ihre Ausgewogenheit die kulturellen Werte der schwedischen Gesellschaft verkörpern. Es sind noch immer die Orte, wo Schönheit Eingang in den Alltag findet. Das macht die schwedischen Inneneinrichtungen so besonders: die Balance zwischen Form und Funktion.

Der *Lagom*-Ansatz hat das schwedische Design zeitlos gemacht, er hat zu dem ausgewogenen Eindruck beigetragen, der von schwedischen Inneneinrichtungen ausgeht. „Weder der Designer noch der Verbraucher wollen herausstechen, aber andererseits wollen sie auch nicht in der Masse untergehen", stellt Frida Ramstedt, die Begründerin des führenden

skandinavischen Inneneinrichtungsblogs *Trendenser,* fest. „Das Ergebnis sind Mäßigung und Perfektion im Design, gepaart mit langer Lebensdauer, denn das Design nimmt nur *lagom* viel Platz ein, es ist *lagom*-trendy, und der Energieverbrauch bei der Herstellung ist ebenfalls *lagom*."

Zu Hause ist es doch am schönsten.

SCHWEDISCHES SPRICHWORT

Ein Zuhause ist mehr als ein Haus

Wir Menschen wollen ein passendes Zuhause besitzen, es ist sozusagen unser „Nest". Seit Urzeiten baut der Mensch Räume, um darin Schutz zu finden. Dieser Raum soll sicher sein und uns vor der Außenwelt schützen. Heute liefert uns das Zuhause physischen und emotionalen Schutz.

Einen Raum zu gestalten, den wir lieben, bedeutet, nicht nur ein Haus oder eine Wohnung, sondern ein Zuhause zu schaffen. So bekommen wir ein Gefühl innerer Balance in diesem heimischen Raum, die unsere Zufriedenheit im Hier und Jetzt fördert. Leben wir in einem Raum, den wir lieben und der unserer Persönlichkeit und unseren Bedürfnissen entspricht, ist die Wahrscheinlichkeit geringer, dass wir ständig nach noch mehr Dingen suchen, um ihn besser zu machen. Wir sind zufrieden mit dem, was wir haben.

Aufgrund der Definition von *lagom* als „nicht zu viel, nicht zu wenig, genau richtig" gelangt man leicht zu der Schlussfolgerung, dass ein nach dem *Lagom*-Prinzip entworfenes Zuhause ein minimalistisches Zuhause ist. Der Reiz des skandinavischen Minimalismus genoss schon immer hohe Wertschätzung – nehmen Sie nur ein Designmagazin zur Hand oder schauen Sie sich einen Inneneinrichtungsblog an. Die Anwendung des *Lagom*-Prinzips auf unser Zuhause bezieht sich jedoch nicht auf eine bestimmte Optik. Es gibt keine Checkliste mit Elementen, die *lagom* sind. Damit Sie Ihr Zuhause ausgewogen gestalten können, müssen Sie zuerst herausfinden, was für Sie wichtig ist.

Die Größe der Wohnung oder des Hauses und die Menge an Einrichtungsgegenständen hat mit dem heimeligen Gefühl wenig zu tun. Zum Beweis gibt es jede Menge protziger, riesiger Häuser, die mit nutzlosen Gegenständen vollgestellt sind. Eine kleine, bescheidene Wohnfläche kann sehr viel heimeliger wirken als ein großes, teures Haus. Ellen Key schrieb dazu: „Wie falsch die Vorstellung ist, dass ein schönes Zuhause nur durch den darin erkennbaren Wohlstand erreicht werden kann, zeigt sich unter anderem in den vielen Häusern, die mit nutzlosen Luxusgegenständen und Kunstobjekten angefüllt sind, die jedoch nicht durch einen tief verwurzelten Drang nach Schönem und nicht durch persönlichen Geschmack

ausgesucht wurden oder den Platz zugewiesen bekommen haben, den sie für ihre Wirkung brauchen."

Jeder Mensch hat einen anderen Wohnraum, und es gibt nicht DAS richtige Design. Das Wesentliche eines Zuhauses nach dem *Lagom*-Prinzip ist die Ausgewogenheit zwischen Erscheinungsbild und Funktion. Ein Zuhause soll genutzt und geliebt werden. Ein gut eingerichtetes Zuhause ist ein Zuhause, in dem Sie und Ihre Familie sich wohlfühlen. Ein Zuhause, das genutzt und geliebt wird, muss nicht teuer und auch nicht so perfekt sein, dass es in einem Inneneinrichtungsmagazin abgebildet werden könnte. Selbst auf kleinstem, einfachstem Raum können wir etwas schaffen, was sich für uns gut anfühlt, funktional ist und unseren Bedürfnissen entspricht.

Genau diesen Eindruck vermitteln die Wohnungen und Häuser meiner schwedischen Freunde und meiner Familie. Es gibt dort keinen nutzlosen Raum. Die Sofas laden zum Hinsetzen ein, und insgesamt vermittelt die Atmosphäre, dass die Menschen, die in diesem Zuhause leben, es nach ihren Vorstellungen gestaltet haben. Sicher gibt es oft Elemente, die wir zum typischen „schwedischen Design" zählen – Holzböden, Küchen mit weißen Keramikfliesen, gemusterte Textilien in kräftigen Farben, um Leben in den Raum zu bringen –, aber sie sind immer einmalig und individuell. „Ein Raum hat erst dann eine Seele, wenn sich die Seele eines Menschen darin enthüllt, wenn er zeigt, woran dieser Mensch sich erinnert, was er liebt und wie diese Person tagtäglich lebt und arbeitet", schrieb Ellen Key.

Bei der Entwicklung Ihres Wohnraums sollten Sie mit den Dingen arbeiten, die Sie haben. Mehr Ausgewogenheit in Ihrem Zuhause erreichen Sie nicht, wenn Sie losziehen und die gesamte Einrichtung passend neu kaufen. Schauen Sie sich Ihre Räumlichkeiten stattdessen genau an und finden Sie heraus, was Ihnen gefällt und was funktioniert und worauf Sie vielleicht verzichten könnten. Ein alter Stuhl kann mit einem Überwurf neues Leben bekommen. Ein dunkler Tisch hat durch einen Tischläufer in hellen Farben eine andere Wirkung. Ein eintöniger Raum wird durch eine Topfpflanze belebt.

Denken Sie über Ihren persönlichen Stil nach, anstatt einfach Elemente des schwedischen Stils zu übernehmen, die zu Ihrem Heim vielleicht gar nicht passen. Bei dem Versuch, einen bestimmten Stil in das eigene Zuhause zu bringen, passiert es leicht, dass man übertreibt, und dann wird aus einem einmaligen und individuellen Raum sehr schnell ein steriler Ausstellungsraum.

Gemütliche Inneneinrichtung

Die dänische Sprache hat das Wort *hygge* für Bequemlichkeit und Gemütlichkeit, und das schwedische Wort *mysig* vermittelt ein ähnliches Gefühl. Es ist ein fester Bestandteil des schwedischen Designs und spiegelt wider, wie wichtig es ist, dass das Zuhause

ein einladender und heimeliger Ort ist. Die Beleuchtung ist eine Möglichkeit, dies zu erreichen.

Wie bereits weiter oben erwähnt, wecken die dunklen schwedischen Winter eine intensive Sehnsucht nach Licht, und das hat große Auswirkungen auf die schwedische Architektur. Die Räume werden so angelegt, dass Tageslichtquellen optimal genutzt werden. Da nicht immer Tageslicht verfügbar ist, sind auch Beleuchtungskörper sehr wichtig, denn ein Raum braucht eine perfekte Lichtstreuung, um gemütlich und schön zu wirken. Das Licht sollte entspannend und nicht grell sein. Im Winter kann eine Reihe von Kerzen dazu beitragen, Freude in ein dunkles Zimmer zu bringen. Die *Lagom*-Menge brennender Kerzen besteht in Schweden definitiv nicht nur aus ein paar wenigen Kerzen.

Gemütlichkeit wird auch durch Textilien und Möbel erzeugt, indem angenehme Plätze geschaffen werden, wo man sitzen und als Familie oder mit Freunden zusammenkommen kann. Im Wohnzimmer beispielsweise stellt man die Stühle und Sofas rund um einen Kaffeetisch auf, was im Gegensatz zu Sitzgelegenheiten, die alle zum Fernseher ausgerichtet sind, die Interaktion fördert. Bedenkt man bei der Einrichtung auch die Geselligkeit, trägt dies dazu bei, einen Raum zu schaffen, in dem man sich gerne niederlässt.

Sich von Dingen trennen

Genauso, wie wir unseren Terminkalender bis zum Rand füllen, machen wir es auch mit unserem Zuhause. Unser Leben ist geschäftig und unruhig, und dies gilt auch für unsere Häuser oder Wohnungen. In der heutigen Welt des Massenkonsums tappt man leicht in die Falle, regelmäßig neue Dinge zu kaufen in der Hoffnung, sie würden das Zuhause aufhübschen. Aber das ist nur eine Art Trostpflaster und noch dazu ein recht kostspieliges – sowohl für unseren Geldbeutel als auch für die Umwelt.

Um einen gut ausgewogenen Lebensraum im Sinne von *lagom* zu erhalten, lohnt es sich, durch die Räume zu gehen und herausfinden, welche Dinge man liebt und tatsächlich auch nutzt. Wir wünschen uns ein funktionales Zuhause, das uns aber auch Freude machen soll, und haben es daher womöglich mit vermeintlich wichtigen Dingen angefüllt. Manchmal halten wir auch aus einem gewissen Schuldgefühl an diesen Gegenständen fest – an der hässlichen Vase beispielsweise, die wir von unserer Oma geschenkt bekommen haben –, manchmal auch, weil wir glauben, diese Dinge noch brauchen zu können, wie die meisten Küchengeräte, die nur einmal benutzt werden und dann ganz hinten im Schrank verschwinden.

Wir werden nicht durch den Besitz von Gegenständen definiert, sondern durch Gedanken, Gefühle und Erfahrungen, die sie vermitteln. Beispielsweise bei einer Dinnerparty: Mit den richtigen Freunden und einem guten Essen können Sie Gastgeber eines unvergesslichen Abends sein, selbst wenn nur von Papptellern gegessen wird. Wenn Sie dagegen nicht die richtigen Gäste eingeladen haben und das Essen ungenießbar ist, hilft auch das schöne Geschirr nicht weiter. Indem wir uns von Gegenständen frei machen, bekräftigen wir, wie wichtig Erlebnisse und Beziehungen sind.

Qualität vor Quantität

„Qualität vor Quantität" ist ein wichtiger Faktor im Berufsleben, der sich auch auf das Zuhause übertragen lässt. Heute findet man problemlos einen neuen Tisch oder ein Sofa, die fast weniger kosten als eine gute Mahlzeit im Restaurant. Weil Neues so billig ist, hält uns wenig davon ab, Altes auszutauschen, wenn wir es leid sind. Wir leben in einer Wegwerfkultur.

Das hat alles seinen Preis. Mit den billigen Materialien und den billigen Waren gehen schlechte Arbeitsbedingungen und das Beschneiden der Umweltstandards einher. Darunter leiden die Gesellschaft und die Umwelt. Als globale Gesellschaft verbrauchen wir heute Ressourcen, als gäbe es 1,6 Planeten Erde. Es ist nicht nur eine Option, unsere Einstellung zu ändern, es ist eine Notwendigkeit.

Bei der Entwicklung von Bewusstsein und Wertschätzung für gutes, hochwertiges Handwerk geht es nicht nur darum, sich die Produkte selbst anzuschauen, sondern auch die Auswirkungen, die solche Produkte auf das Ganze haben. Man muss offen sagen, dass diese Produkte zwar teurer sind, es sich dafür aber um langfristige Investitionen handelt, die in Bezug auf ihr Material und ihre Optik jahrzehntelang, vielleicht sogar über Generationen hinweg halten. „An dem nordischen *Lagom*-Design hat man lange Freude, denn es ist zeitlos und muss daher nicht so häufig ersetzt werden“, gibt Frida Ramstedt zu bedenken. Wir profitieren heute noch von dem gut gemachten, zeitlosen Design mehrerer Generationen vor uns – Vintage-Möbel kann es nur geben, wenn diese Möbel ausreichend haltbar sind. Es ist nur schwer vorstellbar, dass künftige Generationen auf einen Teil der billigen Einrichtungsgegenstände wert legen werden, die unsere Wohnungen und Häuser heute füllen. Diese Einstellung von Qualität vor Quantität geht auch mit der Einstellung einher, weniger kaufen zu wollen. Wer in Qualitätsprodukte investiert, investiert in eine kleine Menge von Produkten. Wenn Sie mit der Zeit die Produkte zusammen haben, die Sie sich für Ihr Zuhause wünschen, müssen Sie folglich nichts mehr kaufen.

Dies läuft der Kultur zuwider, in der wir aktuell leben und die uns erzählt, unser Leben wäre besser, wenn wir immer noch mehr kaufen. Ob Sofa, Tisch oder Lampe, letztlich geht es bei dem Objekt, das gekauft wird, darum, eine Leere zu füllen. Wenn Sie sich ein Zuhause geschaffen haben, das Sie lieben, wenn Sie ein ausgeglichenes Leben führen, bei dem

Sie spüren und wissen, dass Sie genug haben, wird diese Leere kleiner. Der Drang wird vielleicht nie völlig verschwinden, schließlich sind wir von Meldungen darüber, wie wichtig Konsum ist, umgeben, dabei ist es jedoch wesentlich, sich dieses Drangs bewusst zu sein und zu wissen, wie man ihm widersteht.

Ich weiß, dass Ihnen beim Lesen eine Frage in den Sinn kommt: „Was ist mit IKEA?" Der schwedische Händler ist weltweit zu einer Kultmarke für Möbel geworden. Heute können wir problemlos den gleichen Tisch in Manhattan, Sydney und Singapur kaufen. Während die heutige Version der Möbelfirma eine Kultur des Massenkonsums preiswerter Produkte erzeugt hat, beruhen ihre Wurzeln auf denselben sozialen Prinzipien, die einen Großteil des übrigen schwedischen Designs leiten, nämlich dass gutes Design das Leben besser macht und jedem zur Verfügung stehen sollte. „Ich finde, IKEA ist ein ausgezeichnetes Beispiel für das schwedische ‚demokratische Design'", resümiert Frida Ramstedt.

Leider wurde „demokratisches Design" irgendwann mit „Übermaß" gleichgesetzt. Wenn Produkte billig sind, wird es schwer, ihnen zu widerstehen. Ganz gleich, ob es um Möbel oder Bekleidung geht, die globale Produktion billiger Produkte hat an anderer Stelle ihren Preis. Welche Art Konsument wir sein wollen, ist jedoch unsere eigene Entscheidung. Es ist ein Unterschied, ob wir einen Küchentisch jahrelang benutzen oder ob wir ihn schon im nächsten Jahr wieder ersetzen.

IKEA ist nach wie vor ein führendes Unternehmen, weil es ihm gelingt, die Balance zwischen gutem Design, Kreativität und Preis zu finden. Da IKEA sich seines Einflusses bewusst ist, richtet die Firma den Fokus mit der Initiative „People & Planet“ auf Nachhaltigkeit. In Großbritannien hat IKEA sogar eine Kampagne unter dem Motto *„Live Lagom“* eingeleitet, um die Menschen anzuspornen, viele kleine Veränderungen in ihrem Alltag vorzunehmen, und ihnen damit zu helfen, sich einen nachhaltigeren Lebensstil anzueignen.

Nachhaltigkeit ist ein wesentlicher Aspekt eines zukunftsgerichteten Designs. Frida Ramstedt sagt dazu: „Nachhaltigkeit und Gesundheit sind zwei wichtige Aspekte für die Zukunft des Designs. Wir sind wirklich gut darin, Bio-Lebensmittel zu essen, es kümmert uns aber wenig, wenn wir unter Bettwäsche aus Baumwolle schlüpfen, die mit Pestiziden gespritzt wurde, oder in Betten schlafen, die mit Produkten auf Erdölbasis produziert wurden und während der gesamten Lebensdauer des Bettes chemische Substanzen abgeben. (...) Ganz zu schweigen davon, wie sehr die Produktion von Wegwerfmöbeln die Umwelt belastet. Vieles von dem, womit wir uns zu Hause umgeben, enthält seltsame Materialien sowie unnötige chemische Substanzen und Kunststoffe. Daher glauben wir, dass Schweden in vielerlei Hinsicht führend werden wird.“

> **Durch Glas können Sie mit Licht modellieren, und mit der Hilfe des Sonnenlichts können Sie mit Farben malen.**
>
> SVEN PALMQVIST (SCHWEDISCHER GLASDESIGNER)

DAS LAGOM-PRINZIP BEI DER GESTALTUNG DES EIGENEN ZUHAUSES BERÜCKSICHTIGEN

Inspiriert vom schwedischen Design, nachfolgend einige Möglichkeiten, wie Sie für die Gestaltung Ihres Zuhauses einen ausgewogeneren Ansatz finden können:

Einfachheit von Linien und Formen
Schwedisches Design gilt häufig als sehr klar und reduziert, wobei alles Unwesentliche einfach weggelassen wird. Es enthält das Notwendige und sieht schön aus, kommt häufig jedoch ohne viele Verzierungen aus. Es besteht die Überzeugung, dass man in einfachen Formen, die nicht überladen sind, täglich Freude findet.

Licht
Als nordisches Land ist Schweden während der Wintermonate ein dunkles Land. Um gegen die dunkleren Tage anzukämpfen, ist in den Innenräumen eine entsprechende Beleuchtung

essenziell, häufig sind die Räume in Weiß oder in neutralen Farben gestrichen, die für Helligkeit sorgen, immer mit der Möglichkeit, dem Raum durch einen auffälligen Farbakzent etwas Dynamik zu verleihen.

Freiräume

Zwar gibt es in schwedischen Häusern und Wohnungen eine Vielfalt an Möbeln, Textilien und Kunstwerken, dennoch wirken sie nie überladen. Es gibt Raum zum Atmen, was vielleicht ein Hinweis auf die Liebe der Schweden zur Natur und zur Landschaft ist. Ein schwedisches Zimmer wirkt häufig wie von einem frischen Lufthauch durchweht.

Heimelige Plätze

Schwedisches Design ist auf das Zuhause und die Familie ausgerichtet, es berücksichtigt eher die Funktionalität und das heimelige Gefühl und ist nicht darauf ausgelegt, der Außenwelt etwas demonstrieren zu wollen. Schwedische Häuser und Wohnungen sind gemütlich, einladend, sie sind Orte, an denen man sich gerne einigelt.

Ein natürlicher Raum

Angeregt durch die Wertschätzung für die Natur und den Aufenthalt dort zeigen viele schwedische Stoffe und Textilien botanische Muster. Dasselbe gilt für die verwendeten Materialien.

Erst im letzten Jahrhundert kamen synthetische Materialien auf den Markt und veränderten die Art der Produkte, die wir regelmäßig benutzen. Natürliche Materialien, wie Wolle und Holz, sind in schwedischen Häusern üblich und können in einer Welt des Kunststoffs als willkommener Ausgleich empfunden werden. Die in schwedischen Häusern üblichen Naturmaterialien sind typische regionale Produkte: ein Tisch aus Kiefernholz, ein Schafsfell als Überwurf auf dem Sofa, ein Korb aus Birkenrinde, eine Glasvase für frische Blumen. Durch die Nutzung lokaler Materialien bei unserer Einrichtung bekommen wir eine tiefere Bindung an den Ort, an dem wir leben.

Zeitloses Design

Beim Kauf trendiger Möbel besteht immer die Gefahr, dass diese irgendwann aus der Mode kommen. Bei wichtigen kostspieligen Möbelstücken sollten Sie immer ein zeitloseres Design wählen, das Sie zeitlebens beibehalten können. Wenn Sie dann einmal eine Veränderung wünschen, können kleinere Gegenstände, wie Sofakissen, Geschirrtücher und weitere Textilien, gegen solche mit moderneren Mustern ausgetauscht werden. So sorgen Sie für eine gute Ausgewogenheit zwischen einem Design, das durch alle Zeiten Bestand hat, und moderneren Stilrichtungen.

LAGOM-EINRICHTUNG FÜR JEDES ZIMMER

In einem schwedischen Haus dient jedes Zimmer einem bestimmten Zweck und hat seine besondere Atmosphäre. Dort hat man ein Gefühl für Ausgewogenheit – während es schöne Objekte mit gutem Design gibt, geschieht nichts zu Showzwecken, und alles ist dazu bestimmt, benutzt zu werden.

Die Küche

In einem schwedischen Haushalt ist die Küche ein wichtiger Ort für die ganze Familie, wo gekocht wird und man Zeit zusammen verbringt. Wenn es in einem schwedischen Haushalt ein gesondertes Esszimmer gibt, steht in der Küche häufig dennoch ein kleiner Tisch, vielleicht mit einer Küchenbank, wo einfache Mahlzeiten oder das Frühstück eingenommen werden – das Kommunikationszentrum „Küche".

Fünf Möglichkeiten, Ihre Küche lagom *zu gestalten*

Küchenutensilien können durch Form und Funktionalität glänzen. Anstatt den Platz mit vielen Spielereien zu füllen, die Sie wahrscheinlich nur einmal benutzen – im Grunde alles, was Ihnen mit dem Argument verkauft wird, es werde Ihre Küche „revolutionieren" –, bevorzugen Sie wenige einfache, bewährte und zweckmäßige Utensilien.

In jeder schwedischen Küche gibt es eine gute Auswahl an Textilien, wie Geschirrtücher und Spüllappen. Sehen Sie für Ihre Küche verschiedene Textilien vor, die aus Naturfasern, wie Baumwolle und Leinen, hergestellt sind. Wählen Sie einige in neutralen Farben und andere mit bunten Mustern. In der Küche können botanische Motive perfekt passen.
Stellen Sie Kochutensilien, die Sie regelmäßig benutzen, wie Holzlöffel, Rührbesen etc., auf der Arbeitsplatte in einen Keramikkrug oder ein Glasgefäß. So sind sie beim Kochen schnell zur Hand, und das Ganze sieht auch noch ästhetisch aus.
Brotzeitbretter und Tabletts aus Holz sind für belegte Brote eine feine Sache, ob zum Frühstück oder für einen Imbiss am frühen Nachmittag.
Entscheiden Sie sich beim Geschirr weitgehend für Teile, die tagtäglich verwendet werden können. Mixen Sie bei der Auswahl Grundfarben und einige Muster. Für besondere Gelegenheiten kombinieren Sie diese mit einer kleinen Auswahl an ausgefallenen Tellern und Gläsern.

Das Wohnzimmer

Schwedische Wohnzimmer sind gemütlich und dienen der Entspannung. Hier finden sich häufig viele Accessoires, wie Wolldecken und Schafsfelle, und schaffen eine angenehme

Ausgewogenheit zwischen schönem Design und Funktionalität. Wie in den anderen Zimmern sind auch hier Licht und Raum wichtig. Gestalten Sie das Wohnzimmer einladend und individuell, ohne dass es überladen wirkt. Es ist ein Raum, in dem Sie sich an einem faulen Nachmittag am Wochenende aufhalten oder wo Sie nach dem Abendessen, gemütlich auf der Couch eingerollt, ein Buch lesen.

Fünf Möglichkeiten, Ihr Wohnzimmer lagom *zu gestalten*

Mischen Sie verschiedene Texturen, legen Sie beispielsweise einen Webteppich auf einen Holzboden oder einen Überwurf über einen harten Stuhl. Wenn es ein großes Zimmer mit hellen Farben und weichen Texturen ist, sorgen Sie beispielsweise durch eine moderne Metallic-Lampe für einen Ausgleich.

Überlegen Sie, wo das Zentrum des Raumes ist, es muss nicht der Fernseher sein. Gestalten Sie den Raum so, dass er jeglicher entspannenden Aktivität förderlich ist: lesen, zeichnen, reden oder nur sitzen und entspannt aus dem Fenster schauen.

Bücher sind ein zentraler Teil eines Wohnzimmers. Sorgen Sie für ein gutes Aufbewahrungssystem für Lesestoff und auch für etwas, wo Sie Bücher und Zeitschriften verwahren können, in denen Sie aktuell lesen, damit diese nicht auf dem Boden oder auf Stühlen herumliegen.

In einem großen Wohnzimmer könnten Sie überlegen, bei allen Sitzgelegenheiten eine Beleuchtung vorzusehen. Das sorgt für eine gemütlichere, persönlichere Atmosphäre als nur eine zentrale Lampe.

In ein Wohnzimmer mit gedämpften Farbtönen bringen einige buntere Textilien, wie Sofakissenbezüge, eine Decke oder sogar ein Wandbehang, Farbakzente.

Das Schlafzimmer

Wenn Sie schlafen, verbringen Sie zwar viel Zeit im Schlafzimmer, die meisten Menschen nutzen den Raum aber nicht zu anderen Zwecken, sodass er nicht groß sein muss. Ihr Schlafzimmer sollte ein ruhiger und erholsamer Ort sein.

Fünf Möglichkeiten, Ihr Schlafzimmer lagom *zu gestalten*

Denken Sie klein, denn ein kleines Zimmer kann wie ein gemütliches Nest wirken, der perfekte Platz, um sich für die Nacht dorthin zurückzuziehen.

Halten Sie die Einrichtung einfach. Das Schlafzimmer ist ein Ort zum Erholen und Regenerieren, in einer einfachen Ausstattung kann Ihr Gehirn besser abschalten.

Schaffen Sie neben dem Bett Platz für ein Regal oder einen Nachttisch mit guter Beleuchtung und einer einfachen Ablagemöglichkeit für Lesematerial und ein Glas Wasser.

Kombinieren Sie beim Bettzeug Texturen und Muster. Eine einfache Baumwoll- oder Leinenbettwäsche kann durch eine bunte Decke ausgeglichen werden.
Eine große freie Fläche kann mit einem Läufer auf dem Boden gemütlicher wirken, vor allem wenn er teilweise unter das Bett reicht.

KUNST UND HANDWERK

„Die Form folgt der Funktion“ mag seit den Modernisten Ende des 19. Jahrhunderts ein Grundprinzip der Gestaltung gewesen sein, aber schwedische Kunsthandwerker haben bereits lange zuvor Objekte hergestellt, die funktional sein sollten. Verglichen mit anderen Ländern kam die Industrialisierung erst spät in Schweden an, aber sie baute dort auf einer bereits lange bestehenden Tradition von Manufakturen auf, beispielsweise bei Holz-, Textil-, Eisen- und Stahlprodukten. Die Handwerkskunst und Herstellung von Dingen waren in der schwedischen Kultur verankert, und diese Struktur trug dazu bei, die Weiterführung der handwerklichen Traditionen auch im modernen Schweden sicherzustellen.

Auch heute noch haben Kunst und Handwerk einen wichtigen Stellenwert in der schwedischen Kultur. Das Bestreben des schwedischen Handwerks und Kunsthandwerks richtet sich häufig mehr auf die Funktion als auf die Optik und geht auf den Gedanken zurück, dass Design unser Leben besser machen kann, indem es einbezieht, wie wir die Dinge sehen und wie wir sie nutzen. Diese Ausgewogenheit von Funktion und Ästhetik in Verbindung mit der Tradition des Kunsthandwerks in Schweden führt dazu, dass Alltagsobjekte schön gestaltet werden, sei es ein Teppich, ein Paar Fausthandschuhe oder ein Pullover.

Es identifizieren sich jedoch nicht alle Künstler mit diesem Bedürfnis nach „gutem Design". Ich las einmal ein Zitat eines schwedischen Künstlers, der äußerte, Künstler steckten in der „Zwangsjacke des guten Designs". Er führte aus, in anderen Ländern gäbe es eine größere künstlerische Freiheit, etwas Ursprüngliches zu erschaffen. Und dennoch ist es auch genau diese skandinavische Zurückhaltung, die Tendenz, nicht bis an die äußersten Grenzen zu gehen, die so vieles im schwedischen Kunsthandwerk schön macht.

Man könnte argumentieren, die schwedische Kunsthandwerksszene repräsentiere eine *Slow Art*, eine Kunst, die die Tradition des Kunsthandwerks aufrechterhält und die Zeit und Energie wertschätzt, die aufgebracht werden muss, um etwas Gutes anzufertigen. 2013 zeigte das Schwedische Nationalmuseum eine Ausstellung mit dem Titel *Slow Art*, in der mehr als 30 Objekte aus seiner Sammlung gezeigt wurden, darunter Silberarbeiten, Textilien, Glas und Keramik, alles Materialien, deren Verarbeitung Zeit und Sorgfalt verlangt. Wenn wir das Kunsthandwerk auf diese Weise ehren, erinnert es uns daran, dass wir beim Modernisieren nicht die Lektionen und Traditionen der Vergangenheit über Bord werfen müssen.

Textilkunst wird in Schweden besonders geschätzt, die Traditionen werden seit langer Zeit weitergegeben. Viele Generationen haben komplizierte, inzwischen zum Kult gewordene Muster in Alltagsgegenstände, wie Pullover und Fausthandschuhe, gestrickt. Das Weben neuer Teppiche aus abgenutzten Teppichen war eine übliche Handarbeit, eine Kunstform, die sich aus der Notwendigkeit entwickelte, aus dem Wenigen, was man hatte, etwas machen zu müssen. Heute bringt eine neue Generation von Frauen (und Männern) dieses traditionell weibliche Handwerk wieder zurück und trägt dazu bei, Kunstformen wieder aufleben zu lassen und den Frauen Anerkennung zu zollen, die für ihre Arbeit und Kreativität selten gewürdigt wurden.

Zur Förderung des Handwerks und Kunsthandwerks gibt es in Schweden viele Initiativen von Regierungsseite und auf ehrenamtlicher Basis, und das Land beheimatet mehrere international angesehene Design- und Kunsthochschulen. Bei so viel Unterstützung für den Stellenwert des Kunsthandwerks überrascht es nicht, dass die Anfertigung von Objekten in dieser Kultur allgemein eine große Bedeutung hat. Auch wenn wir nicht alle Künstler oder Kunsthandwerker sind, kann es uns helfen, in alten Traditionen neue Werte zu entdecken, indem wir uns von den Schweden inspirieren lassen und Wertschätzung für diesen Bereich entwickeln.

Wegkommen von der Technologie

Technologie ist zweckmäßig, es ist jedoch wichtig für uns, einen Ausgleich für das virtuelle Leben zu schaffen, indem wir mit unseren eigenen Händen etwas herstellen und uns dabei konzentrieren. Konzentration auf eine Tätigkeit ist auch der Grund, weshalb das Kochen häufig als meditativ empfunden wird. Denken Sie einmal darüber nach, sich handwerkliche Kenntnisse anzueignen oder zu lernen, wie man persönliche Dinge für zu Hause, für Freunde und die Familie von Grund auf selbst anfertigen kann. Die Zeit, die wir in solche Aktivitäten investieren, ist nicht nur für unser emotionales Wohlbefinden und unsere Kreativität gut. Solche Produkte können auch dazu beitragen, mehr Wärme in den Alltag zu bringen.

Finden Sie den passenden kreativen Ausdruck für sich
Nicht jeder zeichnet gerne und nicht jedem gefällt es, etwas zu basteln. Wir Menschen haben jedoch jahrhundertelang Dinge mit unseren Händen hergestellt und Kunstwerke geschaffen. Wir haben ein Urbedürfnis, etwas anzufertigen, und die Forschung zeigt, dass solche Aktivitäten gut für uns sind und zu unserem psychischen Wohlbefinden beitragen. Ob Sie schreiben, stricken, singen, mit Holz arbeiten oder schmieden – finden Sie den kreativen Ausdruck, mit dem Sie sich wohlfühlen.

Verpflichten Sie sich zu einem längerfristigen Projekt
Es kann schwierig sein, Kreativität in den Alltag einzubinden. Fordern Sie sich selbst, und setzen Sie sich das Ziel, 30 oder sogar 100 Tage lang täglich einer ganz bestimmten Aktivität

nachzugehen. Es mag sein, dass Sie sich durchkämpfen müssen, aber letztlich werden Sie am Ende nicht nur zufrieden sein, sondern vielleicht sogar mit einer neuen, täglichen kreativen Tätigkeit belohnt.

Investieren Sie in Handwerk und Kunsthandwerk
Wenn künstlerische Schöpfung nicht Ihre Leidenschaft ist, unterstützen Sie Menschen, die diese Leidenschaft haben. Teil der Pflege von Kunst und Kunsthandwerk sind Investitionen, auch in geringer Größenordnung. Kunst gibt es in allen Preisklassen, und durch den Aufstieg der Do-it-yourself-Bewegung wird es immer einfacher, handgefertigte Produkte vor Ort zu bekommen. Überlegen Sie, wenn Sie das nächste Mal ein Geburtstags- oder Weihnachtsgeschenk brauchen, einen freiberuflichen Künstler zu unterstützen.

Einfache Bastelarbeiten für zu Hause

Filzpullover
Alte Pullover können ein zweites Leben erhalten, wenn man sie filzt. Waschen Sie die Pullover hierzu heiß. Wenn der Filz etwas dicker werden soll, stecken Sie die Pullover zusammen mit schwereren Kleidungsstücken, wie Jeans, in die Waschmaschine, da die Wolle dadurch stärker bewegt wird. Sobald die Pullover gefilzt sind, haben Sie neues Material, um damit zu

experimentieren. Ein einfaches Projekt, bei dem nichts genäht werden muss, sind beispielsweise Untersetzer für Gläser oder für eine heiße Teekanne. Etwas aufwendiger sind handgenähte Dinge, wie Teewärmer, Fausthandschuhe oder sogar ein Paar Hausschuhe.

Blättergirlande

Holen Sie mit einer einfachen Blättergirlande die Natur in Ihr Zuhause oder, falls möglich, auch in Ihr Büro. Sammeln Sie dazu hübsche Blätter mit stabilen Stängeln, und verwenden Sie eine Schnur aus Naturfaser, wie Leinen oder Hanf, um die Stängel daran zu binden. Verteilen Sie dabei die Blätter gleichmäßig an der Schnur, und machen Sie die Girlande so lang, wie Sie möchten. Besonders farbenfroh wird sie im Herbst mit bunten Blättern.

Ast-Haken

Halten Sie beim nächsten Waldspaziergang nach einem geeigneten Ast Ausschau. Entfernen Sie die Rinde anschließend oder belassen Sie den Ast so, je nachdem, welchen Look Sie bevorzugen. Entrindete Äste können Sie austrocknen lassen und dann bemalen. Bohren Sie Löcher für Schrauben in den Ast und die Wand, und schrauben Sie den Ast an der Wand fest. Dünnere Äste eignen sich dafür am besten, denn sie ergeben gute Haken für kleinere Objekte, wie Schlüssel oder eine Mütze.

Mit Blättern drucken

Mit Blättern (und sogar auch mit Zweigen und Blüten) und bunter Stempeltinte für Stoff können Sie individuelle Textilien entwerfen. Färben Sie ein Blatt, legen Sie es mit der Farbseite nach unten auf ein Stück Stoff – Geschirrtuch, Bettlaken, ein T-Shirt, Kissenbezüge, es gibt unzählige Optionen! –, und legen Sie anschließend ein Stück Küchenrolle darüber. Drücken Sie es mit der Hand fest an, oder rollen Sie mit einem Handroller darüber, und entfernen Sie das Blatt anschließend vorsichtig, um den Druck freizulegen. Halten Sie sich an die Gebrauchshinweise für die Stempeltinte.

Lampenschirme aus Papier

Alte Lampen werden durch die Herstellung eigener Lampenschirme wieder zu neuem Leben erweckt. Papier und Karton lassen sich leicht verarbeiten und auf verschiedene Weise nutzen, um Lampenschirme herzustellen – von einfachen zylinderförmigen Lampenschirmen bis zu komplizierteren Origami-Schirmen im geometrischen Stil. Wer besonders kreativ ist, kann eigene Motive auf die Lampenschirme drucken oder auch Muster ausschneiden, damit das Licht durchscheint.

LAGOM UND MODE

Denken Sie an berühmte schwedische Modedesigner, wie Filippa K, Acne Studios, Swedish Hasbeens, Nudie Jeans, Sandqvist. Ihre künstlerische Ästhetik ist schlicht, oft sehr reduziert, mit klaren Linien und klassischem Design, das man lange tragen kann. Mit der schwedischen Mode verbindet man normalerweise kein bestimmtes Flair, wie das vielleicht bei der französischen Mode der Fall ist. Schwedische Bekleidung ist schön und bemerkenswert, ohne jedoch besonders auffällig zu sein. Gleichzeitig aber hat schwedische Mode einen eigenen Charakter.

„*Lagom* ist sehr viel mehr als ein Wort, es ist ein Lebenskonzept und gehört von Geburt an zu uns. Daher ist es ziemlich schwierig, sich Modedesign ohne *lagom* vorzustellen", findet Pim Sjöström, Produktionsmanager bei Nudie Jeans. „Von klein auf hat man uns gesagt, wir sollten *lagom* sein. Aber vielleicht haben die Schweden genau aus diesem Grund im Allgemeinen schon sehr früh die avantgardistische Mode begrüßt. In jedem von uns besteht dieser kleine Wunsch, den Durchbruch zu schaffen."

Der schwedische Kleidungsstil wirkt eher dezent. „Wir haben eine schlichte und eher geradlinige Garderobe. Die Silhouetten sind schmaler und alle Farben dunkler", sagt Pim Sjöström. Dabei gibt es wie immer Ausnahmen, wie die

wilden und farbenfrohen Modelle von Gudrun Sjödén, und so, wie sich die Mode weltweit verändert, verändert sich auch die schwedische Mode, aber Qualität und Haltbarkeit bleiben ihre Grundprinzipien.

Es gibt natürlich eine Ausnahme: In Bezug auf Bekleidung ist Schweden vermutlich am bekanntesten für seinen Modekonzern H&M. Billige Mode hat es leicht gemacht, immer die neuesten Trends zu kaufen. Dies hat jedoch einen hohen Preis, sowohl für die Gesellschaft als auch für die Umwelt. *Fast Fashion* steht im Widerspruch zu einer *Lagom*-Garderobe, sie erlaubt Exzesse, weil sie so billig ist. Was für unsere Wohnungen oder Häuser gilt, gilt auch für das, was wir tragen, und unsere Entscheidungen haben Auswirkungen. Nachfolgend finden Sie einige lohnende Überlegungen zu dem, was wir tragen und was wir kaufen:

Erkennen Sie Ihren Stil

Anstatt sich Ihre Garderobe von den jeweiligen Trends diktieren zu lassen, erkennen Sie Ihren Stil und worin Sie sich wohlfühlen. Zu wissen, was man gerne trägt, macht es einfacher, das Richtige zu finden, wenn man etwas Neues braucht.

Investieren Sie in Lieblingsstücke

Es ist einfach, ein billiges T-Shirt wegen des günstigen Preises mitzunehmen, aber oft kaufen wir aus diesem Grund Dinge, die wir dann nur ein- oder zweimal tragen oder – noch schlimmer – nie. Denken Sie an die Teile in Ihrem Kleiderschrank, die Sie kaum getragen haben. Anstatt in fünf trendige Hosen zu investieren, kaufen Sie besser nur eine, von der Sie wissen, dass Sie sie auch wirklich tragen werden. Dabei ist es hilfreich, wenn Sie im Angebot Ihren persönlichen Stil erkennen, denn so können Sie einfacher die Stücke ausschließen, die nicht zu Ihrer Garderobe passen.

Achten Sie auf Funktionalität und Stil

Der Grundstock Ihrer Garderobe sollten Teile sein, die vielseitig und auf verschiedene Weise kombinierbar sind. Denken Sie bei der Mode wie bei der Einrichtung an eine Ausgewogenheit zwischen Schönheit und Funktionalität.

Eine haltbare Garderobe

Es lässt sich nicht leugnen, dass sich Kleidung beim Tragen abnutzt, aber sie sollte nicht dadurch nutzlos werden, dass sie einem flüchtigen Trend folgt. Als *lagom* lässt sich eine Garderobe bezeichnen, die vernünftig ausgewählt und dennoch modisch ist. Solche Stücke kann man länger als nur eine Saison tragen.

Wählen Sie Marken, die für Achtsamkeit bei der Produktion stehen
Heute gibt es immer mehr Designer und Marken, die versuchen, Modedesign zunehmend auch unter ethischen Gesichtspunkten zu betreiben. Bedenken Sie, dass in der Mode alle Elemente ihren Preis haben. Denken Sie daran, dass zum Beispiel Pestizide im Baumwollanbau für ein T-Shirt eingesetzt werden und dass ein Arbeiter, der Schuhe näht, vielleicht nur einen Niedriglohn erhält. Unsere Produktwahl hat auf die Produktionsbedingungen einen deutlichen Einfluss. Entscheiden Sie sich für Marken, die es richtig machen.

ESSEN UND TRINKEN

Auf Schwedisch wird das Wort *lagom* sehr oft – vielleicht sogar am häufigsten – in Zusammenhang mit dem Essen verwendet und steht für angemessene Portionen und Mengen. Wie viel Salz sollten Sie nehmen? Nicht zu viel und nicht zu wenig, eben *lagom*. Eine beliebte Marke für streichfähige Butter heißt *Lätt & Lagom* (*Leicht & Lagom*), sie wird aus Butter mit Rapsöl hergestellt, um den Fettgehalt im Vergleich zu regulärer Butter zu reduzieren. *Lagom* ist also ein Leitprinzip in der schwedischen Küche.

Die schwedische Ernährung war schon immer ziemlich *lagom*. In vergangenen Zeiten war Schweden von der Landwirtschaft geprägt, und es entstand eine Küche aus nur wenigen Zutaten. Man nutzte das, was eben verfügbar war. Die schwedische Ernährung bestand schon immer zum großen Teil aus Vollkorn und vollwertigen Lebensmitteln. Schweden ist kein Land mit einer extravaganten Esskultur. Die Mahlzeiten bestehen in der Regel aus nur einem Gang und nicht aus mehreren, wie beispielsweise in Frankreich. Die Zutaten sind einfach, sie spiegeln wider, was in diesem nordischen Land zur Verfügung steht. Auch wenn es manchmal langweilig werden kann – mitten im Winter gibt es überwiegend Wurzelgemüse –, ist dies auch ein Grund, warum die schwedische und skandinavische Küche in den letzten Jahren so große Aufmerksamkeit erhalten haben. Da sich unser Interesse Ernährungsformen zugewandt hat, die nicht nur besonders gesund sind, sondern sich auch stärker an der jeweiligen Saison und an Regionalität orientieren, kann diese einfache schwedische Kochtradition eine Inspirationsquelle sein.

Diese schwedische Küche hat sich aber nicht ausschließlich auf einheimische Zutaten beschränkt. Das raue Klima hier hat die Bevölkerung im Gegenteil dazu gezwungen, stets über ihre Grenzen zu schauen. Schon die Wikinger haben sich deshalb in andere Länder aufgemacht. Der Handel war lebenswichtig, nicht nur aus geschäftlichen Gründen, sondern auch, um die Bevölkerung ausreichend versorgen zu können. Wegen des traditionsreichen Handels sind exotische Zutaten, wie Kardamom und Zimt, Grundzutaten schwedischer Backwaren. Heute, da Schweden Einwanderer aus verschiedenen Kulturen der Welt aufgenommen hat, haben neue Speisen Eingang in das kulinarische Repertoire Schwedens gefunden. Die moderne schwedische Küche ist eine Kombination aus dem Besten von Zuhause und anderswo, und die Einflüsse sind gut gewichtet – sie sind *lagom*.

Schwedisches Essen ist ohne viel Brimborium, und selbst die ausgefalleneren Gerichte für Feiertage kommen ohne lange Zutatenliste aus. Ihre Besonderheit hängt stattdessen von der Qualität der frischen Zutaten und dem eventuellen

Hinzufügen von ein paar Gewürzen ab. Wenn man an schwedisches Essen denkt, fällt einem das Wort „ausgewogen“ ein, aber nicht, weil es Teil des Trends zu gesundem Essen wäre, sondern weil Vollkorn, Obst und Gemüse schon immer Teil der Ernährung in diesem Land waren. Hier gab es lange Zeit nur sehr wenig, und das zubereitete Essen musste reich an Nährwert sein. Nichts wurde verschwendet. Dies ändert sich heute natürlich. Es gibt immer mehr Fastfood-Restaurants und immer mehr Geschäfte, die Essen auf die Hand verkaufen. Aber trotz allem haben gutes Essen und Trinken hier noch einen hohen Stellenwert.

Lassen Sie sich von dem Fokus auf frische und einfache Zutaten nicht zu der Annahme verleiten, die Schweden verstünden es nicht zu genießen. Ganz im Gegenteil! Wenn Sie jemals zu einem Nachmittagskaffee in einem schwedischen Café gesessen haben, wissen Sie, wovon ich spreche. Backwaren und Gebäck haben einen besonderen Stellenwert in der schwedischen Esskultur – Zimtbrötchen, die frisch aus dem Backofen kommen, oder ein üppiger Schokokuchen, der bei einer Nachmittagseinladung für Freunde serviert wird. Kaffeepausen können sich auf Stunden ausdehnen und Essenseinladungen am Freitagabend können sich weit in die Nacht erstrecken. Schweden ist schließlich das Land des Aquavit.

Signe Johansen, Schriftsteller, Koch und Autor von *How to Hygge*, bezeichnet dies häufig als „gesunden Hedonismus“.

Dahinter steht der Gedanke, dass etwas Genuss hin und wieder ein wesentlicher Teil eines gesunden Lebensstils ist. Es geht um *lagom*, um das richtige Maß an vernünftigem Essen und Trinken, aber auch an amüsanteren Essgenüssen.

fika – *die Kaffeepause*

Man kann kein Buch über die schwedische Kultur schreiben, ohne *fika* zu erwähnen. Die Kaffeepause *fika* ist in Schweden Kult. Das Wort kann als Substantiv oder Verb verwendet werden und bezeichnet den Augenblick des Tages, wo Sie eine Pause machen, um einen Kaffee zu trinken und vielleicht eine Kleinigkeit zu essen. Es muss auch nicht unbedingt Kaffee sein, Sie können ebenso gut eine Tasse Tee trinken, wichtig ist die Pause. Häufig verbringt man die *fika* mit Freunden oder Kollegen, sie ist eine willkommene Gelegenheit, sich auszutauschen und unter Leute zu kommen. Das Wichtigste aber ist, dass *fika* eine Pause ist und eine Gelegenheit, etwas Ruhe von der Arbeit zu finden. *Fika* ist ein Vorwand, um ein paar Minuten der Routine zu entkommen, einen Kaffee zu genießen und einfach nur zu sein.

Feiertage

Es gibt auch etwas, das man als bewusste Übertretung des sonst so selbstverständlich eingehaltenen *Lagom*-Prinzips bezeichnen könnte, gewissermaßen das Ende des Maßhaltens.

Das geschieht bei mehreren Gelegenheiten im Jahresverlauf, bei denen bei schwedischem Essen und Trinken regelrecht Völlerei betrieben wird. Weihnachten und Mittsommer sind ausgezeichnete Beispiele dafür. Die traditionellen Essen für beide Feierlichkeiten enthalten eine Vielzahl an Speisen und festlichen Momenten, bei denen auf das Prinzip angemessener Mengen an Speisen und Getränken verzichtet wird. Auf dem *julbord*, dem Weihnachtstisch, steht eine große Auswahl an Gerichten, von Fleischbällchen bis zu eingelegten Heringssalaten, und das ist nur die herzhafte Seite. Der Monat Dezember ist angefüllt mit süßen Leckereien, wie *pepparkakor*, den schwedischen Pfefferkuchen, süßen Safranbrötchen und *glögg*, dem schwedischen Glühwein.

Beim Mittsommer, dem schwedischen Fest zur Feier der Sommersonnwende, kommen die sommerlichen Obst- und Gemüsesorten zu Ehren. Kuchen sind mit frischen Erdbeeren belegt, frischer Lachs wird mit Kartoffeln und Dill serviert, und das reichlich mit Aquavit begossene Essen dehnt sich bis weit in die Nacht hinein aus, da so weit im Norden die Sonne kaum untergeht.

Die schwedische Vorratskammer

Wenn Sie versuchen, in Ihrem Alltag beim Essen vermehrt auf *lagom* zu achten, finden Sie nachfolgend die Hauptbestandteile einer schwedischen Vorratskammer. Die Grundprodukte der schwedischen Küche sind Vollwertlebensmittel und frische regionale Zutaten. Passen Sie Ihren Vorratsschrank der Region an, in der Sie leben und dem, was dort erhältlich ist.

Vollkorn

Während verarbeitetes Weißmehl in die moderne schwedische Ernährung Eingang gefunden hat, ist das traditionelle Vollkorn weiterhin beliebt, und in letzter Zeit nehmen traditionelle Backmethoden und regionale Lebensmittel an Beliebtheit zu. Roggen war im Norden schon immer ein beliebtes Getreide, das über Russland nach Skandinavien gelangt ist. Sie finden Roggen in schwedischem Brot ebenso wie in Form von Getreidebrei. Auch Gerste und Hafer sind verbreitet.

Milchprodukte

„Butter und Brot machen die Wangen rot", so heißt es in einem alten schwedischen Sprichwort, und auch die Bezeichnung für ein belegtes Brot enthält das Wort „Butter". Butter und Sahne sind häufige Zutaten bei vielen Grundgerichten, ob süß oder herzhaft. Fermentierte Milchprodukte, wie Joghurt und *filmjölk*, eine dicke Sauermilch, die ähnlich wie Kefir schmeckt, stehen üblicherweise auf dem Frühstückstisch. Auch Eier gehören zu vielen schwedischen Gerichten, werden aber auch für sich alleine gegessen. Ein einfaches Mittagessen kann aus einer Scheibe Knäckebrot, mit Butter

bestrichen und mit einer Scheibe Käse belegt, und einem weich gekochten Ei bestehen. Heute nimmt natürlich die Zahl der Leute zu, die auf Milchprodukte verzichten, sei es aus ernährungsbedingten oder persönlichen Gründen. Dadurch gibt es vermehrt milchfreie Alternativen, wie Produkte auf Hafermilchbasis.

Frisches Obst und Gemüse der Saison

Dank der Supermärkte genießen die Schweden heute den Luxus, das ganze Jahr über frisches Obst und Gemüse verfügbar zu haben. Das war nicht immer so, daher basieren viele traditionelle schwedische Gerichte auf Lebensmitteln, die nur saisonal erhältlich sind. Im Winter bedeutet das viel Wurzelgemüse, wie Kartoffeln, Pastinaken, Karotten und Rote Bete. Im Sommer ist Schweden ein Land der Fülle – es gibt aromatische Beeren, frische Kräuter und viel Grüngemüse.

Fisch und Fleisch

Fisch ist und war schon immer ein Grundnahrungsmittel in Schweden, insbesondere, da es hier früher während vieler Monate kein frisches Gemüse gab und die Bevölkerung etwas Nahrhaftes brauchte. Verbreitet sind lokale Sorten, wie Hering, Makrele, Forelle und Weißfisch. Das Einlegen von Fisch ist eine traditionelle Konservierungsmethode, und Schwedenbesucher werden höchstwahrscheinlich mit *sill*,

„eingelegtem Hering", in Berührung kommen, der üblicherweise mit einem Aquavit serviert wird. Schweinefleisch, Lammfleisch und Rindfleisch sind übliche Zutaten in schwedischen Hauptgerichten, zu deren bekannteren die Fleischbällchen gehören. Heute nimmt die Zahl der Vegetarier ständig zu, und selbst wer sich nicht vegetarisch ernährt, versucht den Fleischkonsum einzuschränken. Schwedische Schulen bieten bei den Mahlzeiten häufig eine vegetarische Alternative an, und an vielen Schulen gibt es sogar einen „fleischlosen" Tag.

Lokal, bio und umweltfreundlich

Ganz gleich, ob es um ein lokal produziertes Lebensmittel oder um Bio-Obst und Bio-Gemüse geht, es herrscht ein allgemeines Bewusstsein dafür, wo Lebensmittel herkommen und welchen Einfluss sie auf uns und unsere Umwelt haben. Das bedeutet nicht, dass man beim Lebensmitteleinkauf in Schweden nicht auf Widersprüche stieße – die Bio-Abteilungen sind beispielsweise regelmäßig mit Waren gefüllt, die von weit her importiert wurden. Aber ganz allgemein bevorzugt man Zutaten, die ethisch einwandfrei produziert wurden, sowohl was die Menschen, die in der Erzeugung arbeiten, als auch was die Umwelt betrifft.

> Jemand, der Pfannkuchen mit Konfitüre isst, kann nicht sonderlich gefährlich sein. Sie können sich mit ihm unterhalten.
>
> TOVE JANSSON, DIE MUMIS. EINE DROLLIGE GESELLSCHAFT

SCHWEDISCHES ESSEN SELBST KOCHEN

Dies ist kein Kochbuch, aber ich hätte das Gefühl, Ihnen etwas vorzuenthalten, wenn ich nicht ein paar Rezepte mit aufnehmen würde. Ich bin in der Küche aufgewachsen und habe meiner Mutter immer geholfen, die Mahlzeiten aus einfachen Zutaten zuzubereiten. Da ich in den 1980er-Jahren in den Vereinigten Staaten aufgewachsen bin, war das alles andere als die Norm – meine Freundinnen aßen bunte Cerealien, während mein Frühstück aus Tee und belegten Broten bestand.

Schwedisch inspiriertes Essen ist ein wichtiger Teil meiner Essgewohnheiten, und ich bin von den Prinzipien geleitet, einfache Speisen aus saisonalen, lokal produzierten Zutaten zuzubereiten. Ich habe einige meiner Lieblingsrezepte zusammengestellt, die repräsentativ für die schwedische Esskultur sind. Sie basieren auf einfachen Zutaten und Kräutern und haben alle einen typisch schwedischen Geschmack. Einige sind besonders gesund, andere etwas üppiger. Letztlich sind es alles schwedische Rezepte, die einem gesunden Lebensstil zuträglich sind.

Råglimpor – Roggenbrote

Dieses Brotrezept wurde von einem klassischen Rezept für schwedisches *limpa* inspiriert, ein süßes Brot aus Roggenmehl, gewürzt mit Kümmel und Anis. Ich bereite meine Version mit Honig und etwas mehr Roggenmehl zu, damit es eine dichtere Konsistenz erhält.

Für 2 Brotlaibe

2 TL Trockenhefe
2 EL Honig
480 ml warmes Wasser plus 2 EL zusätzlich
2 TL Fenchelsamen
1 TL Anissamen
1 TL Kümmelsamen
½ TL Salz
abgeriebene Schale von 1 kleinen Bio-Orange
350 g Roggenmehl, bei Bedarf etwas mehr
175 g Vollkornmehl
185 g Mehl

Hefe und Honig in eine kleine Schüssel geben, 2 EL warmes Wasser zugeben und alles gut mischen. 10 Minuten ruhen lassen, bis sich die Hefe aufgelöst hat und anfängt, Blasen zu werfen.

Nun die angesetzte Hefe zusammen mit dem restlichen Wasser, Fenchel, Anis, Kümmel, Salz und der Orangenschale in eine große Schüssel geben. Die Mehlsorten nach und nach dazugeben und allmählich alles zu einem Teig verarbeiten. Nachdem alle Mehlsorten eingearbeitet wurden, sollten Sie die Mischung zu einem festen Teig verarbeiten können.

Den Teig auf einer bemehlten Fläche 3–5 Minuten vorsichtig kneten. Er sollte sich feucht anfühlen; falls er jedoch zu sehr an den Fingern klebt, können Sie noch etwas Mehl dazugeben. Kneten Sie den Teig ein paar Mal und kratzen Sie ihn dann mit einem Spatel von der Arbeitsfläche, bevor Sie ihn erneut kneten.

Den Teig zu einer Kugel formen und wieder in die Schüssel legen. Mit einem Geschirrtuch abdecken und etwa 1 Stunde gehen lassen.

Wenn der Teig gegangen ist, ein Backblech mit etwas Olivenöl einölen. Den Teig in zwei gleich große Hälften teilen. Die erste Hälfte vorsichtig flach drücken und zu einem Rechteck formen, dann dreimal falten. Sobald er dreimal gefaltet ist, zu einer 25–30 cm langen Rolle formen. Auf das Backblech legen und den Vorgang mit der anderen Teighälfte wiederholen.

Die Brotlaibe mit einem Geschirrtuch abdecken und weitere 45 Minuten gehen lassen.

Gegen Ende der Gehzeit auf dem Blech den Backofen auf 200 °C/Gas Stufe 6 vorheizen.

Die Brotlaibe 35–40 Minuten backen, bis sie dunkelbraun sind.

Aus dem Backofen nehmen und zum Auskühlen auf einen Gitterrost legen. Die erkalteten Brote zum Aufbewahren in ein Geschirrtuch wickeln.

Smörgås – Belegte Brote

Das vielleicht üblichste Essen in Schweden sind belegte Brote. Sie sind einfach zuzubereiten und können mit unendlich vielen Kombinationen von *pålägg* (Brotbelägen) gemacht werden.

Einige Vorschläge für *pålägg*:

Butter und dünne Käsescheiben (diese können Sie mit dünnen Scheiben Gemüse oder Obst, wie Gurke, Radieschen, rote Paprika, Apfel oder Birne, garnieren)
Kräuterbutter und gekochtes Ei in Scheiben
Mayonnaise, Garnelen und Dill
Fleischbällchen oder vegetarische Bällchen in Scheiben und eingelegte Rote Bete
Räucherlachs und Senf-Dill-Sauce

Knäckebröd – Knäckebrot

Knäckebröd ist in Schweden sehr wichtig, es wird zu den meisten Mahlzeiten serviert. Knäckebrot gibt es hier seit Jahrhunderten. Es wird traditionell aus Roggenmehl und mit einem Loch in der Mitte gebacken, sodass es auf einer Stange aufgehängt und den Winter über aufbewahrt werden kann. Die Schweden essen mehrere Kilo Knäckebrot pro Jahr. Die Version in diesem Buch wird zur leichteren Zubereitung mit Backpulver anstelle von Hefe gebacken. Der Trick ist, den Teig so dünn wie möglich auszurollen, damit das Brot schön knusprig wird. Servieren Sie das Knäckebrot in einem Korb mit Butter und Käse zum Abendessen oder mit einem hart gekochten Ei als einfaches Mittagessen.

Für 10–12 Knäckebrote

250 g Naturjoghurt
80 ml Öl (für einen neutraleren Geschmack nehmen Sie Distel- oder Rapsöl, aber auch mit Olivenöl wird es gut)
1 TL Backpulver
1 TL Anissamen
2 TL Kümmelsamen
¼ TL Salz
140 g Roggenmehl
150 g Vollkornmehl

Den Backofen auf 200 °C/Gas Stufe 6 vorheizen.

In einer Schüssel Joghurt und Öl gründlich mischen.

In einer anderen Schüssel die trockenen Zutaten mischen. Die Joghurt-Öl-Mischung langsam zu der trockenen Mischung geben und vermengen, bis sich ein Teig bildet.

Den Teig in 10–12 kleine Kugeln, etwa walnussgroß, portionieren. Auf einer bemehlten Fläche diese Kugeln so dünn wie möglich ausrollen.

Zwei Backbleche mit Butter oder Olivenöl fetten. Sie müssen die Brote portionsweise backen. Das Knäckebrot 10–12 Minuten backen, bis es goldbraun ist. Die Backzeit hängt davon ab, wie dünn die Brote ausgerollt wurden, Sie müssen sie also vielleicht länger oder kürzer backen.

Die Brote aus dem Backofen nehmen und ein paar Minuten abkühlen lassen, bevor sie zum Erkalten auf einen Rost gelegt werden. Die völlig erkalteten Knäckebrote stapeln und in einem luftdicht schließenden Behälter aufbewahren.

Inlagd gurka med dill – In Dill marinierte Gurke

Diese marinierten Gurken sind zugleich süß und essigsauer, der Geschmack wird durch frischen Dill betont. Sie eignen sich perfekt als Belag auf einem Brot oder als Beilage zum Essen. Sie können auch mit anderen Kräutern experimentieren – gehackte Minze oder Koriandergrün sind großartige Beigaben. Den Zucker können Sie auch durch Honig ersetzen, dadurch wird das Aroma etwas intensiver.

Für 7–10 Portionen

240 ml Wasser
4 EL natürlicher Rohrzucker
4 EL Weißweinessig
1 Prise Salz und frisch gemahlener schwarzer Pfeffer
1 große Gurke, in sehr dünne Scheiben geschnitten
1 EL gehackter frischer Dill

In einem großen Krug Wasser, Zucker, Essig, Salz und Pfeffer mischen. Einen Deckel aufsetzen und schütteln, bis sich der Zucker weitgehend aufgelöst hat.

Die Gurkenscheiben und den Dill zugeben und die Gurkenscheiben nach unten drücken, damit sie komplett von der Flüssigkeit bedeckt sind. Vor dem Verzehr mindestens 1 Stunde in den Kühlschrank stellen. Die Gurkenscheiben halten sich bis zu 1 Woche.

Linssallad med rödbetor och feta ost – Rote-Bete-Salat mit Linsen und Feta

Dieser Salat kann warm oder kalt serviert werden. Durch die Linsen ist er als einfache Mahlzeit nahrhaft genug. Als Hauptmahlzeit reicht das Rezept für drei oder vier Personen, als Beilage werden es mehr Portionen. Eine Handvoll gerösteter Walnüsse macht den Salat noch etwas nahrhafter.

Für 3–4 Portionen als Hauptgericht

Salat

4 mittelgroße Rote Beten
1 Prise Salz
200 g grüne Linsen
480 ml Wasser
1 Schalotte, in dünne Scheiben geschnitten
200 g Fetakäse, zerkrümelt
Orangenschale zum Garnieren

Dressing

2 EL Aceto balsamico
4 EL Olivenöl
Saft von 1 Orange
Salz und frisch gemahlener schwarzer Pfeffer

Die Roten Beten in einen Topf geben und mit reichlich Wasser bedecken. Etwas Salz zugeben und aufkochen. Auf mittelschwache Hitze reduzieren und 30–45 Minuten kochen lassen, bis sie weich sind. Die Kochzeit hängt von der Größe der Roten Beten ab. Um die Kochzeit zu verkürzen, können Sie die Roten Beten auch halbieren oder vierteln. Die fertig gekochten Roten Beten mit kaltem Wasser abspülen. Wenn sie so kalt sind, dass Sie sie anfassen können, schälen Sie die Haut mit einem Messer ab.

Während die Roten Beten kochen, die Linsen und das Wasser in einem Topf aufkochen. Die Hitze reduzieren und die Linsen ohne Deckel 20–30 Minuten köcheln lassen, bis sie weich geworden sind. Die Linsen sollten nur knapp mit Wasser bedeckt sein. Falls nötig, Wasser nachgießen. Wenn die Linsen gar sind, das restliche Wasser abgießen.

Die gekochten Linsen in eine große Schüssel geben. Die Roten Beten in kleine Würfel schneiden und zusammen mit den Schalottenscheiben und dem zerkrümelten Fetakäse mit in die Schüssel geben. Alles mischen.

Für das Dressing die Zutaten in einer Schüssel verrühren. Alternativ können Sie die Zutaten auch in ein Schraubglas geben und gründlich schütteln. Das Dressing über den Salat gießen und mischen. Mit Orangenschale garnieren.

Potatisgratäng med purjolök och svamp – Kartoffel-Lauch-Pilz-Gratin

Kartoffelgratins sind in Schweden eine häufige Beilage, insbesondere im Winter. Dieses Gratin wird durch Lauch und Pilze zu einem saisonalen Gericht. Es eignen sich alle Pilze, vielleicht haben Sie sogar das Glück, Wildpilze zu bekommen.

Für 4–6 Portionen

1 Knoblauchzehe, fein gehackt
2 EL Olivenöl
1 große Stange Lauch, gewaschen und in Ringe geschnitten
125 g Pilze, in Scheiben geschnitten
ca. 2 kg große Kartoffeln
70 g Haselnüsse, gehackt
Salz und frisch gemahlener schwarzer Pfeffer
240 ml Crème double, eventuell auch etwas mehr

Den Backofen auf 200 °C/Gas Stufe 6 vorheizen.

In einer Bratpfanne bei mittlerer Hitze den Knoblauch in dem Olivenöl goldbraun braten. Die Lauchringe zugeben und weiterbraten, bis der Lauch anfängt, weich zu werden. Die Pilze zugeben und weiterbraten, bis die Pilze kleiner werden.

Die Kartoffeln zuerst halbieren und anschließend in ca. 5 mm dicke Scheiben schneiden.

Eine rechteckige Backform fetten und die Hälfte der Kartoffelscheiben gleichmäßig auf dem Boden verteilen. Die Kartoffeln mit dem Lauch, den Pilzen und den Haselnüssen bedecken. Salzen und pfeffern. Mit den restlichen Kartoffelscheiben abdecken, mit der Crème double übergießen und anschließend nochmals salzen und pfeffern.

40–50 Minuten backen. Nach 30 Minuten prüfen: Wenn der Auflauf zu trocken aussieht, noch etwas Crème double zugießen.

Aus dem Backofen nehmen und vor dem Servieren ein paar Minuten abkühlen lassen.

Päronkompott med Kardemumma – Birnenkompott mit Kardamom

Obstkompott ist in Schweden sehr beliebt. Es ist ganz einfach zuzubereiten: Obst wird mit Zucker oder Honig weich gekocht. Sie können verschiedene Gewürze zugeben, um den Geschmack zu verfeinern, beispielsweise Zimt oder Zitronenschale. Bei diesem Rezept habe ich mein Lieblingsgewürz dazugegeben: Kardamom. Das Kompott kann auf verschiedene Weise serviert werden. Probieren Sie zum Frühstück ein paar Löffel davon in einem Schüsselchen mit Joghurt. Als Dessert kombinieren Sie es mit etwas Schlagsahne und Mandelblättchen oder sogar mit etwas Creme aus gemahlenen Mandeln. Sie können es auch als Füllung verwenden, zum Beispiel für die gefüllten Kardamom-Brötchen auf Seite 169 oder die Pfannkuchentorte auf Seite 165.

Ergibt ca. 450 g

2 große Birnen (ca. 500 g)
2 EL Honig
1½ TL Kardamomsamen, zerdrückt

Die Birnen waschen, dann in Scheiben schneiden und klein würfeln. Zusammen mit dem Honig und den zerdrückten Kardamomsamen in einen Topf geben.

Bei mittlerer Hitze regelmäßig rühren, bis sich am Boden etwas Saft gebildet hat, der Blasen wirft. Die Wärmezufuhr auf mittelschwache Hitze reduzieren und zugedeckt etwa 15–20 Minuten garen lassen, bis die Birnen weich genug sind, um mit einer Gabel zerdrückt zu werden.

Das Kompott in ein Schraubglas mit Deckel füllen. Abkühlen lassen und im Kühlschrank aufbewahren. Es ist bis zu 2 Wochen haltbar.

Ostkaka – Schwedischer Käsekuchen

Lassen Sie uns eine Sache gleich klarstellen: Der schwedische *ostkaka* hat nichts mit dem in englischsprachigen Ländern bekannten *cheesecake* zu tun. Dieses alte Rezept stammt aus der Region Småland, in der es viele Milchbauernhöfe gibt. Früher wurde der Käse aus Milch mit Lab hergestellt, heute verwendet man Hüttenkäse. Traditionell wird der Kuchen mit Schlagsahne und *hjortronsylt* (Moltebeeren-Konfitüre) serviert. Süße Konfitüre und der Geschmack von Käse passen gut zusammen, man kennt das von süßen Birnenscheiben, die mit Blauschimmelkäse als Dessert gereicht werden. Dieser *ostkaka* schmeckt auch gut, wenn er mit etwas Limettensaft beträufelt wird.

Für 1 Kuchen

4 Eier
2 EL Honig
300 ml Milch
450 g Hüttenkäse
60 g Mandeln, fein gerieben oder Mandelkleie

Zum Servieren
Schlagsahne
Konfitüre, nach Belieben

Den Backofen auf 175 °C/Gas Stufe 4 vorheizen.

In einer Schüssel die Eier mit dem Honig verquirlen, anschließend die restlichen Zutaten hinzugeben und alles gründlich mischen.

Eine quadratische Backform (20 × 20 cm) buttern und den Teig hineingießen. 35–45 Minuten kräftig goldbraun backen. Den Kuchen lauwarm oder komplett abgekühlt mit Schlagsahne und Konfitüre servieren.

Pannkakor – Schwedische Pfannkuchen

Pfannkuchen sind ein einfaches, bekömmliches Essen, das bei Kindern und Erwachsenen gleichermaßen beliebt ist. Üblicherweise werden die Pfannkuchen mit Konfitüre bestrichen und aufgerollt, aber Obstkompott passt ebenfalls gut dazu. Pfannkuchen eignen sich auch für herzhafte Füllungen, wie gedünstetes Grüngemüse oder ein kräftiger Käse.

Für 3–4 Portionen

3 Eier
600 ml Milch
75 g Vollkornmehl
70 g Mehl
½ TL Salz
2 EL ungesalzene Butter, zerlassen
Butter zum Backen

In einer Schüssel die Eier mit der Hälfte der Milch verschlagen. Beide Mehlsorten und das Salz zugeben und gut verrühren. Die restliche Milch zugeben und alles zu einem glatten Teig verschlagen. Die zerlassene Butter unterrühren.

Eine gusseiserne oder beschichtete Pfanne bei mittlerer bis hoher Hitze erwärmen. Vor dem Ausbacken etwas Butter in die Pfanne geben. So viel Teig in die Pfanne gießen, bis der

Boden dünn bedeckt ist, dabei die Pfanne schräg halten, damit sich der Teig gleichmäßig verteilt. Den Pfannkuchen backen, bis er gestockt ist, dann vorsichtig wenden und von der anderen Seite ein paar Minuten goldbraun backen.

Aus der Pfanne nehmen, auf einen Teller legen, füllen, rollen und sofort servieren. Aus dem restlichen Teig weitere Pfannkuchen backen.

Pannkakstårta – Pfannkuchentorte

Ich sage gerne scherzhaft, dass *pannkakstårta* das schwedische Rezept ist, das am wenigsten *lagom* ist. Dünne Pfannkuchen werden mit Schlagsahne und Konfitüre oder eventuell Obstkompott dazwischen aufeinandergeschichtet, was ein üppiges Dessert ergibt. Es gibt sie üblicherweise auf Kindergeburtstagen, und sie ist sogar Thema in einem Kinderbuch des schwedischen Illustrators und Schriftstellers Sven Nordqvist. Das Schöne an einem solchen Rezept ist jedoch, dass es nichts für jeden Tag ist, sondern für spezielle Gelegenheiten. Es passt immer dann, wenn es einen Anlass zur Völlerei gibt – ein klassisches Beispiel für gesunden Hedonismus. Im Sommer schichte ich die Pfannkuchen gerne mit frischen Beeren auf. Im Winter, wenn frische Beeren keine Option sind, verwende ich tiefgekühlte Beeren, um ein einfaches, mit Honig gesüßtes Kompott zu kochen – normalerweise eine Mischung aus Blaubeeren und Himbeeren. Sie können aber auch Konfitüre verwenden.

Für 1 Torte

Pfannkuchen nach dem Rezept von Seite 163
Konfitüre oder Fruchtkompott
240–360 g süße Sahne (32 % Fett), steif geschlagen

Die Pfannkuchen zubereiten und auskühlen lassen. Sobald die Pfannkuchen kalt sind, einen davon auf einen Teller oder eine Kuchenplatte legen. Mit Konfitüre oder Kompott bestreichen. Eine dünne Schicht Schlagsahne darüber verteilen. Den nächsten Pfannkuchen darauflegen. Mit Konfitüre oder Kompott und anschließend mit Sahne bestreichen. Wiederholen, bis alle Pfannkuchen aufgeschichtet sind. Zum Schluss mit Schlagsahne bestreichen und mit frischem Obst oder Kompott garnieren. Sofort servieren.

Fyllda Hastbullar – Schnelle gefüllte Kardamom-Brötchen

Zu einer richtigen *fika* gehört etwas Gebäck, besonders klassisch sind Kardamom-Brötchen. Falls Sie keine Zeit haben sollten, einen Hefeteig zu machen, sind *hastbullar* die perfekte Lösung, um schnelle Leckereien für eine *fika* zu zaubern. Ich verwende für diese Version gemahlene Mandeln und braunes Reismehl, wodurch sie zu einer netten glutenfreien Alternative werden. Wenn Sie eine Küchenmaschine haben, können Sie die Mandeln selbst mahlen oder, wenn Sie möchten, eine Variante mit Haselnüssen ausprobieren. Diese Brötchen sind mit Kardamom gewürzt, und um etwas ganz Besonderes daraus zu machen, werden sie mit Konfitüre gefüllt oder mit einer Butter-Zimt-Füllung. Probieren Sie das Birnenkompott mit Kardamom von Seite 157 als Füllung oder eine beliebige Konfitüre, die Sie gerade zur Hand haben. Auch frische Beeren eignen sich sehr gut – zerdrücken Sie sie vorab einfach mit etwas Zucker.

Für 12 Brötchen

160 g Mandeln, fein gemahlen oder Mandelkleie
180 g Reismehl (oder ersatzweise die halbe Menge Mehl und die andere Hälfte Vollkornmehl)
55 g Zucker
3 TL Backpulver
1½ TL Kardamom-Samen, zerdrückt
100 g Butter

1 Ei
140 g Naturjoghurt

Füllung
ca. 100 g Konfitüre
oder
50 g Butter, auf Zimmertemperatur gebracht
2 TL gemahlener Zimt
1 TL zerdrückte Kardamom-Samen

Zum Garnieren
Hagelzucker nach Belieben

Den Backofen auf 225 °C/Gas Stufe 8 vorheizen.

In einer Schüssel Mandeln, Reismehl, Zucker, Backpulver und Kardamom-Samen mischen. Die Butter in kleinen Würfeln zur Mischung geben, und alles mit den Fingerspitzen mischen, bis die Mischung groben Semmelbröseln ähnelt.

In einer anderen Schüssel Ei und Joghurt verschlagen. Zu der trockenen Mischung geben und mischen, bis sich ein Teig bildet.

Den Teig in Silikon- oder Papierförmchen für Muffins füllen. Mit einem Finger oder dem Ende eines Löffelstiels jeweils in der Mitte eine Mulde formen. Etwa 1 TL Konfitüre in diese Mulde geben oder Butter, Zimt und Kardamom mischen und 1 TL davon jeweils als Füllung verwenden. Nach Belieben mit Hagelzucker bestreuen.

12–15 Minuten backen, bis die Oberseite kräftig goldbraun ist.

Aus dem Backofen nehmen und etwas abkühlen lassen. Warm servieren oder auskühlen lassen und anschließend in einem luftdicht schließenden Behälter aufbewahren.

LAGOM FÜR DIE GESUNDHEIT

Lagom ist ein mentaler und körperlicher Daseinszustand. Man könnte mit *lagom* leicht das Ausblenden von Möglichkeiten und eine gewisse Selbstbeschränkung verbinden, aber bei diesem Ansatz geht es vor allem um Mäßigung. Man sollte das wertschätzen, was man hat, und seine Aufmerksamkeit nicht vorrangig auf die Dinge richten, die einem fehlen. *Lagom* zu leben bedeutet, eine ausgewogene Lebensart zu feiern.

In unserer Zeit suchen wir ständig nach einer schnellen Wohlfühllösung. „Wenn ich nur [hier eine für Sie revolutionäre Aktivität einfügen] könnte, würde es mir besser gehen." Es gibt aber keine schnellen Lösungen. Wohlbefinden ist die Balance von körperlicher und mentaler Gesundheit. Um diese zu erreichen, müssen wir herausfinden, was uns guttut und uns ständig an neue Situationen anpassen. Was sich in einem Jahr ausgewogen anfühlt, kann sich im nächsten Jahr wieder ändern. Es gibt keine einfache Formel, die immer und zu jeder Zeit angewendet werden könnte. Wenn wir unser Leben jedoch bewusster aufbauen, uns unserer selbst, unserer Umgebung und unserer Erwartungen mehr bewusst sind, und wenn wir anfangen, uns nicht mehr mit unwesentlichen Dingen zu befassen – körperlich wie emotional –, dann können wir nach und nach dauerhafte Zufriedenheit erlangen. Das geschieht, indem wir akzeptieren, wer wir sind, und uns nicht damit befassen, wer wir gerne wären.

Uns bietet die heutige Zeit vieles, wofür wir dankbar sein müssen, zum Beispiel Gesundheit, ein Zuhause, einen Job und Frieden, doch für viele Menschen auf der Welt sind diese Werte unerreichbar. Es wäre eine Schande, diese Dinge als selbstverständlich anzusehen, und es wäre schade, wenn wir körperlich und emotional so leiden würden, dass wir von unserer guten Lebenssituation nicht profitieren könnten.

Das Erreichen von Gesundheit und Wohlbefinden verlangt nach einem ganzheitlichen Ansatz. Es muss eine Balance zwischen Körper und Geist gefunden werden. Wenn es Ihnen guttut, fünf Tage pro Woche für einen Marathon zu trainieren, Sie sich aber schlecht ernähren und unter stressigen Bedingungen arbeiten, dann werden Sie wahrscheinlich körperlich leiden. Das richtige Maß, also eine Lebensführung nach dem *Lagom*-Prinzip, könnte Körper und Geist zugleich gesund halten. Es ist nicht nötig, den Erfolg in einem Bereich durch Verluste in einem anderen zu erkaufen.

EIN RUHIGER GEIST

Im Hier und Jetzt leben

Wir denken ständig an die Zukunft, an eine Reise, die wir geplant haben, an eine Beförderung, auf die wir hoffen, oder an ein Haus, das wir kaufen wollen. Häufig werden wir von unseren Zielen so getrieben, dass uns dies davon abhält, wirklich in der Gegenwart zu leben und sie zu genießen. Nehmen Sie mehr Aktivitäten in Ihre Tagesroutine auf, die Sie in der Gegenwart halten. Das kann ein Waldspaziergang sein, eine Kaffeepause, die Arbeit an einem Kunstprojekt. Zelebrieren Sie jeden Tag. Zeit in der Gegenwart zu verbringen, ermöglicht es uns, mit dem Jetzt zufrieden zu sein, anstatt auf das zu hoffen, was die Zukunft vielleicht bringen könnte.

Mentalen Müll möglichst gering halten

Wir überlegen oft, unser Hab und Gut zu reduzieren, aber was ist mit all dem mentalen Müll? Bedauern, Wut, Frustration, Neid, das alles sind Emotionen, die Raum einnehmen und dem Leben im Weg stehen können. Genauso wenig wie unsere Habseligkeiten wie von Zauberhand verschwinden, verschwindet unser mentaler Müll von selbst. Wir müssen bewusst daran arbeiten, ihn loszuwerden. Der Vorgang ist derselbe wie bei den materiellen Dingen: Prüfen Sie, was Sie brauchen und was nicht, und legen Sie sich dann eine Strategie zurecht, wie Sie sich von dem Unwesentlichen befreien können. Das kann schwieriger sein als beim materiellen Müll, weil es häufig bedeutet, dass wir tief in unser Inneres und unsere Emotionen eintauchen müssen. Welche Beziehung empfinden Sie als auslaugend? Was bremst Sie emotional aus? Gibt es eine tägliche Aufgabe, vor der Sie Angst haben? An welchen negativen Gefühlen halten Sie fest, und woher kommen diese Gefühle? Nur wenn wir unsere aktuelle Situation prüfen, können wir eine Strategie entwickeln, um mit unserem mentalen Müll gut umzugehen und ihn hoffentlich auszuräumen.

Den Stecker ziehen

Ob E-Mail, Fernseher oder SMS, in unserem Alltag gibt es vieles, was unsere Aufmerksamkeit beansprucht, und auch wenn alle diese Dinge ihre Berechtigung haben, zahlen wir für ein Zuviel davon einen hohen Preis. Unser Geist braucht Zeit „offline", die wir ganz in Ruhe mit der Familie oder mit Freunden verbringen können. Arbeiten Sie daran, Phasen in Ihren Tag einzubauen, in denen Sie nicht über elektronische Medien erreichbar sind, vor allem abends, bevor Sie schlafen gehen. Vermeiden Sie es, ein oder zwei Stunden bevor Sie zu Bett gehen, vor einem Bildschirm zu sitzen. Nutzen Sie die Zeit zum Lesen oder um mit der Familie Zeit zu verbringen. Sie müssen an E-Mails denken, die gesendet werden müssen,

oder an Aufgaben am Computer, die noch zu erledigen sind? Halten Sie ein Stück Papier oder ein Notizbuch bereit, um solche Dinge zu notieren, und kümmern Sie sich dann am nächsten Morgen darum.

Weniger Onlinekontakte, dafür mehr persönliche Kontakte
Für viele von uns ist die regelmäßige Nutzung von Social Media Teil der Alltagsroutine geworden. Sie sind eine einfache Möglichkeit, mit anderen in Verbindung zu bleiben, aber manchmal sind soziale Netzwerke auch beängstigend. Anstatt in echte Beziehung zu anderen zu treten, vergleichen wir uns mit ihnen. Online präsentieren wir uns alle von unserer besten Seite. Wenn wir ein Foto von Freunden aus ihrem letzten schönen Urlaub sehen, vergessen wir diese Tatsache oft. Von der Woche vor der Abreise haben sie aus gutem Grund kein Foto gepostet, denn da waren sie auf der Arbeit noch unter großem Termindruck und total gestresst.

Online sind wir außerdem mit sehr viel mehr Leuten vernetzt, als wir dies im echten Leben sein könnten, und werden so von ihren Geschichten, ihren Irrungen und Wirrungen regelrecht überschwemmt. Häufig wird Robin Dunbar, ein britischer Anthropologe, zitiert, der die Dunbar-Zahl ermittelt hat, die kognitive Grenze der Anzahl an Menschen, mit denen wir eine Beziehung aufrechterhalten können. Dunbar nennt in diesem Zusammenhang die Zahl 150. In diesem Beziehungsnetzwerk, das persönlichere Kontakte und allgemeine Bekanntschaften umfasst, ist die Anzahl enger Freundschaften, die wir bewältigen können, sogar noch kleiner. Dunbars Studien zufolge liegt sie bei etwa fünf. Unser Gehirn ist offenbar nicht in der Lage, mit einem riesigen sozialen Netzwerk umzugehen, mit dem wir uns täglich verbinden. Vor diesem Hintergrund wird die Zeit, die wir im direkten Kontakt mit Freunden verbringen, umso wichtiger.

Sich Zeit zum Alleinsein nehmen

Genauso wie wir Zeit für Freunde einrichten müssen, müssen wir auch Zeit für uns selbst einplanen. Das Alleinsein gibt uns Raum zum Denken, Reflektieren, Abschalten, Zeit, um äußere Einflüsse zu verarbeiten. In unserer ständig vernetzten Welt sind wir selten einmal wirklich alleine, und wenn doch, neigen wir dazu, uns durch E-Mails und SMS virtuell Gesellschaft zu suchen. Allein zu sein bedeutet nicht, dass Sie sich eine Woche in die Natur zurückziehen müssen, aber tun Sie etwas, das es Ihnen ermöglicht, eine Weile den Rest der Welt auszublenden. Geben Sie sich selbst den Raum zum Alleinsein.

Fürsorge für sich selbst

Es passiert leicht, dass man auf das Wohlbefinden anderer so fokussiert ist, dass man sich selbst darüber vergisst. Paart man dies noch mit der Tatsache, dass die Gesellschaft uns, besonders uns Frauen, lehrt, wir sollten nicht um uns selbst kreisen, so

verliert man schnell den Blick für das eigene Wohlbefinden. Um uns jedoch um andere kümmern zu können, um eine gute Kollegin, ein gutes Mitglied der Gemeinschaft, ein guter Freund oder eine gute Freundin zu sein, muss uns bewusst sein, wie es uns selbst geht. Planen Sie daher Zeit für sich allein ein, auch wenn es nur verschwindend wenig sein sollte. Es kann etwas so Einfaches sein wie ein paar Minuten der Stille bei einer Tasse Tee oder ein Mittagessen allein. Sorgen Sie gut für sich selbst, damit Sie auch gut für andere sorgen können.

Stress-Management

Chronischer Stress führt nicht nur zu Angst, Depressionen und Schlafstörungen, sondern kann bei einer Herzerkrankung sogar zum Tod führen. Der richtige Umgang mit Stress gehört zu den wichtigsten Dingen, die wir für unser psychisches, aber auch unser körperliches Wohlbefinden tun können. Auch die Schweden haben dieses Problem nicht gelöst – Burn-out-Raten und Stresspegel sind heutzutage hoch. Es ist etwas, woran wir alle arbeiten sollten. Ein Anfang ist, die Arbeitsbelastung und die Erwartungen in den Griff zu bekommen. Erinnern Sie sich selbst daran, dass es in Ordnung ist, „gut genug" zu sein, anstatt nach absoluter Perfektion zu streben. Nehmen Sie sich im Lauf des Tages Zeit für eine entspannende Aktivität, wie Yoga oder Meditation, und wenn es nur fünf Minuten sind, in denen Sie sich bewusst auf Ihre Atmung konzentrieren.

KÖRPERLICHES WOHLBEFINDEN

Wellness ist eine Frage der Balance
Diäten und Pläne zur Gewichtsreduktion sind in einer Kultur der Exzesse die Norm geworden. Wir machen Überstunden, stopfen Mahlzeiten in uns hinein und planen nur wenig Zeit für die Pflege der verschiedenen Systeme unseres Körpers ein. Die Folge dieses allgemeinen kulturellen Appetits auf Exzesse sind noch mehr Exzesse. Wir probieren Crash-Diäten und haben eine extreme Sucht nach Fitness, und die Skala unserer Verhaltensweisen zeigt nur „entweder“ und „oder“, aber unser Körper sehnt sich nach Balance. Wenn wir uns Gedanken über unsere körperliche Gesundheit machen, ist es wichtig, dies zu bedenken und uns selbst daran zu erinnern, dass ein gesunder Körper nach einem ganzheitlichen Ansatz verlangt.

Bauen Sie täglich eine körperliche Aktivität in Ihre Tagesroutine ein
Körperliche Aktivität war schon immer ein fester Bestandteil der schwedischen Kultur. Das liegt zum Teil an einer Infrastruktur, die regelmäßige Aktivitäten fördert, zum Beispiel mit dem Fahrrad zur Arbeit fahren oder Zufußgehen und öffentliche Verkehrsmittel nutzen. Solche Aktivitäten in Kombination mit der Liebe zur freien Natur begünstigen in Schweden allgemein eine gesunde Lebensführung. Überlegen Sie, wie

Sie eine körperliche Aktivität in Ihren Alltag einbauen könnten. Vielleicht könnten Sie nicht die ganze Strecke zur Arbeit mit dem Bus fahren, sondern ein Stück davon zu Fuß gehen, oder Sie machen in der Mittagspause einen Spaziergang in der Umgebung Ihres Arbeitsplatzes. Mehr Gartenarbeit wäre auch eine Möglichkeit. Man muss nicht ins Fitnessstudio gehen, um aktiv zu sein.

Vermeiden Sie lange sitzende Tätigkeiten

Selbst wenn Sie ein sehr aktiver Mensch sind, fordert es seinen Tribut, wenn Sie bei der Arbeit mehrere Stunden hintereinander sitzen. Unser Körper braucht nicht nur irgendwann eine Stunde Training, er braucht den ganzen Tag über Bewegung, um stark und gesund zu bleiben. Planen Sie deshalb während der Arbeit kleine Veränderungen ein, zum Beispiel Dehnübungen, die im Tagesverlauf immer wieder in den Pausen ausgeführt werden können. Verlegen Sie die Besprechung mit einem Kollegen nach draußen, und gehen Sie dabei spazieren.

Umarmen Sie die Freude

Wir sind schnell dabei, Dinge zu verteufeln, die wir „nicht tun sollten“: „Oh, das sollte ich wirklich nicht essen, aber ...“ Wenn wir uns stattdessen ein gesundes Maß an Dingen zugestehen, bei denen wir uns wohlfühlen, könnten wir sie auch wirklich genießen. Wenn Sie einen Trainingsplan befolgen und einen Tag auslassen, genießen Sie diesen Tag, anstatt zu denken „eigentlich sollte ich jetzt gerade trainieren". Denken Sie bei einem üppigen Essen nicht an die Kalorienzahl, sondern erfreuen Sie sich an dem Gefühl, ein tolles Essen gemeinsam mit Freunden genießen zu können. Jeden Tag üppig zu essen, ist im Interesse Ihrer Gesundheit wohl keine gute Idee, aber hin und wieder schlemmen wird wohl keinen großen Schaden anrichten.

LAGOM UND DIE UMWELT

Wenn mich jemand fragt, an was ich mich aus meiner Kindheit erinnere, denke ich tatsächlich nicht zuerst an Menschen, sondern an die wunderschöne Landschaft, die meine Tage umgab und die sie mit solcher Intensität füllte, dass man es als Erwachsener nur schwer nachvollziehen kann. Wilde Erdbeeren zwischen den Steinen, Teppiche blauer Frühlingsblumen, Wiesen voller Schlüsselblumen, besondere Plätze, wo man Blaubeeren fand, der Wald, in dem niedliche rosa Blüten ins Moos gebettet waren, die Pferdekoppeln rund um Näs, wo wir jeden kleinen Pfad und jedes Steinchen kannten, der Bach mit den Seerosen, Gräben, Flüsse und Bäume – an all das erinnere ich mich besser als an Menschen.

ASTRID LINDGREN

DIE NATUR

Die Natur ist untrennbar mit unserem körperlichen und psychischen Wohlbefinden verknüpft, sie ist die Quelle unserer Lebenskraft. Tausende von Jahren haben wir im Einklang mit der Natur und unserer Umwelt gelebt. Wir haben uns an unsere Umgebung und an die Jahreszeiten angepasst.

Das natürliche Umfeld in Schweden ist eines der Extreme: karg, dunkel und kalt im Winter, blühend und lichterfüllt im Sommer. Die Bevölkerung wurde von den Härten der Landschaft geprägt. Es gab keine andere Wahl, als sich der Umwelt anzupassen, die Natur diktierte das Verhalten. Heute besteht noch immer ein tiefer Respekt vor der Natur, wenngleich moderne Annehmlichkeiten, wie Heizung und Licht, es einfacher machen, die harten Winter zu überstehen. Die freie Natur gehört sehr stark zur schwedischen Psyche. Im Sommer flüchten die Stadtbewohner in Sommerhütten, die sich häufig weit von den Städten entfernt am Ufer eines Sees mitten im Wald befinden. Das sommerliche Alltagsleben ist auf das Nötigste reduziert. Das Sammeln von Wildfrüchten ist praktisch ein nationaler Zeitvertreib – reichlich wilde Erdbeeren und Blaubeeren. Im Sommer gibt es Pfifferlinge – häufig als *skogsguld*, „Gold des Waldes", bezeichnet –, und im Herbst verbergen sich im feuchten, vermoosten Waldboden auch viele andere Waldpilze. Ganz gleich zu welcher Jahreszeit, das Finden von Wildfrüchten fühlt sich immer an wie ein Lottogewinn.

In Schweden ist Zeit, die man im Freien verbringt, gut verbrachte Zeit. Das gilt für einen einfachen Waldspaziergang an einem Frühlingswochenende ebenso wie für eine Woche Skifahren im Winter. Wir Schweden sind viel unterwegs. Immer mehr Studien zeigen, wie sehr wir darunter leiden, wenn wir zu wenig in der Natur sind. Der Schriftsteller Richard Louv

ist dafür bekannt, den Begriff „Naturdefizit-Störung“ geprägt zu haben. Dieser beschreibt die negativen Auswirkungen einer intensiven Nutzung von elektronischen Geräten und Computern insbesondere auf Kinder, die dadurch zu wenig Zeit im Freien verbringen. Wenn wir uns zu wenig in der Natur aufhalten, können wir nicht gedeihen.

Die körperlichen und mentalen Vorteile einer guten Verbindung zur Natur haben viele dazu veranlasst, alle möglichen Programme zu entwickeln, um Menschen ins Freie zu bringen. In Japan wird das „Waldbaden“ propagiert, bei dem Menschen inmitten von Bäumen verweilen. Der Aufenthalt in der Natur soll günstige Auswirkungen haben, und eine wachsende Zahl von Wald- und Öko-Therapien resultiert daraus.

Die Natur ist ein Gegenmittel für viele Symptome, die unser moderner Lebensstil mit sich bringt. Die gute Nachricht ist, dass die Natur überall um uns herum vorhanden ist und wir uns nur entschließen müssen, etwas mehr davon zu profitieren.

Geistige Erschöpfung reduzieren

Kennen Sie dieses Gefühl der Erschöpfung nach mehrstündigem Arbeiten oder Lernen? Werden Sie dann zerstreut und vergesslich? In der Natur Zeit zu verbringen, kann dagegen helfen, denn dabei erholt sich der Geist, und Sie fühlen sich wieder munter und produktiv. Ziehen Sie also lieber einen Spaziergang statt einer weiteren Tasse Kaffee in Betracht.

Depressionen lindern
Mehr im Freien verbrachte Zeit kann dazu beitragen, Depressionen zu vermindern. Eine Studie hat gezeigt, dass Bewegung im Freien sogar ebenso wirksam sein kann wie Antidepressiva.

Abhilfe bei Stress
Im Freien verbrachte Zeit kann dazu beitragen, unsere Stimmung zu verbessern und dadurch unseren Stresspegel zu reduzieren. Studien haben gezeigt, dass Menschen, die in der Nähe von Bäumen und Parks leben, niedrigere Cortisolspiegel haben – Cortisol ist ein Stresshormon. Die psychische Entlastung durch die Nähe zur Natur wirkt sogar bis in Häuser hinein. Eine Studie über Büroräume ergab, dass sich Arbeitnehmer, deren Fenster zum Wald zeigten, weniger gestresst fühlten und zufriedener mit ihrem Job waren.

Soziale Bindungen verbessern
Städteplaner fangen ebenfalls an, den Wert der Naturnähe zu berücksichtigen. Grünflächen und Gemeinschaftsgärten bringen Menschen zusammen und bieten viele Möglichkeiten, Zeit im Freien zu verbringen.

Bewegung in der Natur versus Fitnessstudio

Bei unserer körperlichen Gesundheit denken wir gewöhnlich an Fitness, und die versprechen wir uns von Fitnessstudios. Sie sind die Antwort unserer modernen Betonwelt auf die täglich erforderliche Menge an Bewegung. Vor noch nicht allzu langer Zeit garantierte der Lebensstil unseren Vorfahren genug Aktivität, um gesund zu bleiben, aber heute haben wir uns eine Lebensform geschaffen, bei der wir überwiegend sitzen. Für viele ist körperliche Aktivität nicht mehr natürlicher Teil des Alltags und muss deshalb bewusst eingeplant werden. Dabei kommen die Fitnessstudios ins Spiel.

Für jemanden, der nach einer Möglichkeit zu körperlicher Aktivität sucht, sind Fitnessstudios leicht erreichbar. Wenn Sie kein Fan davon sind, werden Sie sich bei dem Gedanken, mehrmals pro Woche eine Stunde zwischen schweren Geräten und schwitzenden Fremden zuzubringen, winden, aber ein Großteil der Bevölkerung ist geradezu besessen von Fitnessstudios.

Trotz einer wachsenden Fitnessindustrie werden wir aber nicht gesünder. Es wird Zeit, hinaus ins Freie zu gehen. Forschungsergebnisse zeigen, dass die positiven Effekte von Bewegung im Freien indoor schwer zu reproduzieren sind, und wir könnten alle davon profitieren, unsere Fitnessübungen im Freien auszuüben, sei es beim Joggen, Radfahren, beim Yoga oder bei einem Spaziergang.

Für manche Menschen, vor allem für die, die mitten in einer Großstadt leben, ist das Fitnessstudio häufig die beste Möglichkeit, körperlich aktiv zu werden. Das gilt auch für den Winter, wenn es einen kaum ins Freie zieht. In diesem Fall kann es vorteilhaft sein, sich ein Laufband mit Blick in die Natur zu suchen.

Doch ganz gleich, wo Sie leben, es gibt normalerweise immer irgendeine Möglichkeit, ins Freie zu kommen, und wenn es nur eine kleine Grünanlage ist. Ein einstündiger Spaziergang bewirkt sehr viel Gutes. Er ist eine erholsame Übung, die Ihren Körper aktiv hält und dazu beiträgt, dem Geist neue Impulse zu geben.

Die Natur erinnert uns daran, wer und wo wir sind

Ein Waldspaziergang kann ein erholsames Erlebnis sein. Er bietet häufig die Gelegenheit, einmal für sich zu sein. Wenn wir einen Tag alleine zwischen Bäumen oder am Ufer eines Gewässers verbringen, werden wir uns schnell unseres Platzes in der Welt bewusst. In der Natur sind wir geerdet und haben die Gelegenheit, uns als Teil von etwas Großem zu fühlen, das weit über uns hinausgeht.

In der Natur verbrachte Zeit verbindet uns mit unserer Umwelt und erinnert uns daran, dass wir nicht nur Individuen sind, sondern Teil eines Ganzen. Wir sind in einen natürlichen Rhythmus eingebunden, der sich von unserem eigenen unterscheidet, einen Rhythmus, der vom Wetter und vom Licht vorgegeben wird, nicht von der Uhr. In diesem Bewusstsein kann Stress wegen eines Abgabetermins oder einer Besprechung leicht von uns abfallen.

Das Naturerlebnis kann eine einsame Erfahrung sein, aber selbst dann erinnert es uns daran, dass wir mit allem um uns herum verbunden sind, indem es uns zeigt, wer und wo wir sind. Damit kann es einen Beitrag dazu leisten, unsere Wertschätzung für die Gemeinschaft und das Allgemeinwohl wachsen zu lassen.

Die Natur im Lauf der Jahreszeiten

Die Natur besitzt Zauberkraft, denn sie verändert sich jeden Tag. An einem kahlen Baum wachsen im Frühling die Knospen, im Sommer trägt er ein kräftig grünes Blätterkleid, das im Herbst seine Farben verändert. Den Lauf der Jahreszeiten zu beobachten und bewusst Teil des natürlichen Kreislaufs zu sein, ist eine Erfahrung, die wir nirgendwo sonst machen können.

Zu jeder Jahreszeit findet man im Freien Freude und kann Energie aus der Natur schöpfen, doch der Winter ist eine Zeit, in der wir Unterschlupf suchen. Wir bleiben dann gerne im Haus und sitzen am Kaminfeuer. Heute genießen wir den Luxus, uns der harten Realität des Winters entziehen zu können. Das sollte uns jedoch nicht davon abhalten, den Winter auch im Freien zu erleben. Die Schweden betreiben viele Wintersportarten, wie Skilanglauf und Schlittschuhlanglauf, Aktivitäten, durch die sie unmittelbar erfahren, was in der Außenwelt geschieht.

Wenn wir Zeit im Freien verbringen, ist auch die Wahrscheinlichkeit größer, dass wir zum Schutz der Natur beitragen. Wir können uns nicht für etwas einsetzen, was wir nicht kennen, daher werden wir bessere Fürsprecher der Natur, wenn wir mit ihr vertraut sind. Nachhaltigkeit bleibt dann kein leeres Schlagwort, sondern wird eine Grundeinstellung. Wir beziehen die Natur als wichtigen Teil in unser Wertesystem ein.

Die Natur ins Haus holen

Wir können uns nicht ständig im Freien aufhalten, aber wir können die Natur ins Haus holen. Die Schweden haben eine besondere Liebe zu Pflanzen und Blumen in ihrem Heim. Ihrem Beispiel zu folgen, kann viele Vorteile mit sich bringen.

Einen Garten am Küchenfenster ziehen

Eine einfache Möglichkeit, mehr Grün ins Haus zu holen, ist ein Küchengarten. Das können einfach ein paar Kräutertöpfe sein. Sie werten die Küche und die Mahlzeiten auf. Stellen Sie ein paar Töpfe mit Kräutern, wie Rosmarin, Thymian, Oregano und Basilikum, auf die Fensterbank Ihrer Küche.

Topfpflanzen
Wenn Sie nicht gerade ein ganzes Gewächshaus einrichten, können Sie es mit Pflanzen im Haus eigentlich nicht übertreiben. Sie sind nicht nur eine schöne Dekoration, sondern haben auch positive gesundheitliche Effekte, da sie den Sauerstoffgehalt verbessern und die Luft reinigen. Das steigert sogar die Konzentration und Produktivität, was besonders für ein Home-Office von Vorteil ist.

Alles, was blüht
Es hat seinen Grund, warum es in Schweden so viele schöne Glasvasen gibt. In schwedischen Wohnungen und Häusern steht oft ein schöner frischer Blumenstrauß in der Vase. Das ist eine einfache Möglichkeit, mehr Farbe und Leben in ein Zimmer zu bringen. Für die dunkleren Wintermonate, wenn man emotionale Aufmunterung gut gebrauchen kann, gilt das besonders. Schaffen Sie im Dezember Platz für *julblommor*, das sind typische Weihnachtsblumen, wie Amaryllis, Hyazinthe, Weihnachtsbegonie und Weihnachtsstern. Im Januar und Februar empfehlen sich Narzissen und Krokusse im Topf, gefolgt von Tulpen als Schnittblumen im Frühjahr.

Zweige
Äste und Zweige können dekorative Objekte sein. Sie können sogar kahle Äste von jedem beliebigen Baum, der in Ihrer

Nähe steht, einfach so, wie sie sind, arrangieren oder sie mit kleinen Lichterketten ausstatten. Wenn Sie im Frühjahr die Bäume schneiden, halten Sie ein paar Zweige zurück. Stellen Sie diese in Vasen oder Glaskrüge und warten Sie, bis die Knospen aufgehen. Zum Beispiel Zweige vom Apfelbaum blühen sehr schön!

Einen Strauß Wildblumen pflücken

Wildblumen repräsentieren genau die Art von Bescheidenheit, die in schwedischen Wohnungen zelebriert wird. Wenn sie in den Sommermonaten blühen, sind die Vasen auf den Küchentischen prall gefüllt. Beim Pflücken von Wildblumen verbringen Sie Zeit in der Natur, und Sie können sich anschließend im Haus an ihnen erfreuen – ein doppelter positiver Aspekt.

NACHHALTIGKEIT

Im vorliegenden Buch wurden schon einige Themen behandelt, darunter die Ausgewogenheit und das Gemeinwohl, die schwedische Haltung gegenüber der Arbeitswelt und die Liebe der Schweden zum Design. Ein weiteres wichtiges Thema ist das der Nachhaltigkeit. Nachhaltigkeit ist ein Wort, mit dem viele regelrecht um sich werfen. Marketingkampagnen vereinnahmen es, um mehr Waren zu verkaufen – was das Gegenteil von Nachhaltigkeit ist –, und es ist ein Sammelbegriff, der für Produkte aller Art, von unserer Bekleidung bis zu unseren Lebensmitteln, herhalten muss.

Aber Nachhaltigkeit ist nicht nur wichtig, sondern lebenswichtig. Derzeit leben rund 7 Milliarden Menschen auf diesem Planeten, und bis zum Jahr 2050 wird ein Anstieg auf 9,5 Milliarden vorhergesagt. Die Auswirkungen unseres Lebensstils auf die ganze Welt sind signifikant und nehmen täglich weiter zu. Der Verbrauch von Lebensmitteln, Wasser und Energie steigt exponentiell und treibt die Erde an die Grenzen dessen, was sie kompensieren kann. In den wirtschaftlich hoch entwickelten Staaten sind diese Verbrauchsraten höher als in anderen Ländern. Einem Bericht der *Royal Society* aus dem Jahr 2012 zufolge verbraucht ein Kind in einem Industriestaat 30- bis 50-mal mehr Wasser als ein Kind in einem Entwicklungsland. Dieselbe Diskrepanz besteht beim

Kohlendioxidausstoß, der in einigen Ländern mit hohem Einkommen bis zu 50-mal höher ist.

Viele unserer täglichen Gewohnheiten und Produkte haben weit mehr Auswirkungen, als wir sehen. Die Fertigung unserer Garderobe hat Folgen für die Umwelt. Für die Herstellung einer Jeans beispielsweise werden 8000 Liter Wasser verbraucht, ganz zu schweigen von der Menge an Pestiziden, die beim Anbau der Baumwolle eingesetzt wird, aus der die Jeans angefertigt wird. Unsere Konsumgesellschaften sind verschwenderisch, und die Weltgemeinschaft und die Umwelt zahlen den Preis dafür.

In den letzten Jahrzehnten haben wir es versäumt, das *Lagom*-Prinzip in Bezug auf die Umwelt zu pflegen. Wir haben alles genommen, was wir wollten – Ressourcen und Raum –, und ich wage zu behaupten, dass wegen unseres früheren Verhaltens ein *Lagom*-Ansatz zugunsten der Umwelt heute nicht mehr ausreichend ist. Wir brauchen stattdessen ein entschlossenes Vorgehen, vor allem aus politischer Sicht. Schweden ist in vielerlei Hinsicht führend in einer zukunftsorientierten Politik, die sowohl das Wohlbefinden der Bevölkerung als auch der Umwelt berücksichtigt und versteht, dass beides Hand in Hand gehen muss.

Es gibt keine einfachen Lösungen für diese komplexen Probleme, aber Nachhaltigkeit ist ein globales Thema, das vielfältige Ansätze verlangt. Die Lösungen liegen auch bei jedem einzelnen zu Hause. Hier ist der ideale Ort, um eine Haltung zu kultivieren, die das *Lagom*-Prinzip zunehmend berücksichtigt. In unserem Alltag gibt es viele Dinge, die wir nicht ändern können, beispielsweise den Weg zur Arbeit. Ein stärker *lagom*-orientierter Ansatz kann uns jedoch helfen, unsere Alltagsroutine zu verändern, indem wir beispielsweise mit dem Bus und nicht mit dem Auto zur Arbeit fahren. Würden wir alle vermehrt *lagom* und ausgewogener leben – in Bezug auf die Arbeit, den Konsum, unser Zuhause, unsere Ernährung –, dann könnten wir die negativen Auswirkungen unseres Lebensstils deutlich reduzieren. Wenn wir uns aber weiterhin so konsumorientiert verhalten, verbrauchen wir die vorhandenen Ressourcen und lassen nichts mehr für morgen übrig. Wir können uns oder unsere Umwelt nicht bis an die äußersten Grenzen belasten, daher ist ein Zurückschalten auf Mäßigung, also auf einen *Lagom*-Lebensstil, so entscheidend. Heute *lagom* zu leben bedeutet, dass auch die nächste Generation noch *lagom* leben kann.

Es gibt vielfältige Möglichkeiten, wie wir in unserem Alltag negative Auswirkungen auf die Umwelt reduzieren können:

Achten Sie auf Materialien und Inhaltsstoffe

Bei unserer Garderobe, bei unseren Möbeln, bei unseren Kosmetikprodukten, bei unseren Reinigungsprodukten, ja sogar bei unseren Lebensmitteln spielen Materialien und

Inhaltsstoffe eine wichtige Rolle. Fangen Sie an, darauf zu achten, welche chemischen Substanzen bei der Produktion alltäglicher Produkte, von Möbeln über Farbe bis zu Bekleidung, eingesetzt werden.

Müll reduzieren

Viele von uns haben diese drei Begriffe gelernt – reduzieren, wiederverwenden und recyceln. Um jedoch unseren Wunsch nach regelmäßigem Konsum erfüllen zu können, konzentrieren wir uns hauptsächlich auf das Dritte, das Recyceln. Es hat aber seinen Grund, warum bei der Aufzählung das Reduzieren an erster Stelle steht. Es ist sehr wichtig, dass wir unseren täglichen Verbrauch reduzieren und damit auch unseren Müll. Überlegen Sie einmal, wie viele Wegwerfartikel in Ihrer Alltagsroutine Verwendung finden, überlegen Sie dann, was Sie davon reduzieren oder worauf Sie komplett verzichten könnten. Viele haben es sich angewöhnt, eine wiederverwendbare Einkaufstasche ins Geschäft mitzunehmen, aber wie sieht es mit der Lebensmittelverpackung aus? Der Kauf von frischem Obst und Gemüse und von offenen Waren kann ebenfalls dazu beitragen, den Müll zu reduzieren.

Die Lebensmittelverschwendung reduzieren

In Europa wandern jährlich 88 Milliarden Tonnen Lebensmittel in den Müll. Zum Teil geschieht dies in der Zulieferkette, aber wir können auch zu Hause unseren Teil zur Reduzierung beitragen, indem wir sicherstellen, dass wir die Lebensmittel besser nutzen. Kaufen Sie nach Möglichkeit kleinere Mengen, insbesondere bei Obst und Gemüse. Schreiben Sie sich Essenspläne, damit Sie beim Einkaufen genau wissen, was Sie in der kommenden Woche brauchen werden und nicht Dinge einkaufen, die dann schließlich im Müll landen.

Verzichten Sie auf Wasser in Plastikflaschen
An Orten, wo es gutes Trinkwasser gibt, sind Wasserflaschen zum Wegwerfen unnötig. Wann immer möglich, benutzen Sie Ihre eigene wiederverwendbare Wasserflasche, die Sie mit Leitungswasser füllen.

Upcycling
Überlegen Sie, bevor Sie etwas wegwerfen, ob es zu einem neuen Zweck umfunktioniert werden könnte. Leere Schraubgläser können mit einem Strauß Wildblumen ein schönes Geschenk sein. Alternativ kann man sie auch als Windlichter verwenden. Ein ausrangierter Esstisch kommt auf dem Balkon oder der Terrasse zu neuen Ehren. Oder filzen Sie alte Pullover, und nähen Sie daraus eine Decke oder ein Paar Fausthandschuhe.

Ausbessern

Fast fashion und Billigkleidung haben es einfacher gemacht, schnell etwas Neues zu kaufen, anstatt etwas bereits Getragenes auszubessern. Angesichts solcher Konsumgewohnheiten gibt es heute als Gegenbewegung ein gewisses Wiederaufleben des Ausbesserns. Die Menschen werden ermuntert, ihre getragene Kleidung auszubessern, anstatt sie zu entsorgen. Sichtbares Ausbessern – bei dem man die Stiche oder den Flicken, der ein Loch überdeckt, deutlich sieht – ist eine Kunstform und verleiht Dingen, die als alt und kaputt galten, einen neuen Wert.

Kompostieren

Kompostieren ist eine Möglichkeit, dafür zu sorgen, dass unsere Lebensmittelreste und weitere organische Materialien in den natürlichen Kreislauf zurückgeführt werden. Es gibt viele Arten des Kompostierens, je nach individuellem Bedarf. Selbst wenn Sie keinen Platz im Garten haben, um einen eigenen Komposthaufen anzulegen, bieten viele Gemeinschaftsgärten und Städte inzwischen Kompostiermöglichkeiten an.

Secondhandwaren kaufen

Machen Sie es sich zur Gewohnheit, erst im Secondhandladen zu schauen, wenn Sie etwas Neues zum Anziehen oder für Ihr Zuhause brauchen. Das Ergebnis der Kultur des Exzesses ist, dass der Markt mit Waren, von Bekleidung bis zu Möbeln, überschwemmt wird. Wenn Sie etwas Zeit zum Suchen haben, können Sie preiswerte Einzelstücke finden, die ein zweites Leben verdienen.

Weniger kaufen
Es gibt heute ein breites Sortiment umweltfreundlicher Produkte auf dem Markt. Die Wahrheit ist jedoch, dass uns auch ein bewusster Konsum nicht retten wird. Wenn Sie eine neue Jeans brauchen, ist es eine ausgezeichnete Wahl, diese secondhand zu kaufen oder eine aus gutem Material und ethisch tadelloser Produktion zu erstehen. Gleichzeitig jedoch müssen wir unsere eigene Wahrnehmung dessen hinterfragen, was wir brauchen und wie wir konsumieren. Die Lösung lautet nicht, mehr Produkte zu kaufen, die ethischer und umweltfreundlicher produziert wurden, die Lösung lautet, weniger zu kaufen. Es ist nicht immer lustig, sich auszuklinken, aber wenn wir prüfen, was wir wirklich benötigen und was nicht, und daran arbeiten, unsere Konsumgewohnheiten herunterzuschrauben, heißt dies, dass wir mehr Raum für anderes schaffen, beispielsweise für neue Erfahrungen.

Die nächste Generation anleiten
Gute Gewohnheiten beginnen frühzeitig. Wenn Sie Kinder haben oder Zeit mit Kindern verbringen, machen Sie es zu

einem Teil Ihrer täglichen Gewohnheiten, diesen die Achtung vor der Umwelt beizubringen. Erklären Sie ihnen, woher die Lebensmittel kommen, sprechen Sie über Themen wie Verschwendung und Konsum. Es kann schwierig sein, auf ein *Lagom*-Leben umzuschwenken, wenn man an eines im Übermaß gewöhnt ist, doch wenn *lagom* von Anfang an in uns angelegt wird, ist es schließlich einfach ein Teil von uns.

Energieeffizienz

Es gibt viele kleine Veränderungen, die wir aufgreifen können, um unser Zuhause energieeffizienter zu gestalten. Diese Dinge helfen nicht nur, den allgemeinen Energieverbrauch und dessen Auswirkungen zu reduzieren, sondern führen auch zu Geldersparnis.

- Verwenden Sie Energiesparbirnen wie Leuchtdioden (LED) und Kompaktleuchtstofflampen (CFL).
- Stellen Sie die Waschmaschine erst an, wenn sie voll ist, und waschen Sie bei möglichst niedrigen Temperaturen.
- Installieren Sie einen wassersparenden Duschkopf.
- Schalten Sie die Heizung ein paar Grad herunter, und heizen Sie nur Zimmer, die Sie tatsächlich nutzen.
- Füllen Sie den Wasserkocher nur mit der Wassermenge, die Sie für Ihren Tee oder Kaffee benötigen.
- Schalten Sie das Licht aus, wenn Sie ein Zimmer verlassen.

Reisen

Reisen ist mit signifikanten Auswirkungen verbunden. Alleine die Flüge sind für gewaltige Mengen an CO^2-Emissionen verantwortlich. Wir müssen nicht völlig auf Abenteuer in der Ferne verzichten, aber wir können die Auswirkungen reduzieren, indem wir auch fern von Zuhause auf Nachhaltigkeit achten. Ziehen Sie bei der Reiseplanung längere Reisen in Betracht, anstatt vieler Kurzreisen. Das reduziert Ihre Flugmeilen. Entscheiden Sie sich beim Reisen vor Ort für die öffentlichen Verkehrsmittel. Halten Sie sich an Orten auf, die ebenfalls an Nachhaltigkeit interessiert sind. Wenn Sie an einem neuen Ort sind, erkunden Sie diesen, pflegen Sie Kontakt zu den Einheimischen, gehen Sie abseits der ausgetretenen Touristenpfade, und bemühen Sie sich, vor allem die örtliche Wirtschaft zu unterstützen.

Die Naturschützer unterstützen

Wenn Sie die Natur lieben, unterstützten Sie sie. Die Wahrscheinlichkeit ist sehr groß, dass es in Ihrer Umgebung eine Umweltinitiative gibt, die weitere Freiwillige oder finanzielle Mittel braucht. Anstatt ein neues umweltfreundliches Produkt zu kaufen, das Sie nicht wirklich brauchen, unterstützen Sie besser diesen guten Zweck.

DURCH LAGOM LERNEN

Der Begriff „Nachhaltigkeit“ kann sich auf die Nachhaltigkeit unseres eigenen Lebens beziehen. Wenn wir in Extremen leben, geschieht es leicht, dass wir uns zu sehr ins Zeug legen, sodass wir erschöpft und unsere eigenen Ressourcen aufgebraucht sind. Ein nachhaltiger Lebensstil berücksichtigt unsere mentale und körperliche Gesundheit. Wir fahren zu schnell, essen zu viel, arbeiten zu hart, strapazieren uns zu sehr. Das sind alles keine nachhaltigen Aktivitäten. Wir müssen uns entschleunigen und uns selbst wiederfinden. Wir sollten die Balance zwischen allen Aspekten unseres Lebens wiederherstellen. Das betrifft die Gesundheit, den Bereich Arbeit und Beruf, die Familie, die Wirtschaft und die Umwelt.

Bei allem ein Maß einzuhalten, das *lagom* ist, ermöglicht es uns, eine persönliche Balance zu finden, die langfristig nachhaltig ist. *Lagom* zu leben bedeutet, Glück zu finden, ein Glück, das nicht durch irgendwelche Dinge oder die Höhe des Einkommens erkauft werden kann, sondern durch ein ausgewogenes Leben entsteht. Dieses Glück schöpfen wir aus der Zufriedenheit mit dem Hier und Jetzt.

Was wir schlussendlich von dem *Lagom*-Gedanken mitnehmen ist, dass die einzige Möglichkeit, einen nachhaltigen Weg in die Zukunft zu finden, darin besteht, unseren Konsum zurückzufahren und uns selbst, unsere Gemeinschaft und unsere Umwelt besser zu behandeln. Wir alle sind dazu in der Lage, *lagom*-Elemente in unseren Alltag aufzunehmen, wir alle sind dazu in der Lage, eine Balance zwischen zu viel und zu wenig zu finden.

Die Schnelllebigkeit bleibt nicht ohne Konsequenzen, und es würde uns allen guttun, unser Leben etwas zu entschleunigen. Wir alle könnten dann die Gegenwart wahrnehmen und jeden einzelnen Tag bewusst genießen. Es geht darum, die Schönheit im Einfachen zu finden. Genau das ist in meinen Augen, was *lagom* letztlich bedeutet.

Es bleibt immer noch Raum für hin und wieder maßlosen Genuss und dafür, uns selbst zu fordern und etwas zu übertreiben. Aber da ist auch die Möglichkeit, Tempo herauszunehmen, um ein gemäßigteres Leben mit weniger negativen Auswirkungen auf uns und unsere Umwelt zu führen. Wenn wir das schaffen, können wir daran arbeiten, eine bewusstere Kultur aufzubauen.

„*Lagom är bäst*", „am besten ist alles im richtigen Maß".

LITERATURHINWEISE

‚Better Life Work Balance', Organisation for Economic Co-operation and Development, http://www.oecdbetterlifeindex.org/topics/work-life-balance/

Blumenthal, James A., Michael A. Babyak, Kathleen A. Moore et al., ‚Effects of Exercise Training on Older Patients With Major Depression' *Arch Intern Med*, 1999

Booth, Michael, *The Almost Nearly Perfect People*, Jonathan Cape 2014

Creagh, Lucy, Helena Kåberg und Barbara Miller Lane, *Modern Swedish Design: Three Founding Texts*. New York: The Museum of Modern Art, 2008

Hampden-Turner, Charles und Alfons Trompenaars, *The Seven Cultures of Capitalism*, New York: Doubleday 1993

Hetter, Katia, ‚Where Are the World's Happiest Countries?', CNN, http://www.cnn.com/2016/03/16/travel/worlds-happiest-countries-united-nations/

Johansen, Signe, *How to Hygge: The Nordic Secrets to a Happy Life*, New York: St. Martin's Griffin 2017

‚Living Planet Report 2016' World Wide Fund for Nature, http://wwf.panda.org/about_our_earth/all_publications/lpr_2016/

McFadden, David Revere (Hg.), *Scandinavian Modern Design 1880–1980*, New York: Henry N. Abrams 1982

Merling, Lara, ‚The United States Trails Other Countries in Life-Work Balance', Center for Economic and Policy Research, http://cepr.net/blogs/cepr-blog/the-united-states-trails-other-countries-in-work-life-balance

Murphy, Keith, *Swedish Design: An Ethnography*, New York: Cornell University Press 2014

‚OECD Environmental Performance Reviews: Sweden 2014', Organisation for Economic Co-operation and Development, http://www.oecd.org/env/country-reviews/oecd-environmental-performance-reviews-sweden-2014-9789264213715-en.htm

‚Parental Leave', Sweden.se, https://sweden.se/quick-facts/parental-leave/

‚People and the Planet Report', The Royal Society 2012

‚Quick Facts, Renewable Energy', Sweden.se, https://sweden.se/quick-facts/renewable-energy/

Shin, Won Sop, ‚The influence of forest view through a window on job satisfaction and job stress‘, *Scandinavian Journal of Forest Research* 2007
Wilhide, Elizabeth, *Scandinavian Home: A Comprehensive Guide to Mid-Century Modern Scandinavian Designers*, London: Quadrille Publishing 2008
‚Water Footprint Product Gallery‘, Water Footprint Network, http://waterfootprint.org/en/resources/interactive-tools/product-gallery/

DANK

Wenn man ein Buch schreibt, gibt es immer viele Menschen, bei denen man sich bedanken möchte. Nachfolgend einige Menschen, ohne die das vorliegende Buch nicht entstanden wäre:

Zuerst danke ich meiner Mutter Britta Brones, nicht nur, weil sie in mir die Liebe für die schwedische Kultur geweckt hat, sondern auch für das Lesen der zahlreichen Entwürfe (sowie den Zugriff auf ihre umfangreiche Bibliothek schwedischer Kunst- und Designbücher). Ich danke allen bei Ebury, insbesondere Louise McKeever, die auf mich zukam und die Idee zu diesem Buch hat entstehen lassen. Mein Dank geht an Mikael Parkvall, Michael Booth, Frida Ramstedt und Pim Sjöström für ihren Input. Ich danke meinen schwedischen Freundinnen, darunter Kerstin Hagberg und Cecilia Blomberg, für das Teilen persönlicher Erfahrungen. Ich danke Kaitlin Ketchum für die Beratung zu allen die Veröffentlichung betreffenden Fragen. Luc Revel danke ich für die Hilfe bei den Fotos und deren Bearbeitung sowie für viele Diskussionen darüber, was es bedeutet, an einem ausgewogeneren Leben zu arbeiten.

Impressum

Für die deutsche Ausgabe:
Producing: SAW Communications,
Redaktionsbüro Dr. Sabine A. Werner, Mainz
Übersetzung: SAW Communications: Christa Trautner-Suder
Produktmanagement: Christine Rauch
Satz: SAW Communications, Mainz, in Zusammenarbeit mit
alles mit Medien, Anke Enders

Die Originalausgabe erschien 2017 unter dem Titel LIVE LAGOM:
BALANCED LIVING, THE SWEDISH WAY bei Ebury Press,
einem Imprint von Penguin Random House.

1. Auflage 2017

ISBN: 978-3-7724-7463-7 • Best.-Nr. 7463

Printed in Italy

MIX
Paper from
responsible sources
FSC® C018179
FSC
www.fsc.org

Paul Johannes Baumgartner
Holger Mandel

OMA WÄR EIN VERDAMMT GUTER CEO

10 HANDFESTE REGELN FÜR FÜHRUNGSKRÄFTE

Oma wär ein verdammt guter CEO

Paul Johannes Baumgartner
Holger Mandel

GABAL

Externe Links wurden bis zum Zeitpunkt der Drucklegung des Buches geprüft. Auf etwaige Änderungen zu einem späteren Zeitpunkt hat der Verlag keinen Einfluss. Eine Haftung des Verlags ist daher ausgeschlossen.

Ein Hinweis zu gendergerechter Sprache: Die Entscheidung, in welcher Form alle Geschlechter angesprochen werden, obliegt den jeweiligen Verfassenden.

Bibliografische Information der Deutschen Nationalbibliothek

Die Deutsche Nationalbibliothek verzeichnet diese Publikation in der Deutschen Nationalbibliografie; detaillierte bibliografische Daten sind im Internet über http://dnb.d-nb.de abrufbar.

ISBN 978-3-96739-200-5

Lektorat: Britta Künkel, Reichshof
Umschlaggestaltung: Guido Klütsch, Köln
Autorenfoto: © Paul Johannes Baumgartner/Holger Mandel
Satz und Layout: Das Herstellungsbüro, Hamburg | buch-herstellungsbuero.de
Druck und Bindung: Salzland Druck, Staßfurt

Wir drucken in Deutschland.

www.gabal-verlag.de
www.gabal-magazin.de
www.facebook.com/Gabalbuecher
www.twitter.com/gabalbuecher
www.instagram.com/gabalbuecher

Inhalt

Einführung:

Oma wär ein verdammt guter CEO – warum eigentlich?

Wir schreiben das Jahr 2024. Im Herzen eines Unternehmens, wo Entscheidungen das Schicksal lenken, hätte Oma zweifellos brilliert. Mit ihrer Weisheit, die tiefer reicht als jeder Geschäftsbericht, hätte sie den Kurs bestimmt. Anstelle von Hierarchien und Konferenzen wären ihre Teestunden Schauplätze strategischer Diskussionen gewesen. Ihr unerschütterlicher Glaube an die Kraft des Miteinanders hätte eine Unternehmens- und Führungskultur der Empathie geschaffen, in der sich jeder gesehen fühlt. Omas Entschlossenheit, jedes Problem anzugehen, als wäre es ein spannendes Rätsel, hätte kreative Lösungen hervorgebracht. Ihre Geduld hätte selbst die kompliziertesten Verhandlungen zu erfolgreichen Abschlüssen geführt. Inmitten des hektischen Geschäftslebens hätte Oma den Blick für das Wesentliche behalten, wie sie es bei ihren strickenden Händen tat.

Die Geschichte von »Oma wär ein verdammt guter CEO« ist ein Plädoyer für die Tugenden, die oft übersehen werden: Liebe, Geduld, Weisheit, aber auch Fleiß, Pflichterfüllung und die Bereitschaft, das eigene Ego zurückzustellen. Oma hätte bewiesen, dass Erfolg im Business nicht nur in Zahlen gemessen wird, sondern auch in den Herzen, die man berührt, und den Beziehungen, die man aufbaut.

Dieses Buch erweckt Omas Redewendungen und Geschichten, mit denen wir aufgewachsen sind, aus der Sicht eines erfolgreichen Positive-Leadership-Beraters und einer erfahrenen internationalen Führungspersönlichkeit wieder zum Leben und verbindet sie gekonnt mit modernen Management- und Führungskonzepten. Die teils konträren, teils sich ergänzenden Perspektiven des Beraters auf der einen und des Praktikers auf der anderen Seite machen es besonders lesenswert. Es zeigt auf, wie wir in der Geschäftswelt und im Leben allgemein besser handeln können. Durch das Verstehen und Anwenden dieser Prinzipien können wir eine positivere, menschlichere und erfolgreichere Führungskultur schaffen. Denn in den Worten unserer Großeltern liegt eine zeitlose Wahrheit, die auch heute noch relevant ist.

Dieses Buch ist ein Appell an den gesunden Menschenverstand.
Dieses Buch richtet sich nicht nur an Führungskräfte.

Ein paar persönliche Worte, bevor's losgeht

Wir, die Autoren, feiern die Vielfalt in allen Formen und freuen uns, wenn Buchkäufer aller Geschlechter sich in den Geschichten und Lehren wiederfinden. Aus Gründen der besseren Lesbarkeit verzichten wir auf die gleichzeitige Verwendung der Sprachformen männlich, weiblich und divers (m/w/d) und verwenden das generische Maskulinum.

In diesem Zusammenhang auch ein Hinweis zu Oma. Dieses Buch verwendet das Wort »Oma« als eine liebevolle Anerkennung der Weisheit und Führungsstärke, die mit dem Alter und der Erfahrung kommen. Uns ist bewusst, dass nicht alle Großmütter Strickpullover bevorzugen oder geheime Keksrezepte haben. Ebenso sind nicht alle CEOs Typen, die Golf spielen und Sushi lieben.

Denken Sie vielleicht daran, dass in unserem Buch jeder »Oma« sein kann – unabhängig vom Geschlecht, von der Neigung oder von der Fähigkeit, einen Apfelkuchen zu backen. Wenn Sie allerdings Führungskraft sind und größtmöglich von den Impulsen im Buch profitieren möchten, dann dürfen Sie sich gerne jedes Mal, wenn von »Oma« die Rede ist, direkt angesprochen fühlen. In jeder denkbaren Form.

Omas Regel Nr. 1:

AUF REGEN FOLGT IMMER SONNENSCHEIN

Diese Idee steckt dahinter

Optimismus. Es gibt keine Alternative zum Optimismus. Punkt.

Da kommt's her

Omas Regel Nr. 1 ist bereits erstmalig in einem Brockhaus der Jahre 1803–1879 erschienen. Sie ermutigt dazu, optimistisch zu bleiben, sich nicht von Hindernissen entmutigen zu lassen und fest daran zu glauben, dass es immer Licht am Ende des Tunnels gibt.

Optimismus: Das sagt Paul

Warum begeistern manche Führungskräfte ihre Mitarbeiter und manche nicht?

Warum geben manche Führungskräfte auf und manche nicht? Die Wissenschaft zeigt: Eine entscheidende Rolle dabei spielen Optimismus und Pessimismus.

Unter »Optimismus« versteht die Forschung eine »positive Erwartung im Hinblick auf zukünftige Entwicklungen«, also vereinfacht ausgedrückt eine positive Zukunftserwartung. Eine optimistische Grundeinstellung gilt in der Psychologie als Schlüssel zu einem gelingenden Leben und Führen. Optimismus hilft, fluide und handlungsfähig zu bleiben.

2017: Das Jahr, in dem Europa wirtschaftlich gut dasteht, aber Deutschland die Stirn runzelt. Optimismus-Ranking offenbart Pessimismus-Trend

Das Jahr 2017. Ach, da war die Welt noch vergleichsweise schön. Keine Pandemie. Kein Krieg in Europa. Keine außergewöhnlich hohe Inflation. Die Migrationskrise 2015/16 war zumindest gedanklich verarbeitet, eine Serie starker Wirtschaftsjahre lag hinter Europa, der Motor schnurrte. Aber trotzdem wollte sich keine Fröhlichkeit einstellen. In einer Befragung von mehr als 1,4 Mio. Fach- und Führungskräften in 23 europäischen Staaten durch die globale Personal- und Organisationsberatung

Korn Ferry Hay Group im Jahr 2017 zeigte sich, dass zu dem Zeitpunkt nur gerade mal zwei Drittel der Fach- und Führungskräfte deutscher Unternehmen daran glaubten, dass ihr Unternehmen in den nächsten zwei bis drei Jahren wirtschaftlich erfolgreich sein würde.[1] Damit gehörten deutsche Fach- und Führungskräfte bereits 2017 offiziell zu den Pessimisten in Europa. Nur in Italien (62 Prozent), Belgien und Frankreich (je 60 Prozent) sowie Österreich (58 Prozent) glaubten noch weniger Mitarbeiter an den Erfolg ihres Unternehmens. Spitzenreiter in Sachen Optimismus in Europa waren 2017 Slowenien (88 Prozent), Rumänien (80 Prozent) und Norwegen (78 Prozent). Und die Schweiz? War, ist und bleibt ein Land der Optimisten. 2017 immerhin auf Platz 8 im Ranking (72 Prozent) und in einer Umfrage aus dem Jahr 2021 blickten sogar 14 Prozent der Gesamtbevölkerung »sehr optimistisch« in die Zukunft, weitere 65 Prozent »eher optimistisch«.

Optimismus als Führungsstärke, nicht als rosarote Illusion

Optimist oder Pessimist? Es ist im Berufs- wie im Privatleben: Man spricht nicht gerne darüber. Keiner gibt gerne zu, dass er das Glas eher halb leer als halb voll sieht, und das ist im Führungskontext auch gut so. Denken wir nur an Oma. Wenn sie sich in Notzeiten nicht aufgerafft, sich gestreckt und mantramäßig wiederholt hätte: »Auf Regen folgt immer Sonnenschein«, dann wäre die Hälfte der Sippe depressiv geworden, die andere Hälfte hätte angefangen zu trinken und der Familienverbund wäre massiv gefährdet gewesen. Also hat Oma ihre Rolle angenommen und dazu beigetragen, dass es weitergeht, auch wenn ihr vielleicht manchmal mehr nach Weinen als nach Lachen zumute gewesen war. Auf dem Sterbebild einer Oma aus meinem Bekanntenkreis stand der Spruch: »Es geht weiter.« Das ist ein hervorragendes Mantra in allen Lebenslagen, denn wenn jemand die Hoffnung verliert oder wenn man sie jemandem nimmt, dann verliert man alles bzw. nimmt man diesem Menschen alles.

Mit einer »GmbH«, also einer »Gesellschaft mit beschränkter Hoffnung«, ist keine Zukunft zu machen. Zukunft wird aus Mut gemacht. Eine optimistische Führungshaltung zu zeigen in einer offenkundig herausfordernden Situation ist nicht zu verwechseln mit Schönfärberei. Die rosarote Brille hat keine Sehstärke. Vielmehr geht es um eine realistisch-positive Grundhaltung, verbunden mit dem Glauben an die eigene Selbstwirksamkeit, also die persönliche Überzeugung einer Führungskraft, auch schwierige Situationen und Herausforderungen aus eigener Kraft erfolgreich bewältigen zu können.

Heliowas? Der heliotropische Effekt im Unternehmen: Führungskräfte, die ihre Mitarbeiter zum Aufblühen bringen

Kennen Sie den heliotropischen Effekt? Ich bin mir sicher, Sie kennen ihn. Sie wissen nur nicht, dass Sie ihn kennen. Der heliotropische Effekt (altgr. hélios = die Sonne, tropé = die Wendung) geht so: Sie stellen zu Hause eine Pflanze ins Fenster und nach einer gewissen Zeit macht diese Pflanze etwas sehr Spannendes: Sie wendet sich Richtung Licht. Jedes Lebewesen / jeder Organismus hat die Tendenz: »Hin zum Licht und weg von der Dunkelheit« (den gemeinen Feldhamster, die Fledermaus und alle anderen nachtaktiven Lebewesen jetzt mal ausgenommen).

In der Natur ist die Sonne die Quelle der positiven Energie – sie ist eine lebenspendende Kraft. In der Evolution werden alle Spezies angezogen von allem, was Leben verspricht, und vermeiden alles, was Leben tötet oder eine Bedrohung ist. Wenn es jetzt wahr ist, dass jedes Lebewesen / jeder Organismus in der Gegenwart des Positiven aufblüht und in der Gegenwart des Negativen verblüht, dann ist das eine Erkenntnis, die natürlich großen Einfluss darauf hat, wie wir unsere Beziehungen gestalten. Wie wir unsere Kinder großziehen oder sie unterrichten. Wie wir unsere Kunden behandeln. Unsere Kollegen. Oder wie wir eben als Führungskräfte unsere Mitarbeiter behandeln.

Damit das Bild vollständig ist: Ihr, liebe Führungskräfte, seid die Sonne! Jede Emotion, die ihr aussendet, erzeugt ein Echo. Mitarbeiter werden sich immer denjenigen Führungskräften zuwenden, die ein positives Umfeld gestalten. Bei denen sie sich sicher fühlen, lernen können und von denen sie Unterstützung erhalten. Die ihnen Vertrauen schenken und Weiterentwicklung ermöglichen.

Optimist vs. Pessimist. Der Pessimist scheitert nicht an seinem Denken – er scheitert an den Konsequenzen seines Denkens

Ein Beispiel: Eine Führungskraft steht vor einer großen unternehmerischen Herausforderung. Die tendenziell eher optimistische Führungskraft analysiert die Situation und sagt: »Hm, wenn ich mir das so recht anschaue, dann stehen meine Erfolgschancen maximal 50:50 oder vielleicht sogar nur 40:60 – ich könnte scheitern, aber ich könnte auch gewinnen… – egal, ich probier's.«

Eine eher pessimistische Führungskraft hingegen sieht die Sachlage so: »Hm, die Erfolgschancen stehen maximal 50:50 oder vielleicht sogar nur 40:60 – die Gefahr, zu scheitern, ist gegeben – ich lasse lieber die Finger davon.« Sie hält es schlicht und ergreifend nicht für möglich, zu gewinnen. Sie scheitert also nicht an ihrem Denken, sondern an den Konsequenzen ihres Denkens. Ihr Problem ist, dass sie es nicht mal versucht hat. Ein anderes Beispiel vielleicht, um den Unterschied noch greifbarer zu machen: Sie haben im Unternehmen eine offene Stelle ausgeschrieben. Der optimistische Bewerber liest sie und denkt sich an der ein oder anderen Stelle vielleicht: »Okay, diese Qualifikation hier erfülle ich nicht, diese hier vielleicht nur zum Teil – hm, es sieht jetzt auf den ersten Blick nicht so aus, als ob ich die ideale Besetzung wäre, aber, hey, was hab ich schon zu verlieren … – ich bewerbe mich einfach mal drauf.«

Der pessimistische Bewerber hingegen liest die Ausschreibung folgendermaßen: »Okay, diese Qualifikation hier erfülle ich nicht, diese hier vielleicht nur zum Teil – hm, es sieht jetzt nicht so aus, als ob ich die ideale Besetzung wäre, die nehmen mich doch sowieso nicht … – ich lasse die Finger davon.« Auch hier: Der Pessimist scheitert nicht an seinem Denken, sondern an den Konsequenzen seines Denkens.

Der Pessimist	Der Optimist
• »Diese Situation bleibt.« • »Es wird alles überschatten, was ich tue.« • »Es gibt keine Handlungsoptionen für mich.«	• »Es ist nur vorübergehend.« • »Es betrifft nur diese eine Situation.« • »Ich habe die Kraft, meine Umstände zu verbessern.«

Optimismus als Jungbrunnen. Nicht nur fröhliche Nonnen leben länger!
Die Nonnenstudie des amerikanischen Epidemiologen Dr. David Snowdon stellt eine interessante Verbindung zwischen Optimismus und dem zu erreichenden Lebensalter her (ich gehe einfach mal davon aus, dass das auch für Sie ein erstrebenswerter Zustand ist).[2]

600 US-amerikanische Nonnen erklärten sich bereit, persönliche Texte offenzulegen, die sie während ihres Ordenseintritts verfasst hatten. Das war um 1940, die meisten angehenden Ordensschwestern waren zu diesem Zeitpunkt durchschnittlich 22 Jahre alt. Diese Tagebücher wurden analysiert, um den Schreibstil und die Ausdrucksweise zu untersuchen.

Ergebnis: Es stellte sich heraus, dass der Schreibstil und die Sprache, die die Nonnen in ihren Tagebüchern verwendeten, Hinweise auf ihre spätere kognitive Gesundheit und Lebensdauer lieferten. Nonnen, die in ihren Texten eine ausdrucksstärkere, positivere und komplexere Sprache verwendeten, hatten tendenziell ein niedrigeres Risiko für Demenz. Doch nicht nur das. Nonnen, denen bereits in jungen Jahren bei ihrem Eintritt in das Kloster eine positive Grundstimmung bescheinigt wurde, sprich, aus deren Tagebucheinträgen ein gesunder Optimismus herauszulesen ist, lebten im Schnitt zehn Jahre länger.

Also, wenn Sie ungefähr wissen wollen, wie alt Sie mal werden: Lesen Sie Ihre letzten Tagebucheinträge noch einmal sorgfältig durch.

Optimismus: Das sagt Holger

»Ach ja, und dann ist da noch die Sache mit der Sauna. So mancher Mitarbeiter der benachbarten SAP-Standorte bemängelt offenbar die Öffnungszeiten des firmeneigenen Fitnessstudios.«

So ein Artikel im Handelsblatt 2023, als die Dauerkrise Europa und vor allem Deutschland beherrschte.[3] Was würde Oma dazu sagen? Sie war es gewohnt, in guten Zeiten für schlechte zu sparen und in schlechten Zeiten den Gürtel eng, manchmal sehr eng zu schnallen – immer in der Hoffnung, dass es irgendwann wieder aufwärts geht. Sie verbarg ihre Sorgenfalten und strahlte einen mitreißenden Optimismus aus. Nach einem Gespräch mit Oma sah man immer ein Licht am Ende des Tunnels. Oma hat die Familie einfach durch Höhen und Tiefen geführt, egal wie schmerzhaft oder intensiv manche Einschläge waren. Oma hat das kleine »Familienunternehmen« mit viel Liebe, Geduld, Vertrauen, Pflichtbewusstsein und Geborgenheit durch alle Lebenszyklen geführt. Ja, es gab auch mal ein kräftiges »Donnerwetter«, aber dann ging es mit Zuversicht und liebevollen Worten weiter, und jeder in der Familie packte mit an und erfüllte seine Aufgaben. Es wurde gemeinsam gearbeitet, die Ernte eingebracht und am Ende des Tages auch gemeinsam gefeiert.

Die größten Bremsklötze des Optimismus

Doch wie sieht die Realität in vielen Betrieben heute aus? Einige Unternehmen meistern die aktuelle Dauerkrise mit Bravour. Ich sehe in der Gründerszene viele junge Frauen und Männer, die Unternehmen gründen und mit innovativen Ideen und viel Leidenschaft allen Herausforderungen und dem schwierigen Marktumfeld trotzen. Ich sehe aber auch viele meiner beruflichen Weggefährten oder ehemaligen Mitarbeiter, die über mangelnden Respekt, fehlende strategische Ausrichtung, operative Hektik, viel zu viele Gremien, endlose Identitätsdebatten, immer langsamere Entscheidungsprozesse, verloren gegangenen Teamgeist und immer wiederkehrende undifferenzierte Kosteneinsparungen nach dem Gießkannenprinzip klagen, fast reflexartig verbunden mit dem Ruf nach weiterem Personalabbau. Das Ganze gepaart mit einer schlechten Unternehmenskommunikation. Damit ist auch der letzte Funke Optimismus und Motivation im Unternehmen erloschen. In einem solchen toxischen Umfeld bleiben die dringend benötigten Leistungsträger und Leistungswilligen nicht an Bord. Die Folge ist, dass das Unternehmen im nächsten Aufschwung weniger erfolgreich sein wird und man bereits angeschlagen in die nächste oder vielleicht letzte Krise steuert.

»50 Prozent der Wirtschaft ist Psychologie.«

Dieses Zitat stammt von Ludwig Erhardt, dem Kanzler des Wirtschaftswunders. Ob im privaten Umfeld, im Sport oder in der Wirtschaft: Mit positivem Teamgeist und sportlichen, aber akzeptierten Zielen erreicht man Mitarbeitermotivation und eine deutlich höhere Leistungsbereitschaft. Wie im Sport gehört dazu die Erfahrung, bei Siegen nicht abzuheben und bei Niederlagen die intrinsische Motivation und den Optimismus zu aktivieren, um das nächste Spiel zu gewinnen. Meine Erfahrung als Führungskraft in einem ehemaligen DAX-Konzern hat immer wieder gezeigt, dass motivierte und sehr zufriedene/begeisterte Mitarbeiter für zufriedene oder außerordentlich zufriedene/begeisterte Kunden sorgen – und das ist die Basis für besonderen Unternehmenserfolg.

»AGABU« oder »Alles ganz anders bei uns«

Eines ist sicher: Die Dynamik und Intensität der Geschäftszyklen und das konjunkturelle Auf und Ab wird durch Regulierung und externe geopolitische und wirtschaftliche Einflüsse massiv zunehmen. Desinteresse und eine willkommene Ausrede für reduzierte Leistungsbereitschaft sind fast die logische Folge. Die Devise mancher lautet: Kopf einziehen und nicht auffallen, ein anderer wird es schon richten und irgendwann wird es schon wieder besser. Die Dauerkrise und die allgegenwärtige Transformation zu einer CO_2-neutralen Wirtschaft erfordern aber gerade jetzt wieder wirksame Führungskräfte, die positiv denken, Vertrauen schaffen, sich auf das Wesentliche konzentrieren, einen klaren und gewinnenden Kommunikations- und Führungsstil haben und die Menschen für ihre Ideen und Strategien gewinnen und mitnehmen. Oft heißt das: »Raus aus der lieb gewonnenen Komfortzone!«

Genauso wichtig ist es aber auch, den Mitarbeitern Perspektiven aufzuzeigen und einen gesunden Optimismus auszustrahlen.

Wer als Führungskraft seinen Mitarbeitern zuhört, offen für Ideen, aber auch für konstruktive Kritik ist und ihnen den Sinn von Zielen und Tätigkeiten vermittelt, wird seine Mitarbeiter gewinnen und den kleinen, aber wichtigen Unterschied machen. Aber all das muss glaubwürdig vermittelt und vorgelebt werden. Ich erinnere mich an einen CEO, der eine Intranet-Plattform einrichtete, die den Dialog zwischen Mitarbeitern und Vorstand fördern sollte, aber genau das Gegenteil erreichte, weil parallel eine Misstrauenskultur existierte. Es geht um authentische und klare Kommunikation; alles andere trägt zum Betriebsklatsch bei und hilft nicht, Herausforderungen zu meistern, Krisen zu bewältigen oder den nächsten Aufschwung vorzubereiten.

Anreise im Privatjet

Leider habe ich zu oft erlebt, dass ein CEO »Wasser« predigt und »Champagner« vorlebt. Wenn z.B. in schwierigen Zeiten die Aufforderung zum Sparen vom CEO an das Unternehmen kommuniziert wird und dann am nächsten Tag die Handwerkerkolonnen anrücken, um das Büro des CEO feudal zu renovieren, während der nagelneue Dienstwagen repräsentativ auf dem Parkplatz (direkt vor dem Eingang) steht und die Anreise nach dem Wochenende mit dem Privatjet von einer bei den Deutschen sehr beliebten Mittelmeerinsel erfolgt, dann sind alle weiteren Maßnahmen und Worte überflüssig.

Kann man mit Persönlichkeit und Tugenden wie Zuversicht, Fleiß und Optimismus Berge versetzen? Mann oder Frau kann!

Kommunikation muss authentisch sein – in Worten und Taten und insbesondere von den Top-Führungskräften. Diese aufrichtige Kommunikation und ein von Optimismus geprägtes Durchhaltevermögen zeichnen die Führungskraft der Zukunft aus. Manager, die diese Tugenden und Fähigkeiten vorleben, werden respektiert und können mit dieser Art und positivem Denken mit ihren Teams Berge versetzen.

Der zweite Platz als Ziel? Jetzt ernsthaft?

Als ich vor einigen Jahren die Geschäftsführung einer großen deutschen Vertriebs- und Serviceorganisation im Heimatmarkt Deutschland mit über 5.000 Mitarbeitern übernahm, bekam ich eher beiläufig den Auftrag, die Profitabilität und die Marktanteile zu optimieren und den Abstand zum Marktführer zu verringern. Aber wer hätte schon Platz zwei als Ziel akzeptiert? Der Abstand zu Mercedes-Benz war groß – eigentlich unerreichbar, aber in diesem Moment war mir klar, dass ich nicht den Abstand verringern, sondern das Unternehmen nach gefühlten 100 Jahren erstmals als Marktführer in Deutschland etablieren würde. Fünf Ziele und ein Bündel von Maßnahmen zur Steigerung der Profitabilität, der Kunden- und Mitarbeiterzufriedenheit und des Marktanteils wurden nach einer intensiven Bestandsaufnahme und vielen Gesprächsrunden mit den Mitarbeitern definiert. Den Betriebsrat konnte ich nach ausführlichen Gesprächen für die Idee begeistern. Nach einigen Monaten und vielen Schwierigkeiten wollte ich das Ziel schon fast aufgeben. Nur meine »Jetzt erst recht«-Mentalität und viel Zuversicht halfen mir, das Ziel der Marktführerschaft weiter zu verfolgen. Anfangs war es nur ein kleiner Kreis, der mitzog, aber nach und nach brannte das ganze Team für die gemeinsamen Ziele. Die anfängliche Resignation wich einer unglaublich dynamischen und ansteckenden Euphorie. Das Team strotzte vor Kraft und Selbstvertrauen, und die Verkaufsergebnisse übertrafen die kühnsten Erwartungen.

Nach getaner Arbeit und den fantastischen Ergebnissen auf »meiner« IAA 2018 hätte ich mir im Traum nicht vorstellen können, dass die nächsten Krisen (Covid, Preisexplosion bei Rohstoffen, unterbrochene Lieferketten, fehlende Halbleiter, Energie etc.) so schnell und einschneidend die gesamte Branche treffen und teilweise für Wochen und Monate vom Markt nehmen.

Eine Post-Corona-Taskforce zu Beginn der Pandemie – warum eigentlich nicht?

Eine kleine Anekdote aus meiner späteren Zeit als Vorstand bei MAN Truck & Bus: Es war der Höhepunkt der Corona-Pandemie, und der »Lockdown« musste quasi über Nacht umgesetzt werden. Wie in vielen anderen Organisationen und Unternehmen wurde eine Taskforce »Lockdown oder einfach alles stilllegen und Gelder einfrieren« gegründet. Dieses Team hat auch ohne entsprechende Erfahrung oder Vorbereitung einen unglaublich tollen Job gemacht – denn in der Krise rücken alle zusammen. Fast noch wichtiger für meine Mitarbeiterinnen und Mitarbeiter war aber eine zweite Taskforce, die zeitgleich ins Leben gerufen wurde: die Post-Corona-Taskforce. Das Team plante bereits parallel zur Abschaltung das »An- und Hochfahren« aller Aktivitäten und sendete damit eine sehr wichtige Botschaft und einen Funken der Hoffnung an alle Mitarbeiter: Der Lockdown und der damit verbundene Stopp aller Aktivitäten mit harten Kosteneinsparungen ist unumgänglich – aber es gibt auch eine Zeit danach. Bereiten wir uns also gemeinsam auf die Zeit nach der Krise vor – denn aus dieser wollen wir agiler, schneller und stärker als alle anderen Marktteilnehmer hervorgehen. Es gilt, die Krise sozusagen als Chance zu begreifen und trotz aller Unkenrufe in dieser Zeit mit gesundem Optimismus an alle anstehenden Aufgaben heranzugehen.

Jede Krise geht einmal zu Ende

Auch der stärkste Sturm verzieht sich irgendwann und es braucht Führungspersönlichkeiten, die mit ruhiger, aber stets stringenter Hand und vor allem mit Zuversicht die wirklich wichtigen Herausforderungen unserer Zeit meistern. Der Trend in modernen Unternehmen geht zu flacheren Hierarchien und antiautoritären Führungsstilen. Die Zeit der Narzissten in den Chefetagen ist (Gott sei Dank) vorerst vorbei. Jetzt sind Menschen gefragt, die führen, begeistern, Hoffnung ausstrahlen, ganze Organisationen verändern und vor allem das eigene Ego hinter die Unternehmensinteressen stellen. So wie Oma es getan hat, die mit ihrer Zuversicht und ihrem Optimismus die Familie durch dick und dünn geführt hat.

Aktionsplan der Oma

Große unternehmerische Herausforderungen? Hier ein paar konkrete Maßnahmen, mit denen Oma Optimismus verbreiten und ihre Mitarbeiter motivieren würde:

Individuelle Gespräche. Oma liebt es, ins Ein-zu-eins zu gehen, weil sie weiß, dass sich das persönliche Gespräch am besten dafür eignet, die Sorgen und Ängste der Mitarbeiter zu verstehen. Von motivierenden Massen-E-Mails und Durchhalteparolen an den großen Verteiler hält sie wenig. Persönlich zuhören, nachfragen und Empathie zeigen, damit überhaupt eine emotionale Verbindung aufgebaut werden kann, das ist ihre Strategie. Und zum Thema »Empathie« hat Oma einen wichtigen Grundsatz verinnerlicht: Mitfühlen, aber nicht mitleiden. Ein wichtiger Unterschied.

Chancenorientierte Denkweise. Anstatt sich auf die Schwierigkeiten zu konzentrieren, nutzt Oma lieber die Gelegenheit, neue Märkte, Produkte oder Geschäftsmodelle zu erkunden. Antizipieren. Wo könnte die Reise in der Zukunft hingehen? Nicht über den Status quo jammern, sondern sich fragen »Wo sind die Chancen?«. Mitarbeiter ermutigen, ihre kreativen Fähigkeiten einzusetzen, um innovative Lösungen zu entwickeln, darum geht's.

Teamzusammenhalt stärken. Eine gute Investition ist immer eine Investition in die Menschen, das weiß Oma als erfahrene Leaderin. Teambuilding-

Aktivitäten sind ihr wichtig, damit der Zusammenhalt unter den Mitarbeitern gestärkt wird. »Kein Geld für so was« gibt's bei ihr nicht. Stattdessen Teamtage, die den Mitarbeitern wirklich Spaß machen und ihnen nicht das unangenehme Gefühl geben, dass sie von oberster Stelle zwei Tage lang mit den Kolleginnen und Kollegen in den Sandkasten gesetzt werden, verbunden mit der Aufforderung »Und jetzt versteht euch mal, ihr Kleinkinder«. Bei so was schüttelt sie als erfahrene Familien-Managerin nur den Kopf.

Lernbereitschaft fördern. Lebenslanges Lernen – Oma höchstpersönlich ist das beste Beispiel dafür. Sie weiß um die Bedeutung der Future Work Skills »Unternehmerisches Handeln, Resilienz, Kreativität und Interkulturelle Kommunikation« und deshalb holt sie sich diese Fähigkeiten ins Unternehmen. Wie heißen die Koryphäen, von denen Mitarbeiter gerne lernen? Wissen die Mitarbeiter, dass Weiterbildung ausdrücklich erwünscht wird? Wird im Unternehmen aktiv auf die Notwendigkeit hingewiesen, sich fortzubilden? Gibt es eine Lernkultur?

Positives Beispiel geben. Der beste Beweis ist der lebende, der vor einem steht. Optimismus verkünden, aber selbst zaghaft entscheiden? Nicht mit Oma! Selbst ein positives Beispiel geben, indem man eine optimistische Einstellung zu seinem eigenen Führungsverhalten und den getroffenen Entscheidungen zeigt, ist ihr wichtig. Und wenn's herausfordernd wird? Ruhe bewahren und sich auf Lösungen konzentrieren.

Errichtung von »Innehaltestellen«. Die Leistungen der Mitarbeiter öffentlich würdigen, das ist Oma wichtig. Sei es in Meetings oder über interne Kommunikationskanäle. Dadurch ein Gefühl der Wertschätzung und des Stolzes schaffen. Auch kleine Fortschritte und Erfolge feiern, um den Mitarbeitern zu zeigen, dass ihre individuellen Anstrengungen Früchte tragen. Bewusst gemeinsam mit dem Team innehalten und sich das Geleistete vor Augen führen. Betonen, dass jeder Schritt in die richtige Richtung ein Grund zur Freude ist. Und: Feiern nicht vergessen!

Oma schreibt jeder guten Führungskraft ins Handbuch **»Es gibt keine Alternative zum Optimismus!«**. Wenn Führungskräfte in herausfordernden Zeiten mit ihren Mitarbeitern sprechen, dann sollten diese nichts von Horror hören. Wenn sie mit ihnen sprechen, dann sollten sie von Hoffnung hören.

ROUTINE

Optimismus ist trainierbar: Der Optimismusregler

Schritt 1: Lehnen Sie sich in Ihrem Bürosessel zurück und reflektieren Sie drei Dinge, über die Sie sich zuletzt richtig geärgert haben. Der völlig überzogene Steuerbescheid des Finanzamts, eine ungerechtfertigte Kundenreklamation, das miese Wetter. Anschließend verlassen Sie Ihr Büro und gehen durchs Unternehmen. Blicken Sie zu Boden. Nur wenn Sie gegrüßt werden, grüßen Sie zurück. Laufen Sie stumpf vor sich hin – stumpf ist Trumpf. Nach ein paar Minuten beenden Sie Ihren Walk und gehen wieder zurück ins Büro.

Schritt 2: Reflektieren Sie: Was haben Sie gesehen? Haben Sie eine Beobachtung gemacht?

Schritt 3: Im nächsten Schritt, bevor Sie erneut nach draußen gehen, stellen Sie sich bitte einen »Optimismusregler« vor. Das kann ein Drehregler sein, wie Sie ihn vielleicht noch von Ihrer Stereoanlage kennen. Oder vielleicht stellen Sie sich einfach den Lautstärkenregler an Ihrem Smartphone oder Notebook vor. Egal, das ist jetzt Ihr »Optimismusregler«. Und den drehen Sie jetzt in Ihrer Vorstellung auf, und zwar so weit, dass es sich gut für Sie anfühlt. Je weiter Sie den Regler in Ihrer Vorstellung aufdrehen, desto optimistischer fühlen Sie sich. Balken für Balken. Spielen Sie ein bisschen mit der Intensität. Stufe für Stufe.

Schritt 4: Und nun verlassen Sie erneut Ihr Büro und schlendern mit dieser veränderten, optimistischeren Sichtweise durch das Unternehmen. Nehmen Sie Ihre Umgebung bewusst wahr. Was sehen Sie? Was hören Sie? Was riechen Sie? Schauen Sie um sich. Nach ein paar Minuten beenden Sie auch diesen Walk und gehen wieder zurück ins Büro.

Schritt 5: Reflektieren Sie erneut: Was war anders im Vergleich zum ersten Walk? Wie haben Sie sich gefühlt? Die Welt dürfte eine andere gewesen sein. Führungskräfte, die den Optimismusregler aufgedreht haben, berichten, zum ersten Mal seit Langem wieder wahrgenommen zu haben, dass die Flure farbig gestrichen sind. Oder dass inspirierende Bilder an den Wänden hängen. Oder dass duftende Blumen im Eingangsbereich stehen. Oder dass Ihre Mitarbeiter sie nett angelächelt und gegrüßt haben. Sie sind mit einer positiveren Grundeinstellung durchs Unternehmen gegangen und haben dadurch die Welt viel bewusster und mit anderen Augen gesehen. Der Optimismusregler ist der Gegenentwurf zum Schwarzmalen oder Schwarzsehen.

Die Top 5 Kernbotschaften zu Omas Regel Nr. 1
AUF REGEN FOLGT IMMER SONNENSCHEIN

1. Sie sind die Sonne!
2. Pessimisten scheitern nicht an ihrem Denken, sondern an den Konsequenzen ihres Denkens.
3. Optimistische Führungskräfte bleiben handlungsfähig, fluide und glauben eher an den Gewinn. Sie sind überzeugt davon, dass sie ihren Erfolg selbst in der Hand haben.
4. Eine optimistische Grundeinstellung gilt als einer der zentralen Schlüssel zu einem gelingenden Führen.
5. Optimismus ist trainierbar (siehe oben: »Optimismusregler«)

Omas Regel Nr. 2:

WER NICHT WAGT, DER NICHT GEWINNT

Diese Idee steckt dahinter

Erfolg und Mut. Der Neider sieht nur den Garten, nicht den Spaten. Erfolg beflügelt, aber wer keine Risiken eingeht, darf auch keine Erfolge oder jeglichen Fortschritt erwarten.

Daher kommt's

Regel Nr. 2 kommt von Oma Grafwallner aus Achslach im Bayerischen Wald. Sie war eine sehr kluge und weitsichtige Frau. (Anmerkung des Verlags: Kein Wunder, es handelt sich hier schließlich um die Oma von Autor Paul Johannes Baumgartner.)

Erfolg und Mut: Das sagt Paul

Ich wage zu behaupten, dass sich jeder halbwegs ambitionierte Mensch freut, wenn ihm etwas gut gelingt.

Das Kleinkind, das plötzlich auf eigenen Beinen stehen kann. Das Schulkind, wenn es gute Noten bekommt. Der Erwachsene, wenn er privat oder beruflich erfolgreich ist.

Was jedoch unbestritten ist: Um Erfolg zu haben, braucht es Mut und Einsatz. Das Kleinkind muss sich buchstäblich aufraffen, um festzustellen, dass es in aufrechter Position viel mehr Möglichkeiten hat. Es kommt zum Beispiel leichter an die oberen Fächer im Küchenregal, in dem die Süßigkeiten versteckt sind.

Das Schulkind muss erkennen, dass mit guten Noten die Wahrscheinlichkeit steigt, einen guten Job zu finden, der wirklich Spaß macht und Sinn verspricht. Der Einsatz: büffeln.

Und der Erwachsene weiß irgendwann, dass er mit dem Erreichen seiner Ziele, einem guten Einkommen oder mehr Freizeit sein Leben und das Leben seiner Liebsten angenehm gestalten kann.

Liebe Führungskräfte, feiern Sie sich!

Doch was, wenn die Ziele erreicht sind? Wenn ein Plan aufgegangen ist, ein Projekt erfolgreich abgeschlossen wurde? Hier beginnt oft das Drama in vielen Führungsetagen. Es wird einfach weitergemacht und so getan, als ob nichts gewesen wäre. In einem meiner Positive-Leadership-Bootcamps stellte ich einer Gruppe von Führungskräften die Frage: »Wer von Ihnen hält bewusst inne, wenn er eine Aufgabe erfolgreich bewältigt hat, und feiert ganz bewusst seine Erfolge? Bitte einmal kurz aufstehen.« Dröhnendes Schweigen im Seminarraum. Betretene Blicke. Alle 80 Teilnehmer blieben sitzen.

Erfolge feiern – warum fällt das manchen Führungskräften so schwer?

Der häufigste Grund dafür, warum viele Führungskräfte gerne die eigenen Erfolge unter den Teppich kehren, ist, dass sie dazu neigen, extrem **hohe Erwartungen** an sich selbst zu haben. Sie sind ehrgeizig und haben klare Ziele vor Augen. Das Erreichen ihrer Ziele wird oft als eine Erwartung und nicht als Erfolg angesehen. Sie fühlen sich verpflichtet, kontinuierlich erfolgreich zu sein, und tendieren deshalb dazu, Erfolge herunterzuspielen, da sie glauben, dass sie noch mehr erreichen sollten. Spitzensportler haben erstaunlicherweise weniger ein Problem damit, oder haben Sie schon einmal einen Sieger erlebt, der aus Bescheidenheit der Siegerehrung fernblieb?

Ein weiterer wichtiger Grund ist der **Zeitdruck**, dem Führungskräfte ausgesetzt sind. Er lässt oft wenig Raum für Reflexion. Sie sind in der Regel so damit beschäftigt, die nächste Herausforderung zu bewältigen, dass sie ihre bisherigen Erfolge vernachlässigen. Der Blick ist ständig auf die Zukunft gerichtet und die Gegenwart wird oft übersehen.

Auch **Bescheidenheit** kann eine Rolle spielen, wenngleich das aus meiner Erfahrung eher seltener vorkommt. Diese Führungskräfte legen aus meiner Beobachtung den Fokus auf ihre Teams und Organisationen und sehen ihren eigenen Beitrag als selbstverständlich an. Sie messen ihren Erfolg nicht an individuellen Leistungen, sondern an den Erfolgen ihres Teams. Dies führt dazu, dass sie ihre persönlichen Erfolge vernachlässigen.

Der Fokus auf **Verbesserung** ist ein weiterer Grund, Erfolge nicht zu feiern. Führungskräfte sind in der Regel bestrebt, sich ständig zu verbessern. Sie neigen dazu, selbstkritisch zu sein. Sie konzentrieren sich oft auf das, was schiefgelaufen ist, statt auf das, was gut gelaufen ist. Dies führt dazu, dass sie ihre Erfolge übersehen und ihre Aufmerksamkeit auf die Aspekte lenken, die noch verbessert werden müssen, wodurch sie sich mehr auf ihre Schwachstellen konzentrieren als auf ihre Erfolge.

Und auch **Perfektionismus** kann ein Grund dafür sein. Sie setzen sich hohe Maßstäbe und streben nach Exzellenz. Das Erreichen eines Ziels wird oft als ein weiterer Schritt auf dem Weg zu noch größeren Zielen betrachtet. Sie sehen ihre Arbeit nie als abgeschlossen an und glauben, dass immer Raum für Verbesserungen bleibt.

Das Hamsterrad ist der einzige Ort, wo Laufen dich zwar müde macht, aber dich nirgendwohin führt

Es gibt nichts Frustrierenderes für einen Menschen, als wenn hinter einem laufenden Projekt bereits fünf weitere in der Pipeline warten. Der Vorstand eines großen Sportartikel-Unternehmens beschrieb einmal im Coaching seine Situation folgendermaßen:

> *Manchmal fühle ich mich wie ein Hamster im Rad, wissen Sie? Ich komme jeden Morgen ins Büro, setze mich an meinen Schreibtisch und arbeite die gleiche Liste von Aufgaben ab. Jour Fixes, E-Mails, Berichte, Meetings, immer im gleichen Takt. Dazwischen kurzfristig anberaumte Mitarbeitergespräche, spontanes Troubleshooting. Und egal, wie schnell ich laufe oder wie viel ich erledige, es scheint nie ein Ende zu nehmen. Es ist, als würde ich den ganzen Tag rennen, aber ich komme nirgendwo hin. Ich bin ständig beschäftigt, aber am Ende des Tages habe ich das Gefühl, nichts wirklich Bedeutsames erreicht zu haben. Es ist ermüdend und frustrierend zugleich – dieses ständige Treten in die Pedale.*

Erfolg – ein Rennen ohne Ziellinie?

»Erfolg ist wie ein scheues Reh. Der Wind muss stimmen, die Witterung, die Sterne und der Mond«, hat Franz Beckenbauer, der Fußballkaiser, einmal gesagt. Das mag richtig sein. Was aber immer wieder gerne im Zusammenhang mit Erfolg vergessen wird: Um ihn überhaupt als solchen zu erkennen, muss man auch mal stehen bleiben. Deshalb: Halten Sie inne!

Machen Sie einen Boxenstopp und tanken Sie Energie. Klopfen Sie sich auf die Schulter, und wenn es nur für einen kurzen Moment ist. Lernen Sie, Ihre Erfolge anzuerkennen und wertzuschätzen, da dies nicht nur Ihre eigene Motivation und Zufriedenheit steigert, sondern auch eine positive Wirkung auf Ihr Team und Ihre Organisation hat. Sie sind zwar Führungskraft, aber Sie sind auch immer noch ein Mensch. Auch Sie haben Bedürfnisse. Auch Sie haben ein Anrecht auf Wertschätzung und Anerkennung. Auch Sie wollen und sollen gesehen werden.

Gute Fragen, bezogen auf sich selbst	Gute Fragen, bezogen auf Ihre Mitarbeiter
»Was tun Sie dafür, dass Sie sich Ihrer Leistungen bewusst werden?« Tipp: Schreiben Sie jeden Abend eine Ta-da-Liste!	»Wie stellen Sie konkret sicher, dass Ihre Mitarbeiter sich ihrer Leistungen bewusst werden?«
»Wie oft erklären Sie Projekte *bewusst* für sich als abgeschlossen?«	»Wie oft werden Projekte *bewusst* offiziell im Team für abgeschlossen erklärt?«
»Wie sieht das konkret aus, wenn Sie Ihre erreichten Ziele feiern und angemessen würdigen?«	»Wie helfen Sie Ihren Mitarbeitern dabei, das Erreichen von Zielen zu feiern und Erfolge angemessen zu würdigen?«
»Wenn Dinge für Sie als Führungskraft besonders gut gelaufen sind: Widmen Sie sich der Analyse dieser Erfolge mit der gleichen Akribie, wie Sie es bei Misserfolgen tun?«	»Wenn Dinge für das Team besonders gut gelaufen sind: Widmen Sie sich der Analyse dieser Erfolge mit der gleichen Detailgenauigkeit, wie Sie es bei Misserfolgen tun?«
»Wofür können Ihnen andere Menschen dankbar sein?«	»Welche Formate der Begegnung bieten Sie an, bei denen ausschließlich über das Erreichte gesprochen wird und nicht über das, was alles schiefgelaufen ist oder hätte besser laufen sollen?«

Genießen Sie auch mal zwischendurch ein kühles Bier mit Panoramaaussicht!

Im Intranet eines großen erfolgreichen Medienunternehmens las ich vor Kurzem einen wunderschönen Post:

> *Betreff: Gipfelsturm! Wir nehmen uns viel zu wenig Zeit, darauf zu schauen, was wir im Team schon alles geschafft haben … Um im Gipfelbild zu bleiben: Anstatt von der Mittelstation gleich weiterzuhetzen, sollten wir doch auch mal kurz bei einem kühlen Bier zusammen die Panoramaaussicht genießen und uns über den gut gemeisterten Anstieg freuen.*

Eine sehr schöne Metapher.

Und die Misserfolge? Erfolgserleben ist ein Kontrastereignis

Das Erleben von Misserfolgen ist Voraussetzung für Erfolgsempfinden. Nur wer Niederlagen kennengelernt hat, kann Erfolge wirklich wertschätzen. Ein Beispiel: Wenn wir gesund sind, springen wir nicht morgens aus dem Bett und denken als Erstes: »Ich bin so glücklich, weil ich so gesund bin.« Wir nehmen das (leider) als gegeben hin. Erst wenn wir krank sind, wird uns der Wert von Gesundheit bewusst. Erst dann empfinden wir es als Glück, wenn wir wieder schmerzfrei sind. Genauso verhält es sich mit dem Erfolg. Nur derjenige kann wirklich Erfolg empfinden, der bereits Misserfolge erlebt hat.

Erfolg: Das sagt Holger

Dabei sein ist alles?

Das olympische Motto, das dem Begründer der modernen Olympischen Spiele, Pierre de Coubertin, zugeschrieben wird, lautet vollständig: »Das Wichtigste an den Olympischen Spielen ist nicht zu siegen, sondern dabei zu sein.« Dieser Satz verkörpert die Idee, dass die Teilnahme an den Spielen an sich schon ein bedeutungsvolles Erlebnis ist, unabhängig vom Ergebnis.

Doch wenn wir tiefer in die Emotionen eintauchen, erkennen wir, dass es für die Athleten um viel mehr geht. Jahre des Trainings, der Entbehrungen und der harten Arbeit haben sie zu diesem Moment geführt, dem Höhepunkt ihrer sportlichen Laufbahn. Das Gefühl, auf dem Siegerpodest zu stehen, die Goldmedaille um den Hals zu tragen und den Triumph zu spüren, ist unvergleichlich. In diesem Moment werden alle Mühen und Opfer belohnt.

Ich freue mich aufrichtig für jeden einzelnen Olympioniken, der diesen Erfolg erreicht. Es ist nicht nur der Ruhm, sondern auch die Möglichkeit, die harte Arbeit in bare Münze umzuwandeln. Es sind diese Momente des Triumphs, die den olympischen Geist am Leben erhalten und die Herzen der Menschen auf der ganzen Welt berühren. Möge jeder Athlet, der an den Olympischen Spielen teilnimmt, diese einzigartigen Momente in vollen Zügen genießen.

»Der Neider sieht nur den Garten, nicht den Spaten.«
Altes chinesisches Sprichwort

Grenzen überwinden und positiv denken: Ihr Weg zum Erfolg

Es gibt stets Menschen, die das Negative betonen, Hindernisse aufzeigen und Zweifel säen. Doch als Führungskraft sollten Sie fest an Ihren Erfolg glauben – sowohl an Ihren eigenen als auch an den Erfolg Ihrer Mitarbeiter und Ihres Unternehmens. Ja, Menschen setzen sich Grenzen, aber diese Begrenzungen sind nicht ihre eigenen. Trennen Sie sich von denjenigen, die alles in einem düsteren Licht sehen. Blicken Sie nach vorn und erkunden Sie Ihre eigenen Möglichkeiten und Potenziale.

Seien Sie offen für kritische Fragen und konstruktive Anregungen. Schließen Sie sich Menschen an, die Sie herausfordern und unterstützen, die Ihnen helfen, besser zu werden. Doch meiden Sie jene, die nur das Negative sehen und ihr Umfeld belasten. Denn Ihr Erfolg beginnt mit einer positiven Einstellung und dem Mut, über vermeintliche Grenzen hinauszugehen.

Freiheiten durch Erfolg

Erfolg, dieser kostbare Schatz, hat viele Väter und unterschiedliche Motivationen. Für mich, der ich Anfang der 90er-Jahre im B2B-Vertrieb tätig war, waren es die Freiheiten, die ich mir mit meinen ersten Erfolgen hart erarbeitet hatte. Diese Freiheiten haben mich noch stärker motiviert und zu weiteren Erfolgen geführt. Doch Erfolge kommen nicht von ungefähr, sie erfordern harte Arbeit und unermüdlichen Einsatz. Auch bei meinem damaligen Arbeitgeber Caterpillar Financial dauerte es ein bis zwei Jahre, bis ich die Kunden, Partner und Strukturen der deutschen und österreichischen Vertriebsorganisation durchdrungen hatte. Selbst noch etwas grün hinter den Ohren, stellten mich ein neues Produkt, ein unbekanntes Umfeld und eine noch fremde Unternehmenskultur vor eine große Herausforderung. Und in diesem neuen Umfeld gab es nur eine Chance, einen ersten Eindruck zu hinterlassen – eine Chance, die man nicht leichtfertig verspielen sollte. Das gilt ganz besonders, wenn man Dienstleistungen anbietet. Aber schon der Begriff »Dienstleistung« ist eine Herausforderung: Er vereint die beiden Verben »dienen« und »leisten«. Es bedarf eines unerschütterlichen Willens, die Erwartungen des Gegenübers nicht nur zu erfüllen, sondern regelmäßig zu übertreffen.

Die Kunst besteht darin, die richtigen Fragen zu stellen und genau zuzuhören, um die Erwartungen der Stakeholder zu verstehen. Gerade am Anfang ist es wichtig, präzise und pünktlich zu liefern und sich aufrichtig um den Kunden zu kümmern. Das bedeutet auch, beim ersten Treffen einen Tag früher anzureisen oder eine Stunde früher aufzustehen. Eine gründliche Vorbereitung des Termins ist unerlässlich, um pünktlich und perfekt vorbereitet vor Ort zu sein. Ihr Gegenüber, der Kunde, wird es Ihnen danken, und Sie haben schon einen großen Schritt in Richtung eines neuen Auftrags getan.

Ich hatte nie den Drang, meine Kolleginnen und Kollegen zu übertreffen. Doch die Freiheit, die mit dem Erreichen unserer Ziele einherging, genoss ich in vollen Zügen. Irgendwann geriet ich in einen Rausch und die Monats- und Quartalsziele verblassten. Stattdessen arbeitete ich vorausschauend, bereitete Aufträge für die kommenden Zeiträume vor und schwamm auf der Woge des Erfolgs.

Im Urlaub fand ich Ruhe und Erholung. Die Angst vor dem Druck des Erfolgs oder dem Abschluss verschwand. Nein, ich freute mich darauf, nach einem schönen Urlaub wieder zu meinen Kunden und Kollegen zurückzukehren. Die ersten Erfolge waren hart erkämpft, und ich ging die Extrameile. Doch mit der Zeit zog jeder Erfolg den nächsten nach sich. Ich gönnte mir das Gefühl des Triumphs und sorgte dafür, dass meine Mitarbeiterinnen und Mitarbeiter ebenfalls auf dieser Erfolgswelle surften. Ihre Dankbarkeit zeigte sich in weiteren Erfolgen. Erfolge gehörten zwar grundsätzlich meinen Mitarbeitern, aber ihre Triumphe waren letztlich auch meine eigenen. Je mehr erfolgreiche Menschen ich um mich hatte, desto erfolgreicher wurde ich selbst.

Erfolg ist anregend und wirkt wie eine Droge

Erfolge sind der Funke, der die Moral eines Teams entfacht. Besonders in der heutigen schnelllebigen Zeit, in der Teams von einem Projekt oder Sprint zum nächsten wechseln, sind Erfolge von entscheidender Bedeutung. Doch nehmen Sie diese nicht als selbstverständlich hin. In Mitteleuropa wird oft geklagt und gemeckert und Menschen sehnen sich nach freudigen Ereignissen. Halten Sie inne und feiern Sie die Erfolge Ihrer Mitarbeiter. Ohne Retrospektiven und verdiente kleine Feierlichkeiten fühlt es sich sonst wie ein ständiger, freudloser Trott an.

Mit dem neuen Job große Ziele erreichen

Herzlichen Glückwunsch zur Beförderung! Dieser neue Schritt bringt nicht nur Verantwortung, sondern auch große Ziele mit sich. Am ersten Tag stehen Sie vor neuen Herausforderungen, und es ist normal, sich unsicher zu fühlen. Doch ich habe einen wichtigen Tipp für Sie:

Statt Ihren Mitarbeitern vorzuschreiben, wie sie ihre Aufgaben erledigen sollen, kommunizieren Sie klar, was Sie von ihnen erwarten. Fragen Sie nach den Bedürfnissen Ihrer Mitarbeiter oder nach den Werkzeugen, die sie benötigen, um ihre Aufgaben effizient zu erfüllen. Vereinbaren Sie, dass Sie sich um die notwendigen Ressourcen kümmern, während der Mitarbeiter die Verantwortung für die Umsetzung übernimmt. Sie werden überrascht sein, wie engagiert und leistungsfähig Ihre Mitarbeiter dadurch werden.

»Erfolge eines Unternehmens sind immer die Erfolge der Mitarbeiter.«
Paul J. Baumgartner

Und vergessen Sie nicht, Erfolge zu feiern! Lob, positive Gesten und Anerkennung sind wichtige Motivationsfaktoren. Fordern und fördern Sie Ihre Mitarbeiter – diese Kombination funktioniert tatsächlich.

Ich erinnere mich an einen ehemaligen Chef, der mich regelmäßig anrief, um sich nach meinem Befinden zu erkundigen und mir Hilfestellung anzubieten. Er übte keinen Druck aus, und ich konnte mich auf Kunden und Geschäftspartner konzentrieren, um Umsatz und Marge zu optimieren. Die Fürsorge meines Chefs hat mich motiviert und erfolgreich gemacht.

Obwohl zwischen Chef und Mitarbeiter die menschliche Ebene stimmen sollte und das ideale Szenario sicherlich nicht immer in diesem Maße erreichbar ist, zieht Erfolg Erfolg an. Wenn interne Politik außen vor bleibt und sich alle auf das Wesentliche konzentrieren – zufriedene Kunden und Mitarbeiter –, sind außergewöhnlich volle Auftragsbücher und finanzielle Erfolge wahrscheinlich.

Als Führungskraft sollten Sie sich um Ihre Mitarbeiterinnen und Mitarbeiter kümmern und ihnen sportliche, aber erreichbare Ziele setzen. Geben Sie ihnen Sicherheit, zeigen Sie aktives Interesse und bieten Sie persönliche Perspektiven. Laden Sie Ihre Teams ein, die Zukunft des Unternehmens mitzugestalten. Ich bin überzeugt, dass diese Maßnahmen dazu beitragen werden, Ihre Mitarbeiter und Teams zu stärken, sodass Sie bald die Früchte des Erfolgs ernten können.

Erfolgsverwöhnt und träge

In den Tiefen der Konzerne, wo die Sonne auf die glänzenden Fassaden trifft, haben sich ganze Managementetagen auf den Lorbeeren der Vergangenheit ausgeruht. Ihre Erfolge sind verblasste Trophäen, die sie wie kleine »Sandburgen« hüten. Sie verteidigen ihre Macht mit Zähnen und Klauen. Diese »Management-Märchenprinzen« (MMPs) sind Meister im Abstecken von Territorien. Ihre Welt beschränkt sich auf interne Schauplätze, der Blick nach außen bleibt verstellt. Von außen nach innen denken, vom Markt und vom Kunden inspiriert handeln – das sind für manche Führungskräfte in ihrer Selbstgefälligkeit leere Worthülsen. Unbequeme Fragen aus der Organisation ersticken sie im Keim. Und wer unbequeme Wahrheiten ausspricht, wird von den Personalabteilungen aufs Abstellgleis geschoben oder mit dubiosen Compliance-Verdächtigungen aus dem Weg geräumt.

Aber diese Revierkämpfe, diese Machtspiele haben ihren Preis. Einige auch der erfolgsverwöhnten Konzerne werden träge, unflexibel, wie ein alter Riese, der sich nicht mehr aufrichten kann. Die Unternehmen verlieren ihre Resilienz, ihre Fähigkeit, den Stürmen des Wandels zu trotzen. Die MMPs tragen die Verantwortung dafür, dass Hunderttausende von Jobs in den nächsten Jahren im deutschsprachigen Raum vernichtet werden und Deutschland den Titel des Exportweltmeisters für wahrscheinlich Jahrzehnte verlieren wird. Neue Strategien und große Transformationen bedürfen entsprechender großer Investitionen, aber es fehlt an Mitteln und – last but not least – an den Fähigkeiten, Unternehmen durch stürmisches Fahrwasser zielgerichtet zu navigieren.

Innovatoren und Macher machen den Unterschied

Jahrzehntelang haben wir uns an Stereotypen im Management orientiert, und viele Unternehmen setzen nach wie vor auf den stromlinienförmigen, altbekannten Prototyp. Es ist jedoch an der Zeit, die Segel zu setzen und neue Gewässer zu erkunden. Diversifikation ist der Schlüssel, um das Unternehmensschiff auf Kurs zu halten – nicht als reine Quotenübung, sondern als lebendiges Zusammenspiel unterschiedlicher Perspektiven, Erfahrungen und Fähigkeiten.

Die deutschsprachige DNA sehnt sich nach einem binären System, in dem es nicht nur Nullen und Einsen gibt, sondern eine ganze Palette von Talenten und Ideen. Guter Wille allein reicht nicht aus, wir müssen Diversifikation leben und atmen. Nur so können wir ein Unternehmen oder eine Branche offen, innovativ, zukunftsorientiert und erfolgreich aufstellen.

Stabilität und Erfolg kommen nicht von ungefähr. Sie erfordern ein grundsätzliches Umdenken. Wir müssen das Übel an der Wurzel packen und an den Grundfesten rütteln. Es geht nicht nur um Geschlechtervielfalt – es geht um das Wesen eines Teams. Ein erfolgreiches Team besteht aus jungen Wilden und erfahrenen Souveränen, aus internen und externen Kräften, aus unterschiedlichsten Herkünften, Religionen, Muttersprachen, Bildungshintergründen und Berufsfeldern.

Die Führungskräfte sind die Kapitäne dieser Mannschaft. Sie setzen die Segel, schaffen einen positiven Teamgeist und leben die Werte vor.

Gemeinsam steuern sie das Schiff durch alle Konjunkturzyklen und Krisen. Und wenn der Wind günstig steht, ernten sie den Erfolg – nicht als Einzelkämpfer, sondern als Crew, die gemeinsam die Wellen bezwingt.

Verantwortung für Erfolg übernehmen

Der Weg zum Erfolg gleicht einem dornigen Pfad mit vielen Stolpersteinen. Anfang der 2020er-Jahre finden sich nur noch ein bis zwei deutsche Unternehmen unter den Top 100 der Welt. In Deutschland selbst diskutieren wir intensiv über Work-Life-Balance, verzeichnen unzählige Streiks bei der Deutschen Bahn und sprechen immer noch im Konjunktiv – »hätte, sollte, könnte«. Verzweifelt suchen wir nach dem geheimnisvollen »Jemand«, der angeblich so vieles regeln müsste. Doch trotz all dieser Diskussionen und Klagen scheint der Fortschritt auszubleiben.

Gleichzeitig schießen in Nordamerika, Indien und Asien fast täglich neue Technologie- und Wirtschaftsimperien aus dem Boden. Google, Amazon, Apple und Tesla sind allgegenwärtig. Doch es sind die weniger bekannten Erfolgsgeschichten von Unternehmen wie XIAMO (Elektronik), BYD (Automotive), NVIDIA (Grafikkarten) oder TSMC (Halbleiter), die beeindrucken. Diese Unternehmen erzielen Jahr für Jahr fast geräuschlos zweistellige Wachstumsraten, weisen Umsatzrenditen von 30, 40 oder gar 50 Prozent auf und verfügen über hochmoderne, hoch automatisierte Produktionsstätten. Einige von ihnen haben nicht einmal eigene Produktionsstätten (Fabless-System). Ihre Erfolgsgeschichten reihen sich aneinander wie Perlen auf einer Kette.

Währenddessen kämpfen unsere einstigen Vorzeigeunternehmen und Global Player mit permanentem Wandel, ersticken in Bürokratie und absurd hohen regulatorischen Anforderungen. Im globalen Umfeld entstehen täglich neue Weltmarktführer. Das Erschreckende dabei: Diese Unternehmen besetzen die Zukunftsfelder, sichern sich die relevanten Ressourcen und sind führend in den entscheidenden, wettbewerbsdifferenzierenden Technologien. Es ist fünf nach zwölf, und der »Zukunftszug« ist wahrscheinlich einer der wenigen Züge in Deutschland, der noch pünktlich abfährt. Unsere Gesellschaft braucht eine neue Generation von Visionären und Gestaltern, die mutig vorangehen und Verantwortung übernehmen. Diese Macher und Unternehmer sollen nicht länger von einer verfehlten Subventionspolitik abhängig sein, sondern den Weg in eine neue Ära des Fortschritts ebnen. Europa und Deutschland brauchen diese kraftvolle Transformation, um die Zukunft zu gestalten und die Weichen für kommende Generationen zu stellen.

Umsatz mit dem Kunden und Profit vom Kollegen

Bereichsoptimierung zu Lasten der Qualität, des Kundennutzens oder der Kosten – eine kritische Betrachtung: Manchmal neigen Führungskräfte dazu, den Fokus auf die kurzfristige Optimierung ihres eigenen Bereichs zu legen, ohne Rücksicht auf Qualität, Kundennutzen oder die Auswirkungen auf Kollegen zu nehmen. Ein Beispiel dafür ist die einseitige Prozessoptimierung, die oft von Ressortvorständen vorangetrieben wird, um individuelle Ziele zu erreichen – sei es während Vertragsverhandlungen oder zur Kosteneinsparung. Dabei geraten der Kunde oder der Kollege oft ins Hintertreffen.

In großen Unternehmen ist dieser Trend leider allzu häufig zu beobachten. Der Druck, Kosten zu senken, ist enorm. Insbesondere fehlen oft geeignete Kennzahlen (KPIs), die das ganzheitliche oder holistische Denken und Handeln für eine erfolgreiche Zukunft fördern.

Es ist wichtig, dass wir uns bewusst sind, wie unsere Entscheidungen den Kundennutzen, die Qualität und das Arbeitsumfeld beeinflussen.

Zum Glück habe ich in meinem Berufsleben auch viele wirksame Führungskräfte kennen- und schätzen lernen dürfen, die alle über den Zaun schauen und die langfristigen Auswirkungen der Handlungen in den Vordergrund stellen. Sie sind der Benchmark und das stimmt bei allen aktuellen Herausforderungen positiv, dass es gelingen kann.

Aktionsplan der Oma

Oma würde nichts unversucht lassen, Erfolge in den Vordergrund zu rücken.

Perlen im Glas: Im Eingangsbereich wird ein großer Glaszylinder aufgestellt. Für jedes erreichte Ziel geben die Mitarbeiter eine bunte Glasperle in das Gefäß. So werden Erfolge in Summe sichtbar gemacht.

Gartenparty der Ziele: Oma lädt zu einer Gartenparty ein, bei der jeder Mitarbeiter eine Pflanze mitbringt, die ein Ziel symbolisiert. Jeder pflanzt seine »Ziel-Pflanze« in den Unternehmensgarten. So wachsen die Ziele buchstäblich mit dem Unternehmen mit.

Pro Erfolg ein Baum: Für jedes abgeschlossene, wirklich große Projekt (Meilenstein) wird auf dem Firmengelände ein Baum gepflanzt und mit einer gravierten Metallplatte gekennzeichnet.

Visualisierungs-Board mit Jahreserfolgen im Eingangsbereich: Egal, ob Bilder, Post-its oder persönliche Gegenstände – alles darf auf die große Ziel- und Erfolgscollage.

Persönliche handgeschriebene Dankesnotizen: In einer digitalen Welt führt Oma die persönliche Note wieder ein. Handgeschriebene Notizen an Mitarbeiter, um Wertschätzung für deren harte Arbeit und Erfolge zum Ausdruck zu bringen. Ein überraschendes, ehrlich gemeintes Post-it am Computerbildschirm kann Wunder wirken.

Storytelling: Mitarbeiter teilen ihre Erfolgsgeschichten im Rahmen eines Meetings und berichten über ihre Herausforderungen, die sie überwunden haben.

ROUTINE

Celebration! In einer Forschungseinrichtung in München tanzen die Mitarbeiter nach jedem erfolgreichen Abschluss eines Projektes zum Song »Celebration« von Kool & the Gang. Ist der Song vorbei, geht's weiter mit dem nächsten Projekt.

Institutionalisierungsmeeting. In einer Abteilung eines global operierenden Unternehmens mit 400.000 Mitarbeitern gibt es alle zwei Wochen ein sogenanntes Institutionalisierungsmeeting. In diesem Meeting wird nur über erfolgreich abgeschlossene Projekte gesprochen. Die Projekte werden vorab auf Zetteln notiert, präsentiert und direkt danach spektakulär in einem Behältnis im Konferenzraum verbrannt, wie mir der Abteilungsleiter mitteilte. Wobei sie das in dem Unternehmen mit dem Verbrennen mittlerweile metaphorisch abarbeiten, nachdem der Brandschutz darum bat, bei aller Euphorie kein offenes Feuer im Konferenzraum zu legen.

Ta-da-Liste statt To-do-Liste. Besonders für Tage, an denen Sie denken, völlig unproduktiv gewesen zu sein, empfehlen wir eine Ta-da-Liste. Damit machen Sie Ihre Leistungen sichtbar. Einfach alles aufschreiben, was Sie am jeweiligen Tag erledigt haben – und seien die Erfolge noch so klein. Sie werden erstaunt sein, was Sie so alles erfolgreich zu Ende gebracht haben.

Ta-da-Liste statt To-do-Liste

Gong of Geil. In der Marketingagentur Fredmansky im österreichischen Linz hat sich das Team einen Gong gewünscht, den sogenannten »Gong of Geil«. Was passiert da genau? Jeder im Team kann jederzeit den Gong ertönen lassen. Das Team lässt die Arbeit kurz liegen, kommt beim Gong zusammen und der oder die Glückliche erzählt dem Team kurz sein Highlight, warum er oder sie gegongt hat. Das können große Präsentationserfolge sein, aber auch viele kleine Highlights wie eine neue Ordnerstruktur in einem Kundenprojekt oder eine mühsame Bildretusche, die mit dem Ertönen des Gongs im Team geshart und gefeiert werden. Vereinzelt sogar private Themen, wie der erste Tag ohne Kopfweh seit einer Weile. Kurz: Dinge, die ohne Gong im stressigen Alltag stets übersehen werden.

© Agentur Fredmansky, Linz

Der Gong of Geil bei Fredmansky in Linz

Die Top 5 Kernbotschaften zu Omas Regel Nr. 2
WER NICHT WAGT, DER NICHT GEWINNT

1. Erfolge erzielen und das bewusste Innehalten danach sind wichtig, da dies die Selbstwirksamkeit erhöht und die Motivation steigert. Bei sich selbst und in Ihrem Team.
2. Mögliche Gründe, warum Führungskräfte Schwierigkeiten damit haben, ihre eigenen Erfolge zu feiern: Zeitdruck, hohe Erwartungen, Bescheidenheit, Angst vor Überheblichkeit, Fokus auf Verbesserung und Perfektionismus.
3. Trennen Sie sich von denjenigen, die alles in einem düsteren Licht sehen! Blicken Sie nach vorn und erkunden Sie Ihre eigenen Möglichkeiten und Potenziale.
4. Erfolg ist ein Kontrasterlebnis: Erfolgsempfinden entsteht oft erst durch das Erleben von Misserfolgen. Die Wertschätzung von Erfolg wird durch das Wissen um Misserfolge verstärkt.
5. Gönnen Sie sich das Gefühl des Triumphs und sorgen Sie dafür, dass Ihre Mitarbeiterinnen und Mitarbeiter ebenfalls auf dieser Erfolgswelle surfen.

Omas Regel Nr. 3:

SCHUSTER, BLEIB BEI DEINEM LEISTEN

Diese Idee steckt dahinter

Qualität und Stärken. Tun Sie das, was Sie gut können, mit dem, was Sie haben, da, wo Sie sind. Das heißt aber nicht, die Finger von Neuem zu lassen oder mutig Dinge auszuprobieren. Ganz im Gegenteil. Um gute Leistungen hervorzubringen, müssen Stärken zum Einsatz kommen. Exzellenz ohne Einsatz von Stärken ist undenkbar.

Daher kommt's

Omas Regel Nr. 3 führt zu einem Ausspruch des Malers Apelles (352–308 v.Chr.), einem der wichtigsten Maler des Altertums. Apelles versteckte sich gerne bei seinen Ausstellungen hinter seinen Gemälden, um das Lob der Betrachter zu hören. Eines Tages kam ein Schuster und mokierte sich über eine handwerklich falsche Darstellung einer Schuhschnalle. Apelles nahm die Kritik an, kam aus seinem Versteck hervor und korrigierte den Fehler. Als dann der Schuster allerdings auch noch die künstlerische Darstellung der Wade beanstandete, platzte Apelles der Kragen und er rief: »Ne sutor supra crepidam!« – der Schuster soll nicht über seinen Leisten hinaus (urteilen)! Der Maler wies den Schuster also darauf hin, dass er als Fachmann zwar die Darstellung der Schuhe kritisieren dürfe, nicht aber den Rest einer Figur. Heute verwendet man die Redensart, wenn jemand etwas tut oder sagt, obwohl dieser gar keine Stärken auf dem jeweiligen Gebiet hat. Es heißt im Übrigen wirklich korrekt »deinem Leisten« und nicht »deinen Leisten«. *Der* Leisten ist die Modellform, die der Schuster benutzt, um Schuhe anzufertigen.

Qualität und Stärken: Das sagt Paul

Menschen sind am besten, wenn sie in ihren Stärken sind

Es gibt nur ein kleines Problem: Die Stärkenforschung zeigt, dass zwei Drittel aller Menschen ihre Stärken nicht kennen.

Rund 70 Prozent können laut Studien weder ihre individuellen Stärken benennen noch diese einsetzen. Die Forscher sprechen von der sogenannten »Stärkenblindheit«.[4] Das ist einerseits für diese Menschen traurig, weil sie nie erfahren werden, wie es ist, bei der Ausübung einer Tätigkeit in einen Flow zu kommen, also in diesen wundervollen Zustand höchster Konzentration und völliger Versunkenheit. Und andererseits ist das für Unternehmen ein Verlust, denn um gute Leistungen hervorzubringen, müssen Stärken zum Einsatz kommen. Exzellenz ohne Einsatz von Stärken ist nicht möglich.

Modernes Personalmanagement ist keine Frage der Anpassung, sondern eine Frage der Passung

Es gibt viele Gründe, warum Menschen ihre Stärken nicht kennen. Ein Grund ist, dass sie für viele selbstverständlich sind. Tätigkeiten verlaufen mühelos, sie müssen sich nicht anstrengen und infolgedessen betrachten sie ihre Stärken als gewöhnlich. Besser wäre zu reflektieren: »Warum fällt mir diese Tätigkeit so leicht?« und sie als außergewöhnlich anzuerkennen. Einen Teil dazu, dass Stärken am Arbeitsplatz nicht zum Einsatz kommen, tragen aber auch unbewusst Führungskräfte bei.

»Einfach gesagt, wenn wir etwas, das schlecht ist,
nehmen und uns nur darauf konzentrieren, das Schlechte
loszuwerden, ist alles, was wir am Ende erreichen,
nicht schlecht, aber nicht wie ursprünglich beabsichtigt gut.«
Alex Linley & Dominic Carter

Das amerikanische Markt- und Meinungsforschungsinstitut Gallup erhob 2011 in einer weltweiten Studie das Mindset von 80.000 Führungskräften und machte auf ein diskussionswürdiges Phänomen in der Führungskultur aufmerksam. Eine Frage in der Erhebung lautete: »In welchem Bereich liegt bei einem Menschen das größte Potenzial / der größte Raum für Leistungssteigerung?« Antwort eines Großteils der Führungskräfte: »Der größte Raum für die Leistungssteigerung jedes Menschen liegt in seinen oder ihren größten Schwächen.«[5]

Das brachte mich ins Grübeln. Denn wenn eine Führungskraft davon ausgeht, dass der größte Raum für Leistungssteigerung in den *Schwächen* ihrer Mitarbeiter liegt, dann wird sie wahrscheinlich versuchen, erst mal die größten Schwächen zu identifizieren und sie darauf aufbauend weiterzuentwickeln mit Mentoring, Coachings oder Workshops – immer verbunden mit der Hoffnung, dass die Schwächen beseitigt werden. Aber wenn jemand so gar nichts mit Excel anfangen kann (oder will), bringe ich ihn dann mit Schulungen zur Exzellenz? Ich habe berechtigte Zweifel.

Wenn eine Führungskraft aber *auch* erkennt, dass wahres Wachstum *auch* in den Stärken wurzelt, dann kann sich diese Führungskraft *auch* auf die Stärken und Talente eines jeden Mitarbeiters konzentrieren, diese identifizieren, sie fördern und dann den Mitarbeiter im Unternehmen genau dort einsetzen, wo exakt diese Stärken benötigt werden. Modernes Personalmanagement ist keine Frage der Anpassung, sondern eine Frage der Passung.

Die beiden Stärkenforscher Alex Linley und Dominic Carter haben einmal treffend formuliert, warum es sinnvoll ist, nicht nur auf die Schwächen der Mitarbeiter zu schielen, sondern auch den Scheinwerfer auf die Stärken zu richten: »Einfach gesagt, wenn wir etwas, das schlecht ist, nehmen und uns nur darauf konzentrieren, das Schlechte loszuwerden, ist alles, was wir am Ende erreichen, nicht schlecht, aber nicht wie ursprünglich beabsichtigt gut.«

»Wie finde ich die Stärken meiner Mitarbeiter heraus? Die haben sie ja in aller Regel nicht auf ihrer Stirn eintätowiert!«

Dies sagte einmal eine Führungskraft in meinem Seminar NEW WORK & POSITIVE LEADERSHIP.

Das ist richtig, man sieht den Mitarbeitern ihre Stärken nicht an. Aber es gibt ein paar einfache Wege, wie Sie diese als Führungskraft schnell herausfinden:

1. Durch genaues Hinhören und gezieltes Fragen im Mitarbeitergespräch (Stärkendetektiv). Hilfreich dabei ist folgende Definition, die ich gerne in meinen Coachings benutze: »Eine Stärke ist etwas, was aus einem herausdrängt, was man ausleben möchte – und was einen Energie kostet, wenn man es zurückhalten muss.« Also schauen Sie genau hin und fragen Sie nach, was es ist, was aus Ihrem Mitarbeiter herausdrängt, was dieser ausleben möchte und was ihn Energie kostet, wenn er es zurückhalten muss.
2. Mit Hilfe eines Stärkenworkshops, bei dem mit einem Coach die Signaturstärken des Mitarbeiters herausgearbeitet und zum Einsatz gebracht werden.
3. Ebenfalls hilfreich: Ein wissenschaftlich anerkannter Stärkentest mit einer hohen Reliabilität, also Verlässlichkeit (z.B. Clifton Strengthfinder)

Vom Qualitätsprüfer zum Vertriebsstar: »Und dann bin ich hergegangen und habe alle erst mal in die Luft geworfen.«

Ein gleichermaßen radikales wie inspirierendes Beispiel dafür, wie man die Stärken seiner Mitarbeiter herausfinden kann, erlebte ich auf einer CEO-Tagung in Frankfurt. Mein Vorredner, ein Geschäftsführer, der bis vor Kurzem noch in einem Konzern arbeitete und dann in ein mittelständisches Unternehmen wechselte, hielt einen Vortrag über seine ersten Tage im neuen Unternehmen. Mitten in seinen Ausführungen ließ er den Satz fallen: »Und dann bin ich hergegangen und habe alle Mitarbeiter erst mal in die Luft geworfen.«

Längere Pause. Stille. Die Teilnehmer blickten sich irritiert an. Hat er das wirklich gerade gesagt?

Unbeirrt fuhr er fort: »Ich habe den Mitarbeitern mitgeteilt, ich werfe euch alle in die Luft und ich kann euch nicht versprechen, dass ihr, wenn ihr wieder runterkommt, auf derselben Position landet, auf der ihr grad eben seid.«

Wieder eine längere Pause. Das betretene Schweigen wurde immer unangenehmer. Ein Teilnehmer flüsterte mir zu: »Das kann der doch nicht machen.«

»Was ich euch jedoch versprechen kann«, fuhr die Führungskraft in ihrer Ansprache an die Mitarbeiter fort, »ist, dass jeder von euch im Unternehmen bleiben und einen Job haben wird.« Wie das in der Umsetzung aussah, erzählte der Geschäftsführer am Beispiel eines Mitarbeiters aus der Qualitätskontrolle. Der kam eines Tages zu ihm und wollte befördert werden. Und zwar aus einem ganz einfachen Grund: Weil er schon so lange im Unternehmen sei. Das Problem war aber, der neue Geschäftsführer sah diesen verdienten Mitarbeiter überall im Unternehmen, nur nicht als Führungskraft und auch nicht zwangsläufig in der Qualitätskontrolle. Er erbat sich Bedenkzeit.

Kurze Zeit später fuhren die beiden zu einem Kundentermin und dort stellte der Geschäftsführer zu seiner Überraschung fest, dass der Mitarbeiter extrem stark im Umgang mit dem Kunden war. Wie er mit ihm sprach. Wie er auf seine Bedürfnisse einging. Wie ruhig und besonnen er ihm selbst komplizierte Sachverhalte erklärte. Der Kunde war richtig angetan von ihm. Bingo! Das war also seine Stärke!

Der Geschäftsführer beförderte den Mitarbeiter nicht zum Leiter Qualitätskontrolle, sondern bot ihm einen gut dotierten Posten im Vertrieb an. Nach kurzer Zeit wurde der Mann zum Vertriebschef befördert und blühte regelrecht in seiner neuen Aufgabe auf.

Stärken kennen keinen Unterschied zwischen beruflich und privat

Im Karrierecoaching hatte ich einmal eine todunglückliche junge Mitarbeiterin vor mir sitzen. Global operierendes Unternehmen, gut bezahlte Position in der Abteilung Beschaffung, eigentlich hätte sie glücklich sein können. Aber das Gegenteil war der Fall. Am Sonntagnachmittag bekam sie bereits allein bei dem Gedanken, am Montag wieder in die Arbeit zu müssen, Bauchkrämpfe. Ihre Arbeit machte ihr einfach keinen Spaß mehr.

Irgendwann im Coaching erzählte sie mir plötzlich mit leuchtenden Augen, dass sie privat leidenschaftlich gerne in den Sozialen Netzwerken unterwegs ist. Posts, Reels, Videos – das war ihr Ding. Außerdem hatte sie ein gutes Gespür für die Macht der Worte, kurze pointierte Texte zu schreiben fiel ihr leicht. Und erneut: Bingo! Das war also ihre Stärke! Sie suchte das Gespräch mit ihrer Führungskraft und wechselte nach kurzer Zeit ins Social Marketing, zuständig für alle digitalen Plattformen im Unternehmen.

Ein wunderbares Beispiel dafür, dass Stärken oftmals im Privaten zu finden sind, und ein tolles Beispiel dafür, dass alle davon profitieren, wenn der Mitarbeiter seine Stärken nicht nur für sich selbst herausfindet, sondern sie auch dem Unternehmen zugänglich macht.

> »Stärken und das, was man gerne macht, sind nicht dasselbe.
> Wer mich schon mal tanzen gesehen hat, weiß, was ich meine.«
> *Mitarbeiter eines Software-Beratungsunternehmens aus Krefeld*

»Finde dein Wasser und du wirst wissen, wie es ist, in deinem Element zu sein.«

Das Herausfinden von Stärken ist nur die halbe Miete. Mitarbeiter müssen auch die Rahmenbedingungen zur Verfügung gestellt bekommen, innerhalb derer sie ihre Stärken ausleben können. Der wunderbare Dr. Eckart von Hirschhausen hat es mal schön formuliert: »Finde dein Wasser und du wirst wissen, wie es ist, in deinem Element zu sein.« Dabei bezog er sich auf Pinguine, die an Land etwas ungelenk sind (okay, wir können offen sprechen, da sehen sie aus wie eine Fehlkonstruktion). Aber sobald sie im Wasser sind, sind sie an Eleganz nicht zu übertreffen. Es kommt eben auf das Umfeld an, ob jemand seine Stärken ausspielen kann.

Stärken und Schwächen

Hier ein paar Beispiele, die zeigen, dass selbst herausragende Persönlichkeiten Bereiche haben können, in denen sie nicht so stark sind. Niemand ist in allen Lebensbereichen perfekt. Das Erkennen von Stärken einerseits und das Akzeptieren von Schwächen andererseits sind ein wichtiger Teil des persönlichen und beruflichen Wachstums.

Wolfgang Amadeus Mozart: Obwohl er ein musikalisches Wunderkind war, hatte Mozart finanzielle Schwierigkeiten und war oft von Geldproblemen geplagt. Er führte einen aufwendigen Lebensstil und neigte dazu, mehr Geld auszugeben, als er verdiente. Als Musiker genial – als Controller wäre er wohl eher eine Fehlbesetzung gewesen.

Michael »Air« Jordan: Jordan war zweifellos einer der besten Basketballspieler aller Zeiten, aber er hatte Schwierigkeiten im Baseball, als er eine kurze Pause vom Basketball einlegte, um eine Karriere im Baseball zu verfolgen. Seine Baseball-Karriere war bei Weitem nicht so erfolgreich wie seine Basketball-Karriere.

Steve Jobs: Steve Jobs hatte Schwierigkeiten in der Zusammenarbeit mit anderen und wurde zeitweise sogar von Apple entlassen. Seine Stärken lagen in der Produktgestaltung und Vision, aber er konnte auch als autoritär und fordernd wahrgenommen werden. Als Positive Leader wäre er wohl nicht durchgegangen.

Qualität und Stärken: Das sagt Holger

Stärken optimal nutzen

Es ist ein Irrweg, Leistung nicht mehr zu messen und zu bewerten. Wer soll sich noch engagieren und außergewöhnliche Leistungen erbringen, wenn diese nicht mehr honoriert werden? Ob im Sport, in der Schule oder im Wirtschaftsleben, der Trend geht dahin, Menschen nicht mehr in einzelnen Disziplinen zu bewerten. Stattdessen heißt es: Dabei sein ist alles und alle sind gleich. Es heißt dann immer, das Team hat es geschafft oder der Schwarm hat es geschafft. Aber ist das gut für die Gesellschaft oder für den Einzelnen? Denn auch im besten Team ist die Summe aller Einzelleistungen das Ergebnis der Teamleistung. Alles andere ist leider ein katastrophaler Irrweg.

Ich kenne kaum einen Menschen, der nicht über besondere Fähigkeiten und individuelle Stärken verfügt. Wenn sich jeder nach seinen Stärken einbringt und das tut, was er am besten kann, dann wird es dem Einzelnen besser gehen und er wird mehr Erfüllung in seinem Leben finden. All dies beginnt in der frühen Kindheit und im Elternhaus. Es ist die Kernaufgabe der Eltern, ihre Kinder zu beobachten und zu fördern. Ob musisch-kreativ, naturwissenschaftlich-technisch, motorisch oder sozial – jedes Kind hat seine Interessen und möchte unterschiedliche Dinge ausprobieren. Nicht jedes Kind, das sich sportlich engagiert, kann und muss ein Spitzensportler werden, aber es wird andere Interessen und vielleicht ein besonderes Potenzial in anderen Bereichen haben. Dies gilt es zu erkennen und wo immer möglich zu fördern.

Ähnlich verhält es sich im Berufsleben, wo es Aufgabe der Führungskraft ist, die Mitarbeiter stärkenorientiert einzusetzen. Es gibt Mitarbeiter, die die Produktivität und Effizienz eines Unternehmens kontinuierlich steigern, aber nicht die Fähigkeit haben, Innovationen voranzutreiben oder umgekehrt. Ich erinnere mich noch gut daran, wie mein Vater mir in jungen Jahren meine vielen Stärken aufzeigte und mir behutsam erklärte, dass aus meiner Profifußballkarriere wohl nichts werden würde. Er sagte: »Spiel Fußball, so lange und so oft du willst, aber konzentriere dich auf das, was du gut kannst, und werde darin immer besser. Jammere nicht über das, was du nicht kannst, sondern sei stolz auf das, was du besser kannst als vielleicht andere.« Nutzen Sie daher die Stärken Ihrer Mitarbeiterinnen und Mitarbeiter, setzen Sie sie effektiv und effizient ein und heben Sie die individuellen Stärken durch direktes Feedback hervor. Wertschätzen Sie Ihre Mitarbeiter.

Stärken-Schwächen-Analyse im Mitarbeitergespräch

Für viele ist der Mehrkampf die Königsdisziplin der Leichtathletik. Jeder Athlet hat eine oder mehrere Paradedisziplinen im Mehrkampf, die meist über Sieg oder Niederlage entscheiden. Die Athleten trainieren ihre Paradedisziplinen besonders und achten nur darauf, dass sie in den anderen Disziplinen nicht zu viele Punkte gegenüber der Konkurrenz verlieren.

Im Berufsleben ist das nicht anders und deshalb wundere ich mich immer wieder, dass man in Mitarbeitergesprächen so sehr auf die vermeintlichen Schwächen der Mitarbeiter eingeht und dazu noch ein Portfolio von Qualifizierungsmaßnahmen identifiziert und die Mitarbeiter teilweise mit Alibi-Weiterbildungen drangsaliert. Wäre es nicht viel besser und motivierender, die vorhandenen Stärken zu optimieren und auszubauen?

Kürzlich hatte ich ein Gespräch mit einem Geschäftsführer aus der Nanotechnologie, der wieder verstärkt Führungskräfte einstellt, die teilweise über 60 Jahre alt sind. Die jungen Wilden werden gebraucht, um

Spitzentechnologie zu gestalten und weiterzuentwickeln, aber auch die Expertise der Erfahrenen ist zunehmend gefragt, wenn es um komplexe Produktions- oder Logistikprozesse geht und so manche Erfahrung aus der Vergangenheit plötzlich hilft, komplexe Herausforderungen der Gegenwart zu meistern.

Moderne und effektive Führungskräfte haben dies verstanden und nutzen die unterschiedlichen Expertisen und Stärken, um ihr Unternehmen oder ihre Produkte wettbewerbsfähig oder einzigartig zu machen. Sie honorieren und fördern die Stärken und akzeptieren die Schwächen der anderen und fördern den Dialog zwischen den Expertinnen und Experten auf ihren Gebieten – auch wenn man mal aneinander vorbeiredet.

Nutzen und schätzen Sie die Stärken Ihrer Mitarbeiterinnen und Mitarbeiter und fördern Sie sie, wo immer es möglich ist. Öffnen Sie das Verständnis für neue Technologien, die im Zusammenhang mit den Stärken eingesetzt werden können, und sparen bzw. ersparen Sie sich und Ihren Mitarbeitern Zeit, Geld und Frustration mit Weiterbildungen, die aus einer Standardmatrix kommen oder in den aktuellen Weiterbildungskatalog passen.

Stärken und Qualität zahlen sich aus

Der Ökonom Michael E. Porter hat den Begriff »The Stuck in the Middle« geprägt, um die Verlierer in der Wirtschaft zu beschreiben. Das sind die Unternehmen, die sich alle Türen offenhalten wollen und weder Technologie-, Kosten- noch Qualitätsführerschaft haben oder anstreben – sozusagen »gefangen in der Mitte«. Die Marktanteile liegen im Mittelfeld und eigentlich sollte man meinen, dass es diesen Unternehmen gut geht. In Wirklichkeit leiden alle unter mangelnder Rentabilität und verdienen zu wenig, um in neue Technologien zu investieren oder für eine Krise gewappnet zu sein.

Doch passen Stärken und Schwächen zu den lösungsunabhängigen Markt- und Kundenbedürfnissen? Fast noch wichtiger als die letztendliche Qualität des Produkts ist es, die Bedürfnisse der Kunden zu kennen, zukünftige Trends frühzeitig zu erkennen und die Stärken und Qualitätsanforderungen des Unternehmens genau darauf auszurichten.

Ein aktuelles Beispiel ist die deutsche Automobilindustrie und die gesamte Zulieferindustrie. Jahrzehntelang war die Qualität und das damit verbundene Image von Mercedes-Benz, BMW oder Porsche der Heilsbringer der Branche. Egal in welches Land ich reiste, irgendwann kam der Gastgeber auf »German Cars« zu sprechen und die Augen leuchteten. Kein Tempolimit, super Qualität und so manches Taxi, das in Osteuropa oder Afrika 800.000 oder 900.000 Kilometer auf dem Tacho hatte, unterstrich dieses einzigartige deutsche Image.

Deutschland ist ein Hochlohn- und Hochsteuerland, aber wir konnten uns das über Jahrzehnte leisten. Alle haben daran partizipiert, die Unternehmen haben hervorragende Gewinne erwirtschaftet, die Beschäftigten in der Automobil- und Zulieferindustrie haben ihre Existenzen aufgebaut, das gesamte Ökosystem vom Dienstleister über die Messegesellschaft bis zum lokalen Handwerker hat sich ein Stück vom Kuchen abgeschnitten und nicht zuletzt konnten wir uns einen äußerst großzügigen Sozialstaat leisten.

Mit dem Einzug und der ausschließlichen Konzentration auf die E-Mobilität ändert sich das alles quasi über Nacht. Unser Ökosystem gerät ins Wanken. Plötzlich haben wir in Deutschland nicht mehr die Technologieführerschaft; Qualität wird nicht mehr in perfekten »Spaltmaßen« gemessen, sondern in Bits und Bytes. Plötzlich baut die ganze Welt Autos und Unternehmen wie BYD, SAIC oder BAIC haben nicht nur die Kostenführerschaft – nein, sie werden auch Technologieführer in der Kompakt- und Mittelklasse. Noch gehört die Oberklasse den deutschen Premiummarken – aber wie lange noch?

Vor ähnlichen Herausforderungen stehen die Hersteller von »Weißer Ware« wie BSH oder Miele. Jahrzehntelang standen diese Unternehmen für Qualität, Kundenorientierung und Nachhaltigkeit, erlebten während der Corona-Pandemie einen regelrechten »Hype«, aber zwei bis drei Jahre später gehen massive Stellenstreichungen und Werksschließungen durch die Presse.

Die Bedürfnisse und Präferenzen der Konsumenten ändern sich in einem dynamischen Marktumfeld immer schneller. Waren früher Qualität und Design die Verkaufsargumente, stehen heute Energieeffizienz, Konnektivität und Gesundheit ganz oben auf der Liste vieler Konsumenten. Unternehmen wie Samsung greifen die Position der europäischen Marktführer an und punkten mit neuen digitalen Kundenerlebnissen. BSH entwickelt die »Waterbase«, Miele den Dialoggarer und Samsung gewinnt mit benutzerfreundlicher Konnektivität: Plötzlich wird ein Kühlschrank mit integriertem Touchscreen zum digitalen Zentrum der Familie, und alle »Hausgeräte« lassen sich intelligent und smart steuern. Samsung greift die Branchenführer mit Kostenvorteilen in der Produktion und mit IoT (Internet of Things) an und mischt die Szene kräftig auf.

Eine der wichtigsten Stärken eines Unternehmers und aller Unternehmen muss es daher sein, die Kundenorientierung und die Unternehmensausrichtung an den Kundenbedürfnissen elementar in den Wurzeln der

Unternehmenswerte zu verankern. Was nützen die qualitativ hochwertigsten Produkte, wenn sie nicht dem Zeitgeist entsprechen und an den Kundenbedürfnissen ausgerichtet sind? Vor allem, wenn sich Käuferschichten oder Kundenbedürfnisse ändern. Das merken wir immer öfter auch in der eigenen Familie. Als Eltern achten wir oft auf die Marke oder das Kundenerlebnis der letzten Jahre – unsere Kinder sind es, die bei ihren Kaufentscheidungen verstärkt auf Konnektivität und Gesundheit achten und keine Kompromisse bei der Nachhaltigkeit machen. Ein Unternehmen, das nicht nachhaltig wirtschaftet, wird automatisch von der potenziellen Liste gestrichen.

Potenzial und Stärken der Menschen erkennen, ausbauen und gemeinsam Erfolge einfahren

Eine meiner schönsten Aufgaben als Führungskraft war es immer wieder, die »Golden Talents« unter den jungen Mitarbeitern zu erkennen und diese Menschen zu fördern. Es war und ist eine große Freude, mit diesen jungen Menschen zusammenzuarbeiten, sie auf weiterführende Aufgaben vorzubereiten und ihnen sukzessive immer mehr Verantwortung zu übertragen. Wenn ich heute zurückblicke, bin ich wirklich stolz darauf, bei so manchem C-Level-Positionsinhaber die ersten Impulse und den Aufbruch für die Karriere initiiert zu haben. Noch heute treffe ich den einen oder anderen regelmäßig und wir führen Mentoring-Gespräche, planen den nächsten Karriereschritt oder diskutieren ein konkretes Angebot eines Headhunters. Manchmal plaudern wir aber auch einfach nur über den Sinn des Lebens.

Manches, was ich heute über die Generation Y oder Z höre oder über den Anteil von Frauen im Management usw., ringt mir nur ein müdes Lächeln ab. In jedem Jahrzehnt und in jeder Generation gab es »Drückeberger« und solche, die sich auf Kosten anderer profiliert oder ausgeruht haben. Das gilt auch für talentierte Frauen und große Persönlichkeiten. Ich habe bei Talenten nie auf das »Geschlecht« geachtet, sondern immer nur auf die Person, die Fähigkeiten und das Potenzial – und siehe da, es gab mindestens genauso viele talentierte Frauen mit Potenzial wie Männer. Manchmal, und das gebe ich zu, brauchen die weiblichen Talente einen Schubs, um sich im Business selbstbewusst zu zeigen und dann zielorientiert voranzugehen. Ich mache mir also keine Sorgen, dass uns die nächste Generation von Führungskräften aus dem Potenzial heraus nicht zur Verfügung stehen wird – es braucht nur starke Führungskräfte, die diese jungen Menschen fordern, ihnen immer mehr Verantwortung übertragen und sie so auf die nächste Ebene fördern und befördern.

Stärken unvoreingenommen erkennen

Stellen Sie sich vor, man hätte Robert Lewandowski nicht Fußball spielen lassen oder Magdalena Neuner wäre nicht Biathlon-Königin geworden, sondern beide hätten stattdessen einen Lehrberuf ausgeübt. Natürlich hätten sie auch hier »gepunktet« und ihre Treffer gelandet, aber Sportikone zu werden, das war ihre eigentliche Bestimmung. Bei den beiden zuvor genannten war es bestimmt ein Trainer im Jugendbereich, der die Talente erkannt und gefördert hat.

Aber so ist es auch in der Wirtschaft. Es braucht jemanden, der Talente erkennt, ausbildet und fördert. Die Führungskraft muss erkennen, wen sie im Team hat, sei es den Fachexperten, den großen Motivator auf der Bühne oder den Analytiker für komplexeste mathematische Analysen, um nur einige Beispiele zu nennen, und die Menschen genau nach ihren Stärken ausbilden.

Aber wie geht man damit um? Natürlich kann und muss man im Mitarbeitergespräch über Ziele oder die Leistungen des letzten Jahres sprechen. Viel wichtiger ist es aber, über die Leidenschaft des Mitarbeiters und seine Motivationsfaktoren zu sprechen und ihn dann im Idealfall interessenorientiert einzusetzen. Schauen Sie auf seine fachlichen Stärken, aber genauso wichtig sind stabile und verlässliche Charaktereigenschaften und seine Willensstärke. Nun ist das Berufsleben kein Wunschkonzert und nicht jede Tätigkeit ist pure Freude oder Leidenschaft. Nehmen wir beispielsweise die Arbeit des Pflegepersonals auf einer Kinderkrebsstation. Es müssen starke Persönlichkeiten sein, die diese Schicksalsschläge und das Leid jeden Tag ertragen müssen, aber sie alle arbeiten mit großer Leidenschaft, um alles zu tun, um Leben zu retten.

Sprechen Sie mit Ihren Mitarbeitern über Ihre Motivation und nutzen Sie, wo immer möglich, diese intrinsische Motivation, diese Leidenschaft und setzen Sie sie stärkenorientiert ein. Wenn Ihnen das in Ihrem Team gelingt, wird es Ihnen Ihr Team mit besseren Ergebnissen, einem besseren Betriebsklima und einer besseren Unternehmenskultur danken. Umgekehrt, wenn Sie keine Leistung sehen und keinen Funken Motivation, dies zu ändern – trennen Sie sich von der Person, bevor sie die anderen ansteckt.

Apropos trennen: Trennen Sie sich von Mitarbeitern, wenn sie noch eine Chance haben, eine Alternative zu suchen, und nicht erst, wenn es keine andere Möglichkeit mehr gibt.

Qualität und Stärken haben ihren Preis

Qualität hat ihren Preis. Sei es beim Einkauf oder beim Verkauf Ihrer Produkte und Dienstleistungen. Es ist nie gut, zu viel zu bezahlen, aber es ist noch schlechter, zu wenig zu bezahlen und dann genau das zu bekommen, wofür man bezahlt hat. Für mich war es teilweise eine Herkulesaufgabe, meinem Vertrieb ein gesundes Selbstbewusstsein einzuimpfen, um nicht in den Sog der giftigen Preisspirale zu geraten. Leider gibt es hier nur zwei Wege: Entweder man ist in der Lage, dem Kunden den Mehrwert seiner Qualität aufzuzeigen und den Preis durchzusetzen, oder man muss günstige Produktions- und Transaktionskosten aufweisen, um nicht in den wirtschaftlichen Abwärtsstrudel zu geraten. Leider gibt es hier keinen gesunden Mittelweg.

Aktionsplan der Oma

Stärkenorientierung? Darin ist Oma Weltklasse. Wenn die Mitarbeiter entsprechend ihren persönlichen Stärken eingesetzt werden sollen, würde die Oma eine einfühlsame und menschenzentrierte Herangehensweise wählen, aber trotzdem unbeirrbar klar in der Sache bleiben.

Qualitätsbewusstsein als Führungsaufgabe: Oma stellt sicher, dass die Führungskräfte verantwortlich für die Qualitätskultur im Unternehmen sind. Sie müssen Wissen aufbauen, als Vorbild agieren und Mitarbeiter dazu motivieren, gemeinsam und kontinuierlich an der Produkt- und Prozessqualität zu arbeiten. Oma weiß: Der Output ist am höchsten, wenn die Mitarbeiter in ihren Stärken sind.

Stärkenanalyse: Sie würde die Führungskräfte und Mitarbeiter dazu ermutigen, Stärkenanalysen und Persönlichkeitstests durchzuführen, um deren individuelle Fähigkeiten und Talente besser zu identifizieren.

Individuelle Entwicklungspläne: Oma erstellt individuelle Entwicklungspläne, die auf den Stärken der Mitarbeiter basieren und ihnen Möglichkeiten bieten, diese Stärken im Unternehmen einzusetzen.

Stärkenbasierte Teams: Die Zusammenstellung des Teams wird nicht dem Zufall überlassen, sondern basiert auf den unterschiedlichen Stärken der Mitglieder, um die Teamleistung zu maximieren.

Persönliche Gespräche: Aktiv und ehrlich zuhören eignen sich immer noch am besten, um herauszufinden, wer was wirklich gut kann.

Offene Kommunikation: Nicht jeder ist extrovertiert und posaunt seine Stärken laut heraus. Förderung einer Kultur der offenen Kommunikation, in der auch die eher introvertierten Mitarbeiter ihre Stärken und Interessen frei äußern können.

ROUTINE

Ein paar Reflexionsfragen an Sie als Führungskraft zum Thema »Stärken Ihrer Mitarbeiter«

Sind Ihnen die spezifischen Stärken bekannt, die in verschiedenen Bereichen Ihres Unternehmens benötigt werden, und wissen Sie, welche Ihrer Mitarbeiter über genau diese Stärken verfügen?

Haben Sie als Führungskraft Klarheit über Ihre eigenen Stärken?

Werden Ihren Mitarbeitern Aufgaben übertragen, die wirklich ihren individuellen Stärken entsprechen (Passung statt Anpassung)?

Sind die Arbeitsbedingungen geeignet, um sicherzustellen, dass Ihre Mitarbeiter in einen Arbeitsfluss (Flow) kommen können? Bieten Sie beispielsweise denjenigen Mitarbeitern, die ein ruhiges Arbeitsumfeld benötigen, die Möglichkeit dazu?

Gibt es Gelegenheiten, bei denen Mitarbeiter eigene Projekte oder Initiativen starten können, die ihren Interessen und Stärken entsprechen?

Die Top 5 Kernbotschaften zu Omas Regel Nr. 3
SCHUSTER, BLEIB BEI DEINEM LEISTEN

1. **Hervorhebung von Stärken über Schwächen:** Mitarbeiter sind am besten, wenn sie in ihren Stärken sind. Zwei Drittel der Menschen kennen ihre Stärken nicht und können diese somit auch nicht einsetzen.
2. **Erfassung von Stärken:** Die Identifikation der Stärken der Mitarbeiter kann durch genaues Hinhören, gezieltes Fragen, Stärkenworkshops mit Stärkencoaches oder wissenschaftlich anerkannte Stärkentests erfolgen.
3. **Betonung von Stärken und Fachkompetenz:** Im Unternehmensalltag sollte sich jeder auf seine Kernkompetenzen und Fachgebiete konzentrieren, um die Effizienz und Qualität der Arbeit zu fördern. Das schließt nicht aus, Neues auszuprobieren und ins Risiko zu gehen.
4. **Flow-Prinzip:** Mitarbeiter erreichen Flow im Arbeitsleben, wenn die Anforderungen einer Aufgabe in einem angemessenen Verhältnis zu ihren Fähigkeiten stehen. Dabei sollte die Herausforderung weder signifikant zu niedrig noch entschieden zu hoch sein.
5. **Stärkenorientierte Führung:** Positive Leadership setzt auf die Entwicklung und Nutzung der individuellen Stärken der Mitarbeiter, statt sich auf die Schwächen zu konzentrieren. Positive Leadership ist keine Frage der Anpassung, sondern eine Frage der Passung.

Omas Regel Nr. 4:

WAS DU NICHT WILLST, DAS MAN DIR TU, DAS FÜG AUCH KEINEM ANDERN ZU

Diese Idee steckt dahinter

Wertschätzung ist das stärkste Band, das eine Gemeinschaft zusammenhält. Sie ist ein menschliches Grundbedürfnis, kostet wenig und bringt viel. Es dreht sich im Kern um Sehen und Gesehenwerden. Wer Omas Regel Nr. 4 für wichtig hält, der findet in ihr einen erstklassigen Führungsansatz.

Daher kommt's

»Wenn du von deinem Bruder nicht in eine Wäschetrommel gesteckt werden möchtest, um zu sehen, ob dir nach einem Schleudergang schwindelig ist – dann mach das gefälligst auch nicht mit deinem Bruder.« Die genauso weise wie manchmal auch rustikale Oma Philomena, Großmutter eines Geschäftspartners aus Zürich, brachte diese Regel immer dann, wenn ihr das Verhalten eines Familienmitglieds mächtig auf den Zeiger ging. Omas Regel Nr. 4 hat allerdings ihren Ursprung nicht bei Oma Philomena in der Schweiz, sondern in der Bibel. Die Stelle im Matthäus-Evangelium lautet im Original: »Alles nun, was ihr wollt, das euch die Leute tun sollen, das tut ihr ihnen auch.« Sie wird auch die »Goldene Regel« genannt.

Wertschätzung: Das sagt Paul

Warum fühlen sich viele Menschen von Gold oder Diamanten angezogen?

Weil das nicht nachwachsende Rohstoffe sind. Sie sind selten. Und alles, was selten ist, weckt Begehrlichkeiten. Genauso verhält es sich mit der Wertschätzung in Unternehmen. In der Studie »Decoding Global Talent 2018« fragten die Jobbörse Stepstone, die Boston Consulting Group (BCG) und The Network 366.000 Arbeitnehmer in 197 Ländern unter anderem, was ihnen im Job am wichtigsten sei.[6] Ergebnis: Exemplarisch für die deutschen Arbeitnehmer stehen Wertschätzung und ein gutes Verhältnis zu Kollegen ganz oben. Das Gehalt folgt erst auf Platz 6. Und das ist nicht nur ein deutsches Phänomen, es entspricht dem globalen Trend. Die »weichen« Faktoren sind wichtiger als die Bezahlung.

Aber was ist das, Wertschätzung? Frisch gepresste Säfte und Yoga allein werden nicht reichen, um die heiß begehrten Fach- und Führungskräfte der heutigen Generation zu finden und zu binden. Und auch auf große Teile des Benefitquatschs in den Unternehmen könnte man locker verzichten.

Erster Erklärungsversuch: Wertschätzung ist die Antwort auf die Frage »Wie gehen wir miteinander um?«. Sie zeigt sich im respektvollen Umgang mit anderen.

Zweiter Erklärungsversuch – und der gefällt mir besser: Es geht in Unternehmen um Sehen und Gesehenwerden. Feedback. Rückmeldung. Sichtbarkeit. Mitarbeiter wollen als *Person,* also mit all ihren Stärken und auch der ein oder anderen kleinen Schwäche, gesehen werden, und Mitarbeiter wollen, dass ihre *Leistung* gesehen wird. Wenn sie beides nicht bekommen, gehen sie.

»Herr Baumgartner, Herr Baumgartner, Sie haben mir aus der Seele gesprochen!« – Wertschätzung einfach, aber wirksam

Ein schönes Beispiel für Wertschätzung und was sie mit Mitarbeitern machen kann erlebte ich am Rande eines meiner öffentlichen Impulsvorträge. Der Applaus war kaum verebbt, da stürmte eine Angestellte eines mittelständischen Unternehmens zu mir auf die Bühne und es sprudelte nur so aus ihr heraus.

Sie: »Herr Baumgartner, Herr Baumgartner, Sie haben mir aus der Seele gesprochen!«
Ich: »Das freut mich, vielen Dank! Was hat Sie denn so berührt?«
Sie: »Das Thema Wertschätzung!«
Ich: »Ja, Wertschätzung ist so wichtig.«
Sie: »Absolut.«
Ich: »Wenn man die nicht bekommt, wird's eng.«
Sie (hört gar nicht mehr richtig zu): »Schauen Sie mal, was mein Chef für mich gemacht hat anlässlich meines 20-jährigen Firmenjubiläums.«
Ich: »Jetzt bin ich gespannt.«
Sie nestelt hektisch aus ihrem Portemonnaie eine Tageszeitungsannonce hervor und hält sie mir stolz vor die Nase. Darauf zu sehen: ihr Bild, ihr

Name und ein kurzer Text, in dem sich ihr Chef in aller Öffentlichkeit für ihre positive Energie, ihr Wissen, ihre Kraft und ihren Elan bedankt.
Ich (begeistert): »Mensch, das ist ja großartig! Aber die Annonce müssen Sie sich unbedingt einlaminieren, die ist ja schon total zerknittert.«
Sie: »Nicht nötig.«
Ich: »Warum?«
Sie: »Weil ich die ganze Auflage aufgekauft habe!«

Der Kreislauf der Wertschätzung

Nicht nur für Mitarbeiter ist Sehen und Gesehenwerden wichtig. Wertschätzung ist ein Erfolgsfaktor an allen Verbindungspunkten im Unternehmen. Mitarbeiter, Kunden, Unternehmer und Führungskräfte – alle wollen gesehen werden. Der Unternehmer wertschätzt die Führungskraft, die Führungskraft den Mitarbeiter, der Mitarbeiter den Kunden und der Kunde den Unternehmer.

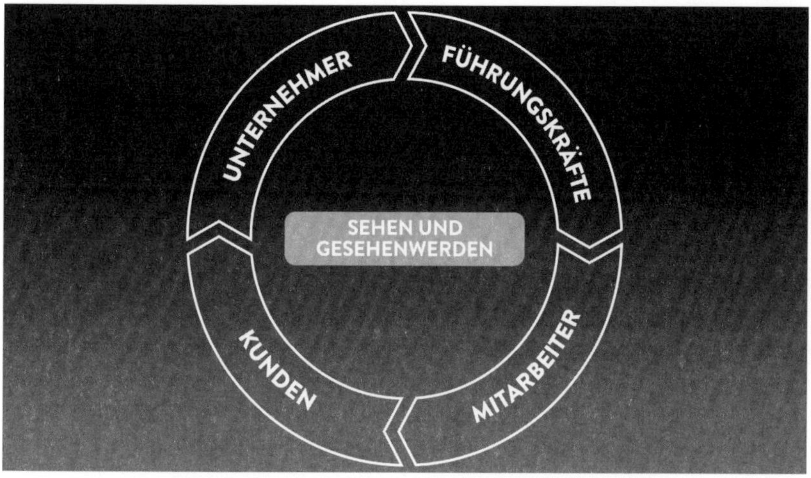

Wertschätzung für alle! Der Kreislauf der Wertschätzung

Fünffach süß statt sauer. Das Positivitätsverhältnis 5:1

Damit eine Ehe glücklich ist, fand John Gottman, ein US-amerikanischer Verhaltenstherapeut und emeritierter Professor für Psychologie an der University of Washington, in seinen Studien heraus, müssen wir für jede negative Interaktion fünf positive Interaktionen haben.

Wird dieses Verhältnis unterschritten, kann es ihm zufolge zu Problemen in der Ehe kommen. Beruhigend an der Sache also: Man kann ein paar ziemlich bissige Gespräche führen und trotzdem glücklich verheiratet sein. Bekannt ist dieses 5:1 Verhältnis auch als »Gottman-Ratio«.[7]

Ich will jetzt nicht sagen, dass das Verhältnis einer Führungskraft zu ihren Mitarbeitern eheähnliche Züge aufweisen soll, aber auf den Führungskontext übertragen bedeutet diese Ratio: Fünf positive Äußerungen auf eine kritische oder negative Äußerung. Also fünfmal so viel Wertschätzung, Unterstützung und Lob für den Mitarbeiter auf der einen Seite wie Korrektur, Kritik und Fehlerbenennen auf der anderen Seite. Dieses Verhältnis beeinflusst die Erfolgsparameter eines Mitarbeiters optimal. Wichtig, liebe Führungskräfte: Diese Ratio lautet fünf zu *eins* und nicht fünf zu *null*. Selbstverständlich muss in einem Unternehmen auch das angesprochen werden, was nicht gut funktioniert. Also hier kein *Entweder-oder*, sondern ein *Sowohl-als-auch*.

Microsoft: Willkommen im Team, Baby!

Ein tolles Gespür für Mitarbeiter-Wertschätzung hat kürzlich das Softwareunternehmen Microsoft bewiesen. Avi Shalom Ardon, Finanzmanager bei Microsoft, wurde Vater eines kleinen Mädchens, woraufhin sein Arbeitgeber dem neuen Familienmitglied eine »Welcome-Baby-Box« schickte. Darin enthalten unter anderem eine kuschelige Decke und Informationen zu den unterstützenden Dienstleistungen, die Microsoft jungen Eltern anbietet. Folgender Brief – adressiert an das Neugeborene – lag dem Paket bei:

> *Microsoft Corporation*
> *One Microsoft Way*
> *Redmond, WA 98052-6399*
>
> *Während du damit beschäftigt warst, dich auf die Welt vorzubereiten, haben wir unser Bestes gegeben, um die Welt für dich vorzubereiten.*
>
> *Du repräsentierst das Wichtigste, worauf wir alle hingearbeitet haben – die Zukunft.*
>
> *Im Anhang findest du einige besondere Geschenke, die wir speziell für dich ausgewählt haben. Die Willkommensbox für Babys wurde liebevoll von ArtWork! zusammengestellt, einer gemeinnützigen Organisation, deren Ziel es ist, Menschen mit Behinderungen dabei zu helfen, produktive, integrierte und einen Beitrag leistende Mitglieder ihrer Gemeinschaften zu sein. Einer unserer Lieblingsartikel ist die Nanny und Webster Decke. Diese Decke wird dich nicht nur warmhalten, sondern alle Einnahmen aus den Nanny und*

Webster Decken unterstützen Kinderhilfsorganisationen. Bitte teile diese Geschenke mit deinen Eltern.

Bitte deine Eltern, sich mit den großartigen Vorteilen vertraut zu machen, die Microsoft bietet, wie zum Beispiel Backup-Betreuung, spezielle Räume für neue Mütter und Familienressourcen aus dem Microsoft CARES Mitarbeiterunterstützungsprogramm. Alles kann unter Work & Life – Children & Family auf benefits.me.microsoft.com gefunden werden.

Wir freuen uns darauf, dir beim Wachsen zuzusehen und zu sehen, was du erreichen wirst.

Mit freundlichen Grüßen,

Fred Thiele
GM, Global Benefits

Die Reaktion des Mitarbeiters Avi Shalom Ardon? Er berichtete in seinen sozialen Netzwerken ausführlich darüber, wie er sich beim Erhalt des Päckchens gefühlt hat. Mit jedem veröffentlichten Wort zahlte er indirekt auf die Reputation seines Unternehmens ein. Ein paar Auszüge aus seinen Posts:

Wie kann es sein, dass Vätern nicht die Zeit und Gelegenheit gegeben wird, die ersten Lebensmonate ihrer Kinder mit ihren Kindern und Partnern zu verbringen?

Zusätzlich zu den zwölf Wochen, die mir geschenkt wurden, erhalte ich per Post dieses wunderschöne Paket mit einem Dutzend nützlicher Geschenke, die von Microsoft liebevoll verpackt werden, und dem beigefügten Brief.

So trivial und elementar mir dieser Vaterschaftsurlaub jetzt auch erscheinen mag, ich halte dieses Privileg nicht für selbstverständlich.

Ich weiß, dass ich für ein wirklich außergewöhnliches Unternehmen arbeite und dafür bin ich sehr dankbar. Vielen Dank #Microsoft!

Offboarding vom anderen Stern: Wenn die Realität die Vorstellungskraft übertrifft

Immer wenn du denkst, du hast alles gesehen … Wer meine Arbeit über die Jahre verfolgt hat, weiß, dass ich ausschließlich positive Beispiele bringe, um Mitarbeiter und Führungskräfte zu inspirieren. Ich halte nicht viel von Zerstören, Aufbauen finde ich spannender. Außerdem war und ist mir das Moralinsaure schon immer zuwider. Ich bringe lieber Ideen und Geschichten in die Unternehmen mit, die Mut machen, und erzähle Begebenheiten, die Führungskräften Lust auf Leadership machen. Auf meinen Seminar- und Vortragstouren quer durch Deutschland, Österreich und die Schweiz halte ich flammende Plädoyers für Positive Leadership und glaube fest an das positiv Machbare. Aber die Geschichte, die ich an einem Abend in einem Restaurant in Hamburg erlebte, muss ich erzählen, weil sie mich zutiefst erschütterte.

Ich löffle gerade eine meiner Lieblingsspeisen, Kürbis-Karotten-Suppe. Am Tisch neben mir zwei Jungs, beide Mitte 20, beim Feierabendbierchen.

Der eine (niedergeschlagen): »Puh. Das war ganz schön intense heute.«
Der Freund: »Was ist passiert?«
»Heute wurden bei uns vier Leute entlassen.«

Keine schöne Geschichte, dachte ich bei mir. Entlassungen sind nie schön. Für keinen. Auf beiden Seiten nicht.

»Das hat mich ganz schön mitgenommen. Wir sind ja eh nur 25 in der Abteilung. Das geht einem schon nahe«.
Der Freund: »Das verstehe ich. Wie läuft das dann so bei euch ab?«
»Wir hatten um 11 Uhr in einem Besprechungsraum einen Termin mit der kompletten Mannschaft, mit allen 25 Mitarbeitern. Der Geschäftsführer kam rein und sagte kurz angebunden: ›Ihr wisst ja, die Zahlen sind nicht so gut, deshalb mache ich es kurz: Vier von euch bekommen in diesen Minuten eine Entlassungsmail.‹«

Mir fiel fast der Löffel aus der Hand. Hatte ich richtig gehört? Vier von euch bekommen in diesen Sekunden eine Entlassungsmail?

Mit trauriger Miene fährt er fort: »Alle im Raum haben natürlich sofort wie wild ihre Mails durchgescrollt. Ich auch. Ich war aber Gott sei Dank nicht betroffen.«

Betretenes Schweigen am Tisch und ich dachte mir nur: Wo, bitte, sind wir mittlerweile angekommen? Geht man so mit seinen Mitarbeitern um? Was kommt als Nächstes? Eine Runde Squid Game, wie in dieser verstörenden Serie auf Netflix, alle in einer Reihe aufstellen und dann »Red light, green light«?

Verabschieden mit Stil – wenn's irgendwie geht

Offboarding ist fast noch wichtiger als Onboarding, man kann es nicht oft genug sagen. Ein gutes Offboarding ist die Kunst des würdevollen Abschieds. Ob es immer gelingt, steht auf einem anderen Blatt, denn es gehören immer zwei Seiten dazu. Optimalerweise kann die letzte Seite im Kapitel der Mitarbeiter-Erfahrung aber genauso sorgfältig geschrieben werden wie die erste. Vergleicht man das Onboarding mit dem ersten Schultag, so ist das Offboarding der Abschlussball. Ein Moment des Rückblicks, der Anerkennung und des Übergangs.

Offboarding besteht aus zwei Prozessen: einem technischen und einem emotionalen Prozess.

1. *Der technische Prozess* ist nicht sonderlich kompliziert: Schlüssel und Zugangskarten abgeben, Sperren aller digitalen Zugänge, fertig. Viel Systematik, wenig Herz.
2. *Der emotionale Prozess* ist ein Drahtseilakt zwischen Professionalität und Menschlichkeit.

»Behandeln Sie Ihre Mitarbeiter immer genau so, wie Sie möchten, dass sie Ihre besten Kunden behandeln«, sagte der US-amerikanische Bestseller-Autor Stephen R. Covey.[8] Sich wertschätzend von Mitarbeitern zu trennen, gehört genauso dazu, wie sich wertschätzend gegenüber Mitarbeitern zu verhalten, wenn alles gut läuft. Verbleibende Mitarbeiter beobachten das Offboarding von Kolleginnen und Kollegen genau und ziehen ihre Schlüsse daraus, wie sie selbst in Zukunft behandelt werden könnten. Dass der Mitarbeiter nie glücklich sein wird, wenn er die Entlassungspapiere bekommt, liegt in der Natur der Sache. Geben Sie sich also keiner Illusion hin: Entlassene Mitarbeiter werden enttäuscht sein, frustriert, wütend, das ist menschlich. Sie werden vielleicht eine Brand-Rezension auf einem der zahlreichen Arbeitgeberportale hinterlassen, sie werden vielleicht sogar gegen Sie vor Gericht ziehen, aber es gilt auch hier: Man braucht immer zwei zum Tangotanzen. Sie können nur versuchen, eine gute Trennung hinzubekommen, Sie werden es aber nicht jedem recht machen können. »Sanieren mit Manieren« nennt Holger Mandel das in Regel 9 dieses Buches. Mein Ansatz: Wenn Sie sich nach der Trennung selbst noch im Spiegel betrachten können, haben Sie alles richtig gemacht.

> **»Behandle deine Mitarbeiter genauso gut wie deine Kunden.«**
> ***Stephen R. Covey, US-amerikanischer Bestsellerautor***

Wertschätzende Mail einer Führungskraft an ihre Mitarbeiter

Betr.: Wertschätzung

Liebe Mitarbeiterinnen und Mitarbeiter,

ich hoffe, diese Mail erreicht Euch in bester Verfassung. Es ist mir ein Anliegen, einige Gedanken und Gefühle mit Euch zu teilen, die mich in den letzten Jahren begleitet haben. Ich habe lange darüber nachgedacht, wie unser Verhältnis in dieser Zeit gelitten hat, und möchte mich aufrichtig bei Euch entschuldigen.

In der Hektik des Arbeitsalltags habe ich es versäumt, die Wertschätzung auszudrücken, die jeder von Euch als wertvolles Mitglied unseres Teams verdient. Eure Hingabe, Professionalität und Loyalität sind unbestreitbar und ich bewundere aufrichtig die Art und Weise, wie Ihr Euch immer für unsere gemeinsamen Ziele einsetzt.

Es ist mir bewusst geworden, dass wir uns in den letzten Jahren vielleicht zu sehr auf die rein arbeitsbezogenen Aspekte unseres Verhältnisses konzentriert haben. Wir haben die persönliche Ebene vernachlässigt, und das tut mir aufrichtig leid. Ich möchte diesen Fehler korrigieren und unser Verhältnis wieder auf eine solide Grundlage stellen.

Vielleicht ist es an der Zeit, unser Arbeitsverhältnis neu zu definieren. Statt es auf »Zeit gegen Arbeit« zu reduzieren oder »noch höhere Erwartungshaltungen«, sollten wir es als Partnerschaft sehen, bei der wir gemeinsam an Projekten arbeiten, Herausforderungen meistern und Erfolge feiern. Eure Ideen, Eure Perspektiven und Eure Meinungen sind mir wichtig und ich möchte sicherstellen, dass sich jeder von Euch gehört und geschätzt fühlt.

Ich schätze Euch als Mensch und als Kollegin/Kollege sehr und ich freue mich auf die Gelegenheit, unsere Zusammenarbeit zu vertiefen. Lasst uns in Zukunft offener kommunizieren, Ideen austauschen und uns gegenseitig unterstützen, um gemeinsam großartige Ergebnisse zu erzielen – und gebt mir Feedback, wenn Ihr genau das alles bei mir vermisst.

Nochmals, ich möchte meine aufrichtige Wertschätzung für Eure harte Arbeit und Eure Hingabe zum Ausdruck bringen und Euch dafür danken, dass Ihr so lange so geduldig mit mir wart. Ihr steht für den Erfolg dieses Unternehmens, und ich bin stolz darauf, die Gelegenheit zu haben, mit Euch zusammenzuarbeiten.

Vielen Dank für Eure Geduld und Euer Verständnis. Ich freue mich darauf, gemeinsam an unserer erfolgreichen Zukunft zu arbeiten.

Herzliche Grüße.

Wertschätzung: Das sagt Holger

Wertschätzung zahlt sich messbar im Ertrag aus

Respektvoller, wertschätzender und ehrlicher Umgang zahlt sich direkt im Unternehmenserfolg aus. Kein Wunder, dass diese Tugenden in fast jeder Image- und Unternehmensbroschüre zu finden sind. Gleichzeitig kenne ich keinen Menschen, der nicht nach Motivation, Kreativität und Innovation im Berufsleben strebt und für seinen Einsatz und seine Arbeit gefördert und belohnt werden möchte. Kommt dann noch eine authentische, ehrliche und offene Führungspersönlichkeit dazu – dann hat man seinen Traumarbeitgeber gefunden.

Wertschätzung & Fachkräftemangel

Über 80 Prozent der Unternehmen erwarten negative Auswirkungen durch den bereits bestehenden oder sich zukünftig noch verstärkenden Fachkräftemangel. Wer in seinem Lieblingsrestaurant plötzlich feststellt, dass es zwei oder drei Ruhetage pro Woche gibt, oder wer wochenlang auf den Besuch eines Handwerkers warten muss, merkt schnell, dass der Fachkräftemangel spätestens jetzt in der Gastronomie und im Handwerk angekommen ist. Aber auch auf dem Bau, im Bildungssystem, im Gesundheitswesen, in der Industrie, in der Logistik: Es gibt kaum einen Bereich, der nicht unter dem Mangel leidet. Plötzlich stehen Wettbewerbsfähigkeit und Innovationskraft in Deutschland und vielen Ländern Europas auf dem Spiel. Das »Human Capital«, der Mensch, wird zur elementaren Ressource. Aber wird das knappe Gut »Mitarbeiter« auch entsprechend wertgeschätzt?

Das Gespenst der inneren Kündigung

Die Mitarbeiter sind unser Kapital – so oder so ähnlich lauten viele Auftritte von Personalern im Internet. Umso erschreckender ist die Zahl der inneren Kündigungen. Aktuelle Umfragen zeigen, dass fast ein Drittel der Beschäftigten innerlich gekündigt hat. Die Folge: Aufgaben werden vernachlässigt, die Fehlerquote steigt, der Krankenstand nimmt zu. Besonders gefährlich wird es, wenn die Person Kundenkontakt hat und negativ kommuniziert und agiert. Dieses destruktive Verhalten ist Gift für das Geschäft, die Produktivität, die Qualität und die Unternehmenskultur. Die wirtschaftlichen Folgen für ein Unternehmen können gravierend sein. Gleichzeitig greift die Problematik auch die »Subjekte« an und Depressionen, Burn-out und andere Krankheiten verstärken die Abwärtsspirale. Leider gibt es in dieser Beziehung keine Gewinner und am Ende verlieren Arbeitgeber und Arbeitnehmer.

19 von 20 Mitarbeitern geben Wertschätzung zurück

Eine Wertschätzungskultur im Unternehmen stärkt nachhaltig die Motivation der Mitarbeiter, fördert die Arbeitsmoral, die Leistungsbereitschaft und die Loyalität zum Unternehmen. Man erreicht eine geringere Fluktuation, weniger Fehlzeiten, eine höhere Arbeitsqualität, mehr Wirtschaftlichkeit und eine höhere Kundenzufriedenheit, was sich direkt auf den Unternehmenserfolg auswirkt und in barer Münze auszahlt.

»Das habe ich in fast 40 Jahren Betriebszugehörigkeit noch nicht erlebt, dass sich ein ›Vorgesetzter‹ für uns interessiert.« So war die Begrüßung, als ich als frischgebackener Geschäftsführer einen Tag als Praktikant in einer Serviceniederlassung antrat. Eigentlich wollte ich nur deren Kernprozesse kennenlernen, aber das direkte Feedback und der monatelange »Nachhall« waren beeindruckend. Ich erwarb mir intern den Ruf, mich für die Belange wirklich aller Mitarbeiter zu interessieren und mich für ihren Erfolg einzusetzen. Am Ende konnten sich die Zahlen, Daten und Fakten sehen lassen und nach nur drei Jahren waren die lukrativen Service- und After-Sales-Umsätze in 150 Filialen um fast 50 % gestiegen, eine höhere Preis- bzw. Margendurchsetzung konnte erreicht werden und in der Mitarbeiter- und Kundenzufriedenheit erreichte das Unternehmen den Spitzenplatz im Markt.

Remote arbeiten & Wertschätzung

Seit den 90er-Jahren habe ich immer direkt oder indirekt einen dezentralen B2B-Vertrieb geführt. Eine der wichtigsten Kennzahlen war dabei die Nettozeit beim und für den Kunden. Gerade im investitionsintensiven

B2B-Vertrieb ist die Zeit am und beim Kunden ein elementarer Erfolgsfaktor. Daher ist das Remote-Working-Modell nicht wirklich neu. Wichtig ist nicht die physische Präsenz, sondern der geleistete Beitrag. Effiziente Vertriebsmitarbeiter wollen in ihrer Arbeit beim und für den Kunden nicht gestört werden. Gemeinsame Herausforderungen lösen und den Verkäufer zum Verkaufen befähigen, ab und zu ein Wort des Lobes, und der Verkäufer spürt die gewünschte und motivierende Wertschätzung.

Eine goldene Regel im Verkauf von Investitionsgütern lautet: Der erste Verkauf erfolgt durch den Verkauf und der zweite durch den Service. Dennoch kommt es immer wieder vor, dass der Verkäufer über den Service schimpft und umgekehrt. Schafft man als Verantwortlicher jedoch ein Tandem und eine Art der gegenseitigen Wertschätzung (der Verkäufer investiert viele Stunden auch abends, der Monteur bei nächtlichen Notfalleinsätzen oder am Samstag; vielleicht tauscht man die Handynummern aus, lädt vielleicht einmal zum Frühstück ein oder bedankt sich für einen besonderen Einsatz), dann sind die Auswirkungen auf die Kundenbeziehung und die nächste Preisdiskussion im Verkauf erstaunlich.

»Mitarbeiterbefragung« oder die richtigen Dinge richtig und aufrichtig tun

Wo waren noch die Ergebnisse der letzten Mitarbeiterbefragung? Wie hoch war die Teilnehmerquote und wie schaffen wir heuer eine vergleichbare oder höhere Beteiligung?

Welche Maßnahmen könnte man kurzfristig noch angehen und umsetzen? Die Führungskraft wird nervös, denn in vier Wochen steht das nächste »Employee Survey« an und eine der Fragen lautet: »Hat man sich in Ihrer Organisationseinheit mit den Ergebnissen des letzten ›Surveys‹ auseinandergesetzt?« HR wird aktiv, weist rein vorsorglich nochmals auf diese Frage hin und ermahnt, dafür Sorge zu tragen, dass neben den umgesetzten Maßnahmen die Teilnehmerquote zumindest der des letzten Jahres entsprechen sollte.

Die Mitarbeiterbefragung ist mittlerweile ein Standard in vielen Unternehmen und sie ist ein wichtiges Instrument, um den Puls der Organisation zu messen. Es gibt unterschiedlichste Arten und Tools der Mitarbeiterbefragung hinsichtlich der Intensität oder der Zeitspannen. Ob die jährliche routinemäßige Befragung oder eine Ad-hoc- oder Pulsbefragung zu aktuellen Themen und Geschehnissen – moderne Tools bieten vielfältige Möglichkeiten, ohne zu großen administrativen Aufwand zu verursachen.

Aber es ist der Umgang mit dem Feedback, der den feinen Unterschied macht. Wirksame Führungskräfte nutzen das Feedback ihrer Mitarbeiter, teilen die erhaltenen Informationen und gehen konstruktiv mit den Ergebnissen und insbesondere mit geäußerter Kritik um. Nach der Analysephase geht man mit den identifizierten Maßnahmen direkt in die Umsetzung. Zu häufig höre ich aber aus vielen Organisationen, dass Mitarbeiter kein Interesse an einem Feedback haben – weil sich ja sowieso nichts ändert oder die Pro-forma-Maßnahmen erst unmittelbar vor der nächsten Befragung angegangen werden.

Richtig angewendet ist eine Befragung der Mitarbeiter ein überaus wertvolles Instrument in der Mitarbeiterinteraktion. Leider mutiert der Prozess in der Realität immer mehr zur lästigen Pflicht für alle Beteiligten und wird aufgrund mangelnder Umsetzung in den Vorjahren nur widerwillig abgearbeitet. Führungskräfte und Mitarbeiter sehen keinen Mehrwert, und man könnte den Eindruck gewinnen, dass der Prozess lediglich noch Pflichterfüllung durch oder für die Personalabteilung ist.

Eine formale Befragung ist die ideale Ergänzung zum Regeldialog zwischen dem Management und den Mitarbeitern. Neben quantitativen Kennzahlen (Teilnehmerquote, Compliance oder regulatorische Kontrolle) punkten Sie bei Ihren Mitarbeitern im qualitativen Bereich. Kontinuierliche Verbesserung fängt nicht beim Mitarbeiter an, sondern in der Führung. Das Instrument der Mitarbeiterbefragung – richtig und aufrichtig umgesetzt – ist eine der höchsten Formen der Wertschätzung für Ihre Mitarbeiter und ich bin sicher, dass die Menschen es Ihnen mit erhöhter Leistungsbereitschaft und besseren Ergebnissen vergüten.

Respektvoll nannte man ihn Mr. Zeppelin oder Mr. Baumaschine

Es gibt diese außergewöhnlichen und erfolgreichen CEOs und Menschen. Sie ziehen nicht nur ihr direktes Umfeld und die Kollegen in einen »Euphorie-Rausch«, nein, sie prägen eine komplette Unternehmenskultur nach innen und außen und sind das lebende Beispiel und der Inbegriff der empathischen, vorbildlichen Führungskraft. Das Führungsverhalten wirkt konsequent, und die Persönlichkeitsstruktur zeigt Selbstdisziplin kombiniert mit einer hohen Unternehmensidentifikation. Sie treiben mit ihrer humanen und ehrlichen Art die Mitarbeiter zu individuellen Spitzenleistungen, fordern viel und fördern im gleichen Atemzug. Leistung lohnt sich für den Einzelnen, Mitarbeiter und Unternehmen wachsen und gedeihen Hand in Hand, das Unternehmen ist stabil und wetterfest und der Erfolg des Unternehmens kennt keine Grenzen.

Die Mitarbeiter fühlen sich einfach wohl, übernehmen mehr Verantwortung, Probleme oder Konflikte werden schneller gelöst und die Produktivität im Unternehmen steigt. Werden Tugenden und Werte wie Respekt, Wertschätzung, Disziplin oder authentische und ehrliche Kommunikation vorgelebt, ist die Chance um ein Vielfaches höher, dass Mitarbeiter sich daran ein Beispiel nehmen und exakt die Tugenden und Werte im Tagesgeschäft gegenüber den Stakeholdern im Innen- und Außenverhältnis leben.

Der Vorsitzende des Aufsichtsrates der Zeppelin Baumaschinen GmbH und frühere COO des Zeppelin-Konzerns, Michael Heidemann, verkörpert exakt die zuvor genannten Eigenschaften. So ist es kein Wunder, dass der Zeppelin-Konzern über Jahrzehnte in allen relevanten Märkten als unangefochtener Marktführer agiert. Strategie, Struktur und die Produkte müssen selbstverständlich passen – aber die gelebte und vorgelebte Unternehmenskultur macht den nachhaltigen Unterschied aus.

Führungspersönlichkeiten seines Schlags haben Werte und Tugenden in ihrer DNA verankert. Aber es ist die eiserne Disziplin und das empathische Fingerspitzengefühl im Umgang mit Menschen, was sie so einzigartig macht. Identifikationsfiguren wie Michael Heidemann finden in allen Lebenslagen die richtigen und vor allem aufrichtigen Worte und ziehen die Menschen damit im positivsten Sinne in ihren Bann und den Bann des Unternehmens.

Welche CEOs interessieren sich für den Menschen hinter dem Mitarbeiter, gehen auf persönliche Sorgen und Nöte ein oder kreieren ein vertrauensvolles Umfeld, in dem Menschen sich auch mal mit einem privaten Thema öffnen?

Da ist die gezeigte Freude über einen geschäftlichen Erfolg oder die Beförderung eines Mitarbeiters, der persönliche und handgeschriebene Brief in schwierigen Zeiten oder bei Verlust eines Angehörigen, das Halten der Hand eines schwer kranken Mitarbeiters am Krankenbett oder die authentische Krisenkommunikation in einem schwierigen wirtschaftlichen Umfeld. Ich könnte mehrere Dutzende an Beispielen bringen. Es ist der Höhepunkt der Finanzkrise im Jahre 2008/09, der Absatz und das Geschäft ist innerhalb weniger Tage um fast 50 % eingebrochen. Michael Heidemann steht in einer Betriebsversammlung vor allen Mitarbeitern und hat äußerst schlechte Nachrichten für die Belegschaft. In diesen Tagen hält in allen Unternehmen der Rotstift Einzug. Aber wer andere zum Sparen oder zum Verzicht auffordert und bei sich selbst anfängt, wer die Situation und die Herausforderungen ehrlich kommuniziert und einen möglichen Weg und eine Perspektive aufzeigt, der bekommt auch in solchen Situationen stehenden Applaus von seinen Mitarbeitern – aber noch wichtiger, er gewinnt ihre Loyalität und ihre Herzen.

Persönlichkeiten wie er sind rar geworden im 21. Jahrhundert. Häufig wird darauf verwiesen, dass wir in einer anderen Zeit leben. Ich glaube aber ganz fest, dass die Mehrheit der Menschen sich in solchen Zeiten nach einem »Fels in der Brandung« sehnt. Einem Kapitän, der sein Metier beherrscht und gerade in stürmischen Zeiten mit aller Stringenz und professioneller Besonnenheit das Schiff auf Kurs hält. Die Werte von Michael Heidemann, der Respekt, die gelebte Wertschätzung jedes Einzelnen, haben sein Image als Unternehmenslenker und Chef über 30 Jahre geprägt. Seine Mitarbeiter nannten ihn respektvoll Mr. Zeppelin oder auch Mr. Baumaschine und sind für ihren Boss, in guten und in schlechten Zeiten, einfach durch dick und dünn gegangen.

Aktionsplan der Oma

Wertschätzung? Kann ich. Oma würde ziemlich schnell offiziell den Mangel an Wertschätzung im Unternehmen für beendet erklären.

Wertschätzung täglich: Oma legt Wert darauf, dass Wertschätzung nicht nur in besonderen Momenten, sondern im täglichen Umgang miteinander gelebt wird.

»Wie geht es Ihnen?« Wer als Führungskraft dabei erwischt wird, diese Frage einem Mitarbeiter zwar zu stellen, aber nicht wirklich zuzuhören und auf die Antwort zu reagieren, wird von oberster Stelle mit schlechtem Kaffee bis zum Betriebsaustritt bestraft.

Die 10-Sekunden-Wertschätzung: Allein 10 Sekunden mit den Mitarbeitern zu reden und ihnen zu vermitteln: »Ich freue mich, dich kennenzulernen, dich im Team zu haben, ich sehe dich oder deinen Arbeitsprozess« hat bereits einen Impact auf das Wohlbefinden der Mitarbeiter.

Praise in public (and criticize in private). Das Intranet ist nicht nur für vergünstigte Konditionen da. Es ist ein hervorragender Ort für öffentlich ausgesprochenes Lob. Das positive Feedback wird innerhalb des Unternehmens geteilt, die anerkannte Arbeit der Mitarbeitenden wird noch sichtbarer und mehr wertgeschätzt.

Eine empathische Herangehensweise, die die Bedürfnisse und Anliegen der Mitarbeiter in den Mittelpunkt stellt, kann das Arbeitsklima erheblich verbessern und die Mitarbeitermotivation steigern.

ROUTINE: JEDEN TAG EINE WERTSCHÄTZUNG!

Setzen Sie sich als Führungskraft jeden Tag eine »Lob«-Erinnerung in Ihren Kalender. Diese soll Sie daran erinnern, dass Sie Ihre Mitarbeiter für ihre Arbeit loben oder anerkennen. Wenn Sie das Ganze automatisiert haben wollen, dann nutzen Sie gerne die Praise-Funktion in Microsoft Teams oder laden sich die Kudos®-App bei Google Play runter. Kudos® ist ein System zur Anerkennung von Mitarbeitern, das es einfacher als je zuvor macht, Danke zu sagen.

Die Top 5 Kernbotschaften zu Omas Regel Nr. 4
WAS DU NICHT WILLST, DAS MAN DIR TU, DAS FÜG AUCH KEINEM ANDEREN ZU

1. Frisch gepresste Säfte, Yoga und andere Annehmlichkeiten allein reichen nicht aus, um Fach- und Führungskräfte im heutigen Arbeitsmarkt zu halten. Machen Sie eine wertschätzende Firmenkultur zum Mitarbeiterbenefit Nummer eins.
2. Von gelebter Wertschätzung profitiert auch die Führungskraft: 19 von 20 Mitarbeitenden geben Wertschätzung zurück.
3. Mitarbeiter wollen gesehen werden und Feedback auf ihre Leistungen erhalten. Wenn sie beides nicht bekommen, gehen sie.
4. Der Kreislauf der Wertschätzung: Es gibt keine Zuschauer, sondern nur Beteiligte. Jeder kann seinen Teil dazu beitragen, dass ein wertschätzender Umgang gepflegt wird.
5. Keine Ausrede! Schon ein 10-Sekunden-Mitarbeitergespräch bewirkt ein kleines Wunder.

Omas Regel Nr. 5:

ES IST VÖLLIG EGAL, WER VOR DIR STEHT, WENN DU WEISST, WER HINTER DIR STEHT

Diese Idee steckt dahinter

Kein Mensch ist allein, auch nicht eine Führungskraft. Loyalität, Rückhalt, Unterstützung. Eine Führungskraft, die sich auf ihr Team verlassen kann, ist in der Lage, entschlossener zu handeln und innovative Wege zu gehen. Leadership ist Teamsport.

Daher kommt's

Regel Nr. 5 verdanken wir einer Oma aus dem Freundeskreis in Österreich. »Es ist völlig egal, wer vor dir steht, wenn du weißt, wer hinter dir steht«, sagte Oma Rosemarie aus Tirol immer zu ihrem Enkel Felix, wenn dieser Streit mit dem verzogenen Nachbarssohn hatte. Das war nicht selten der Fall. Und wer stand wie eine Eins hinter Felix, wenn mal wieder die Fetzen flogen? Die ganze Familie – natürlich mit Oma an der Teamspitze.

Teamgeist: Das sagt Paul

Erfolge des Unternehmens sind in erster Linie immer die Erfolge der Mitarbeiter

Meine Erfahrung aus mehreren Jahrzehnten zeigt, dass eine Führungskraft mit einem starken Team im Rücken gleich mehrfach profitiert.

Intern verstärkt ein erfolgreiches Team das Ansehen der Führungskraft, schafft Vertrauen und ermöglicht visionäres Leadership.

Extern reflektiert es die Führungskompetenz, festigt die Position der Führungskraft als respektierte Führungsperson und trägt entscheidend zur Reputation und zur Stärke des Unternehmens bei.

Und auch die Vorteile für *den Leader selbst* sind nicht zu unterschätzen. Eine Führungskraft, die auf die Kompetenz, das Engagement und die Unterstützung ihres Teams bauen kann, ist in der Lage, entschlossener zu handeln und innovative Wege zu gehen. Das Wissen um ein leistungsfähiges Team gibt der Führungskraft die Zuversicht, auch Risiken einzugehen, die sie in einem weniger gefestigten Teamumfeld vermeiden würde.

Teams, die dank Positive Leadership aufblühen

Primäre Aufgabe einer Führungskraft ist es, Rahmenbedingungen herzustellen, innerhalb derer ein Team zu Höchstform auflaufen kann. Früher hat man gerne mal gesagt: »Das Geheimnis des Könnens liegt im Wollen«, wenn der Mitarbeiter nicht so performte, wie man es sich als Führungskraft wünschte. Das war aber maximal unfair, denn damit schob man die alleinige Schuld für die Low Performance auf den Mitarbeiter. Heute ist man ein bisschen weiter, heute gibt man in Führungskreisen mittlerweile hinter vorgehaltener Hand zu, dass das Geheimnis des Könnens schon auch ein bisschen im Können liegt, also etwas mit den vorherrschenden Rahmenbedingungen zu tun hat. Was nützt es, wenn sich ein Mitarbeiter einbringen möchte im Unternehmen, aber das von der Führungskraft gar nicht gewünscht wird?

In meinem Workshop »VOM MITARBEITER ZUM FAN« beschäftige ich mich seit über 20 Jahren mit Positive Leadership – ohne lange Zeit zu wissen, dass es Positive Leadership ist. Erst vor ein paar Jahren begegnete mir dieser Begriff. Positive Leadership ist die Antwort auf die Forschungsfrage: »Wie blühen Mitarbeiter auf, bleiben im Unternehmen und wachsen?« Mitverantwortlich dafür sind insgesamt fünf Nährstoffe, nämlich

P = Positive Emotions
E = Engagement
R = Relationships
M = Meaning / Mattering
A = Accomplishment.

Das »P« steht für Positive Emotionen. Die dazu gehörige Frage lautet: Was tragen Sie als Führungskraft dazu bei, dass Mitarbeiter Freude, Spaß und Wertschätzung bei der Arbeit erleben können?

Das »E« steht für Engagement. Was tragen Sie als Führungskraft dazu bei, dass Mitarbeiter bei der Arbeit in ihren Stärken sind und vielleicht sogar in den Flow kommen können? Dass sie also so aufgehen in ihrer Arbeit, dass sie Raum und Zeit vergessen?

Das »R« im PERMA-Modell steht für die Aufgabe der Führungskraft, tragfähige Beziehungen zwischen den Mitarbeitern herzustellen. »Gar nicht mal so wenige Führungskräfte sehen sich dafür gar nicht zuständig, weil sie der Auffassung sind, die Mitarbeiter sollen gefälligst zum Arbeiten in die Firma kommen, es ginge gar nicht um Beziehungen«, sagt Dr. Markus Ebner, einer der Pioniere des Positive Leadership und Autor des Buches »Positive Leadership – Erfolgreich führen mit PERMA-Lead: die fünf Schlüssel zur High Performance«.[9]

Was tragen Sie als Führungskraft dazu bei, dass tragfähige Beziehungen innerhalb Ihres Teams entstehen? Sieben Fragen:

1. Fühlen sich Ihre Teammitglieder wohl?
2. Fühlen sich Ihre Teammitglieder einsam, isoliert?
3. Kennen sich Ihre Mitarbeiter überhaupt untereinander, wissen sie Persönliches voneinander?
4. Was tragen Sie dazu bei, dass sich jeder als Teil des Teams erlebt?
5. Was hat diese Woche/diesen Monat das Wir-Gefühl in Ihrem Team gestärkt?
6. Welche Aktivitäten oder Veranstaltungen organisieren Sie, um das Team näher zusammenzubringen und Beziehungen zu stärken?
7. Welche Formate der Begegnung gibt es bislang noch nicht? (Viele tolle Ideen dazu finden Sie am Ende dieser Regel unter »Omas Aktionsplan«.)

Das »M« steht für Meaning/Mattering. Was tragen Sie als Führungskraft dazu bei, dass Mitarbeiter Sinn bei ihrer Tätigkeit erleben dürfen?

Und bei »A« geht's um Zielerreichung und Erfolgserleben. Was tun Sie als gute Führungskraft dafür, dass Mitarbeiter ihre Ziele kennen, sie erreichen und feiern?

Beziehungen sind der Schlüssel zu einem glücklichen Leben (Harvard-Studie 2023)

Im Jahre 1938 entstand eine Langzeitstudie an der Harvard-Universität, die in die Annalen der Wissenschaftsgeschichte eingehen sollte: die »Harvard Study of Adult Development«.[10] Sie hebt sich von anderen Studien ab durch ihren innovativen Ansatz: Statt Risikofaktoren für Krankheit oder Unzufriedenheit zu untersuchen, konzentrierten sich die Forscher darauf, was Menschen wirklich guttut.

Über acht Jahrzehnte hinweg haben diese Wissenschaftler das Leben von nahezu zweitausend Menschen aus drei aufeinanderfolgenden Generationen verfolgt. Ihr Ziel: zu entschlüsseln, welche Faktoren zu einem erfüllten und glücklichen Leben beitragen. Die zentralen Ergebnisse der 2023 veröffentlichten Studie lauten:

Gute Beziehungen sind entscheidend für das Wohlbefinden und die psychische Gesundheit. Enge Beziehungen zu Freunden und Familie haben einen besonders positiven Einfluss.

Die Qualität der Beziehungen ist wichtiger als die Quantität. Eine Handvoll enger Beziehungen ist besser für das Wohlbefinden als viele lose Kontakte. Die Wärme der Beziehung ist also entscheidend.

Einsamkeit und Isolation können negative Auswirkungen auf die psychische und körperliche Gesundheit haben. Menschen, die sich isoliert fühlen, haben ein höheres Risiko für Depressionen, Angstzustände und körperliche Gesundheitsprobleme. Oder andersherum formuliert: Menschen mit starken sozialen Bindungen sind seltener depressiv, haben weniger Ängste und sind fitter. Sie haben eine höhere Lebenserwartung als Menschen mit schwachen sozialen Bindungen.

Der Mensch im Mittelpunkt – okay, das haben die Kannibalen auch so gesehen

In vielen Firmenmantras ist fest verankert: »Der Mensch steht bei uns im Mittelpunkt.« Die Firma als Familie. Aber kann das funktionieren? Ich bin da eher skeptisch mit ein paar Ausnahmen, denn es gibt sie wirklich, diese Leuchttürme, diese Unternehmen, deren Teams einen familienähnlichen Zusammenhalt bieten, wie ich zu Beginn eines der größten Change-Prozesse der letzten Jahrzehnte, der Corona-Pandemie, erfahren durfte.

Ich spreche mit dem Inhaber eines jungen IT-Unternehmens mit rund 30 Mitarbeitern:

Ich: »Na, wie läuft's?«
Er: »Miserabel.«
Ich (erstaunt): »Wieso?«
Er: »Alle Mitarbeiter im Homeoffice.«
Ich: »Klar Lockdown. Aber andererseits: Ist doch super. Das sind alles ITler. Die sitzen doch bestimmt alle gerne in ihrem man-cave und schreiben irgendwelche Codes und Skripte und sind froh, wenn sie ihre Ruhe haben.«
Er: »Vergiss es.«
Ich: ???

Er: »Höchster Krankenstand seit Firmengründung!«

Ich: »Waaas?«

Er: »Ja, es ist wirklich traurig. Das Durchschnittsalter meiner Mitarbeiter liegt bei 31 Jahren. Die Firma ist für sie Familienersatz und diese sozialen Bindungen sind jetzt komplett weggefallen. Es sind alle krank geworden. Sie sind vereinsamt.«

Meine Lernkurve war schon lange nicht mehr so steil wie in diesem Gespräch. Aber es ist menschlich nachvollziehbar: Der Austausch an der Kaffeemaschine, das gemeinsame Lachen, die kollektive Bewältigung der Krisensituation. Kurz: das gemeinsame Lagerfeuer. Alles war plötzlich weg.

»Mitarbeiter des Monats«? Leider keine gute Idee

In einem Beratungsprojekt von Dr. Markus Ebner stellte sich heraus, dass die Auszeichnung »Mitarbeiter des Monats« kontraproduktiv ist. Der Geehrte im Unternehmen freute sich zwar, aber seine Kolleginnen und Kollegen fühlten sich zurückgesetzt nach dem Motto: »Ich hab mich auch reingehängt und ausgerechnet der Kollege erntet die Lorbeeren, das finde ich nicht fair.« Ergebnis: Leistungsverweigerung und mangelnde Unterstützung untereinander.

Etwas anderes ist es natürlich, wenn *alle* Mitarbeiter eines Unternehmens zu Mitarbeitern des Monats erklärt werden. Noch dazu öffentlich an einem sehr prominenten Ort, nämlich im Eingangsbereich des Unternehmens. So etwas hat dann teamstärkenden Charakter.

Die Mitarbeiter-Wall of Fame bei der Mönner GmbH, München

Die Mitarbeiter-Wall of Fame des Mintrops Stadthotels in Essen

Teamgeist: Das sagt Holger

Schnelle Sprints und langfristige Ausdauer: Wie agile Teams Organisationen voranbringen

Im 21. Jahrhundert ist effektive Teamarbeit unverzichtbar für jede Organisation. Wir befinden uns in einer turbulenten und hochdynamischen Zeit, die oft mit den Begriffen VUCA oder BANI beschrieben wird (VUCA steht für: volatil, unsicher, komplex und ambig oder BANI für: brüchig, ängstlich, nicht-linear und manchmal unverständlich).

Dazu kommen weitreichende gesellschaftliche Veränderungen, eine Fülle von neuen Technologien, der zunehmende Einsatz von künstlicher Intelligenz, die Dekarbonisierung, die Globalisierung oder auch die Gefahr einer Deglobalisierung, um nur einige der großen Herausforderungen dieses Jahrzehnts zu nennen. Das führt dazu, dass viele Aufgabenstellungen sehr komplex und vielfältig in ihren Lösungsmöglichkeiten sind. Die Gesamtheit der Anforderungen überfordert immer öfter die Fähigkeiten einzelner Personen oder der traditionellen und seit Jahrzehnten etablierten Organisationsformen.

Manche Unternehmen haben sich über Jahrzehnte im Erfolg ausgeruht und einige Organisationen und ihre Mitarbeiter sind in dieser Zeit etwas behäbig, langsam und träge geworden. Es gibt leider immer noch Bewahrer des Status quo, eine Art Konzern-Marathonläufer, die sich nur um die Verwaltung kümmern und die Zeichen der Zeit und die Aufgaben der großen Transformation nicht wirklich wahrnehmen. Einige Abteilungen, Bereiche oder ganze Unternehmen und Konzerne geraten in diesen Zeiten an ihre Grenzen, und für einige sind es sogar existenzgefährdende Situationen.

Um Organisationen durch diese besonderen Zeiten zielgerichtet zu steuern und um Antworten auf die vielen großen und wichtigen Fragen unserer Zeit zu finden, braucht es verschiedene Perspektiven, umfassende Fachkenntnisse, moderne Ansätze und oft – neben der vorhandenen Ausdauer – die Fertigkeit, bestimmte Strecken und Disziplinen im Sprinttempo zu meistern.

Ein Ansatz ist es, die bestehenden hierarchischen Organisationsformen durch agile Teams zu ergänzen oder zu ersetzen. Effektiv eingerichtete Teams entfachen Inspiration und neue Kreativität. Das Unternehmen profitiert von einer breiteren Expertise und einem vielfältigen Erfahrungsschatz aus verschiedenen Bereichen. Solch ein Team kann jederzeit angepasst, optimiert oder situationsbedingt mit internen oder sogar externen Spezialisten verstärkt werden.

Dynamische Leitplanken und klare Rollen: Wie agile Teams wirksam geführt werden

Eine hohe Kunst des Managements ist es, auch bei komplexen Herausforderungen große Teams und Ziele in kleinere, ergebnisorientierte Sub-Teams aufzuteilen, die dann im Sprintmodus einen Marathonlauf Schritt für Schritt bewältigen und das gewählte Tempo über die ganze Strecke halten.

Wirksame Teams zeichnen sich meist durch flache Hierarchien, eine hohe Motivation und Beteiligung der Teammitglieder, schnelle und fokussierte Entscheidungen und gegenseitiges Lernen aus.

Die Größe und die Schwierigkeit der Aufgabe im Team bestimmen die Wahl der passenden Teamstruktur. Der erste Schritt ist immer, die Erwartungen an das Team und das Ziel klar und deutlich zu definieren und die betroffenen Stakeholder zu quantifizieren. Das Ziel oder die Mission und die Anzahl der Stakeholder sind die Grundlage für die Auswahl der Teamstruktur. Als Führungskraft haben Sie eine Vielzahl von möglichen Strukturen zur Verfügung und Sie sollten bedenken, dass die Führung von agilen Teams wesentlich herausfordernder ist als die Linienfunktion in klassischen Organigrammen, aber dafür erhalten Sie in der Regel eine viel umfangreichere Betrachtung mit vielen Fakten und Aspekten zur Zielerreichung.

Globale Teams mit modernsten Technologien zum Erfolg führen

Wir leben in einer globalisierten Welt, in der die Arbeit in globalen Teams immer häufiger und wichtiger wird. Ob in multinationalen Unternehmen, internationalen Organisationen oder grenzüberschreitenden Projekten – die Zusammenarbeit über verschiedene Standorte, Zeitzonen und Kulturen hinweg ist eine Herausforderung, aber auch eine Chance. Denn globale Teams können von der Vielfalt der Perspektiven, Erfahrungen und Kompetenzen profitieren, die sie in sich vereinen. Um diese Potenziale zu nutzen, benötigen globale Teams jedoch die richtigen Technologien, die die Kommunikation und Koordination erleichtern, die Produktivität und Effizienz steigern und die Flexibilität und Anpassungsfähigkeit erhöhen.

Kommunikation und Koordination sind Grundvoraussetzungen für erfolgreiche Teamarbeit, insbesondere in globalen Teams, die oft über Kontinente hinweg zusammenarbeiten. Um räumliche und zeitliche Distanzen zu überbrücken, sind moderne Werkzeuge wie Videokonferenzen, Chat-Plattformen, Cloud-Speicher und Online-Dokumente unverzichtbar. Sie ermöglichen es globalen Teams, in Echtzeit miteinander zu interagieren, Informationen auszutauschen und gemeinsam an Projekten zu arbeiten. Sie fördern auch das Vertrauen, die Transparenz und das Engagement der Teammitglieder, die sich gegenseitig besser kennen- und verstehen lernen. Meine persönliche Erfahrung und einige Studien zeigen, dass in diesem Jahrzehnt mehr als drei Viertel der Teams in Unternehmen virtuell sein werden, was die Bedeutung dieser Tools weiter erhöht.

»Vom Haufen zum Team«
Paul J. Baumgartner

Produktivität und Effizienz sind die Ziele, die jedes Team anstrebt, um bestmögliche Ergebnisse zu erzielen. In globalen Teams können diese Ziele durch den Einsatz von Technologien erreicht werden, die Routineaufgaben automatisieren, Prozesse optimieren und Daten analysieren. Tools wie Workflow Management, Business Intelligence, Künstliche Intelligenz und Robotic Process Automation können beispielsweise Arbeitsabläufe vereinfachen, die Leistung messen, die Entscheidungsfindung unterstützen, die Problemlösung beschleunigen und die Innovation kontinuierlich fördern. Diese Instrumente können und werden die Qualität und Zuverlässigkeit der Arbeit verbessern, indem sie Fehler reduzieren, Risiken minimieren und Sicherheit gewährleisten. Nach Studien renommierter Unternehmensberatungen werden diese Technologien die Produktivität um ein Drittel, manche sprechen sogar von 50 % und mehr, steigern und die Kosten mindestens in gleichem Maße senken. Viel wichtiger als Kosten und Produktivität wird in einigen Bereichen jedoch der Faktor Zeit sein. Nur die Schnellsten werden sich am Markt behaupten.

Flexibilität und Anpassungsfähigkeit sind Eigenschaften, die jedes Team benötigt, um auf die sich ständig ändernden Anforderungen und Marktbedingungen reagieren zu können. In globalen Teams können diese Fähigkeiten durch den Einsatz von Technologien gestärkt werden, die neue Geschäftsmöglichkeiten und -modelle zulassen und unterstützen. Beispielsweise können Instrumente wie Cloud Computing, das Internet der Dinge, Blockchain und virtuelle Realität globalen Teams dabei helfen, neue Märkte zu erschließen, Kundenbedürfnisse effektiver zu erfüllen und nachhaltige Wettbewerbsvorteile zu erzielen. Diese Instrumente können auch die Agilität und Skalierbarkeit der Arbeit erhöhen, indem sie Ressourcen optimieren, die Zusammenarbeit erweitern und die Kundenerfahrung verbessern. Ich bin sicher, dass diese Technologien das Wachstum leicht um bis zu 50 % beschleunigen und die Kundenzufriedenheit langfristig auf ein neues Niveau katapultieren werden, oder umgekehrt, dass Unternehmen, die diese Tools nicht nutzen, vom Markt verschwinden werden.

Zusammenfassend möchte ich sagen, dass moderne Technologien globale Teams zum Erfolg führen, eine neue Arbeitskultur fördern, zu einer neuen Interpretation von Kommunikation und Koordination führen, einen Quantensprung in Produktivität und Effizienz bewirken und Begriffe wie Flexibilität neu definieren werden. Diese Technologien sind jedoch kein Allheilmittel, es bedarf der Menschen, die sie einsetzen und die Werkzeuge sorgfältig auswählen, implementieren und nutzen, um die gewünschten Ergebnisse zu erzielen. Dabei müssen auch kulturelle Unterschiede und Präferenzen der Teammitglieder berücksichtigt werden, um eine harmonische und effektive Zusammenarbeit zu gewährleisten. Nur so können globale Teams ihr volles Potenzial entfalten und die Herausforderungen und Chancen der globalisierten Welt meistern.

Feedback & Teambesprechungen: So steigern Sie die Produktivität Ihrer Organisation

Meetings sind in vielen Unternehmen zu einer Plage geworden, die die Produktivität der Organisation hemmt. Verschwenden Sie nicht Ihre wertvolle Zeit und die Ihrer Mitarbeiterinnen und Mitarbeiter, um in sinnlosen Meetings und Abstimmungsrunden mit immer mehr Teilnehmern die Zahlen, Daten und Fakten (ZDFs) des letzten Berichtszeitraums zu diskutieren. In vielen Unternehmen wäre das ein Tabubruch. Für viele Menschen ist es eine gewohnte und angenehme Routine, in möglichst vielen »Meetings« zu sitzen, um sich wichtig zu fühlen und den Arbeitstag auszufüllen. Im Zeitalter von Videokonferenzen ist die Zahl der Teilnehmer noch größer geworden, was die Organisationen noch mehr lähmt. Gehen Sie pragmatisch vor und laden Sie nur die Teilnehmer ein, die einen aktiven Beitrag leisten können. Mit einem Ergebnis- oder Live-Protokoll sind alle wichtigen Fakten für jeden direkt verfügbar oder Sie erstellen am Ende eine kurze Zusammenfassung der Ergebnisse und senden diese an alle Stakeholder.

Mittlerweile gibt es eine Vielzahl von innovativen Tools, die Ihr »Reporting« mit Echtzeitinformationen automatisieren und auf die Sie oder Ihre Teammitglieder jederzeit per Handy-App zugreifen können. Ergänzen Sie die Finanzkennzahlen mit den wichtigsten operativen, kundenorientierten und strategischen Kennzahlen, die Ihr Ergebnis, den Cashflow oder den Börsenkurs für die kommenden Berichtsperioden beeinflussen.

Kommandozentrale & der Stehtisch: Wie Sie Ihre Informations- und Feedbackrunden effektiver gestalten

Viele Organisationen nutzen immer noch physische Kommandozentralen, auch OPEX-Räume oder War Rooms genannt, um alle Informations- und Feedbackrunden zeitnah abzuhalten. Sie können Flipcharts, Ausdrucke oder Pinnwände verwenden, um alle wichtigen Informationen, Trends und Statusmeldungen im Blick zu behalten, oder Sie können moderne Tools verwenden, die Ihnen mehr Möglichkeiten bieten. Sie können Ihren visuellen Raum im Büro auch virtuell auf der Plattform oder den Kommunikationskanälen Ihres Unternehmens abbilden.

Beginnen Sie Ihre Feedbackrunden pünktlich, halten Sie sich an die Tagesordnung, begrenzen Sie die Teilnehmerzahl (nur aktive Teilnehmer), lassen Sie Raum für Unvorhergesehenes oder Aktuelles und beenden Sie die Runden immer pünktlich. Die neue Art der Besprechung am Stehtisch ohne Sitzgelegenheiten mit der oben genannten Routine fördert eine ganz neue Dynamik in Ihrem Team.

Winning DNA: Wie eine starke Unternehmens- und Teamkultur die Leistung steigert

Die Kultur einer Organisation und eines Teams ist ein wichtiger Faktor für die Leistung des Teams. Teams, die effizient organisiert sind und positiv und motiviert geführt werden, haben viele Vorteile. Sie werden Ziele schneller erreichen, eine gemeinsame Motivation schaffen und leben und die Stärken und Schwächen der einzelnen Mitarbeiter besser ausgleichen.

Vor allem in strategisch wichtigen Bereichen, wenn es um Innovation, Optimierung oder die Entwicklung neuer Produkte und Dienstleistungen geht, können sie einen erheblichen Wettbewerbsvorteil erzielen. Werden die Grundregeln der Teamarbeit jedoch vernachlässigt, kann sich das Blatt schnell wenden. Konflikte eskalieren häufiger, Mitarbeiter isolieren sich oder es bilden sich kleine Gruppen mit eigener oder versteckter Agenda. Wenn die Kultur nicht stimmt, leidet auch die Leistung erheblich.

»Ein Team bietet Schutz. Ein Team leistet Beistand. Teams, die zusammen mit der Führungskraft in die gleiche Richtung streben und ein gleiches Ziel verfolgen, erreichen dieses Ziel schneller.«
Paul J. Baumgartner

Um eine starke Unternehmens- und Teamkultur zu schaffen und zu erhalten, reicht es nicht aus, nur auf die fachlichen Kompetenzen und Themen zu achten. Die gelebte und vorgelebte Kultur hat einen entscheidenden Einfluss auf den Erfolg und die Nachhaltigkeit der Lösung. In jeder Interaktion mit den Teammitgliedern spürt man den Unterschied, wie mit Erfolgen umgegangen wird und wie Konflikte oder besondere Herausforderungen gelöst werden. Agieren die Teammitglieder ganzheitlich oder schaut jeder nur auf sein Teilprojekt? Wie ist das Kommunikationsverhalten insgesamt? Wie wird mit Konflikten umgegangen? Existiert eine konstruktive Feedbackkultur? Wie hoch ist die Identifikation mit dem Team oder dem Unternehmen? Es ist daher unerlässlich, neben der fachlichen Vorbereitung bei der Teambildung immer auch darauf zu achten, dass Maßnahmen ergriffen werden, um eine positive und inspirierende Kultur zu schaffen und im Alltag zu leben. Achten Sie daher bei der Zusammenstellung des Teams neben den fachlichen Kompetenzen immer auch auf die sozialen und persönlichen Kompetenzen.

Überprüfen Sie als Führungskraft in Ihrem Team oder in den Teams Ihres Verantwortungsbereichs neben den klassischen KPI-Dashboards immer auch die Atmosphäre und Stimmung im Team. Teams mit einer positiven Atmosphäre und einer offenen und konstruktiven Kommunikations- und Fehlerkultur sind um ein Vielfaches erfolgreicher als Teams, die ausschließlich an harten KPIs gemessen werden. Meilensteine und ambitionierte Ziele sind Pflicht, aber eine positive Stimmung erhöht die Geschwindigkeit der Zielerreichung erheblich.

Teams mit doppelter oder politischer Agenda: Wie Sie Konflikte vermeiden und Synergien nutzen

Es gibt Teams, die ein hohes Risiko für die eigene Karriere bergen. Das sind oft Teams, die in Konzernen mit starkem Silo-Denken oder bei Kooperationen oder Übernahmen von Wettbewerbern entstehen. Ich habe einige solcher »Merger-« oder »Akquisition-Teams« in meiner Berufslaufbahn erlebt. Auf der oberen Ebene und auf PowerPoint gab es immer schnell Einigkeit. Meistens lautete das Ziel, Ressourcen, Fähigkeiten und Marktzugang beider Unternehmen effektiver und effizienter zu nutzen. Die Synergien in der Verwaltung, den Marktstrukturen, der Produktion, den Standorten oder in der Forschung und Entwicklung waren immer offensichtlich und schnell erkannt. Effizienz bedeutet aber auch, dass man keine doppelte Infrastruktur, wiederholende Organisationsformen oder Standortvorteile nutzt und benötigt. Ein Team mit rationaler Vorgehensweise würde auf Basis der Fakten handeln. Aber oft stellt man dann fest, dass solche übergreifenden Teams in politische Zwangslagen geraten oder von den zukünftig überflüssigen Fachbereichen mit falschen Zahlen fast sabotiert werden.

Ob als Teaminitiator oder Teammitglied: Es ist wichtig, dem Team eine klare und ehrliche Vision und Mission zu geben und von Anfang an die richtigen Rahmenbedingungen zu schaffen und für eine siegreiche Arbeitskultur zu sorgen.

Generation Z und ein neues Verständnis von Teamwork

Für Eltern mit schulpflichtigen Kindern kann ein Umzug von Bremen nach München eine echte Herausforderung sein. Unterschiedliche Lehrpläne und Leistungsstandards stellen Eltern und Kinder vor große Probleme. Was im deutschen Föderalismus nicht gut funktioniert, ist im internationalen Schulsystem ganz anders. Ein Umzug von einem Kontinent auf den anderen oder aus den Metropolen Tokio, New York, Zürich, Brüssel, Wien oder München bringt zwar Veränderungen mit sich, aber weltweite Standards erleichtern die Integration und das kontinuierliche Lernen der Schüler.

Nach unserer Rückkehr nach München wollten auch unsere Töchter (aus der Generation Z) in einem internationalen Schulsystem bleiben. Internationalität, Vielfalt, Respekt vor anderen Kulturen und Glaubensrichtungen sind in den Werten der internationalen Schulen verankert.

Besonders beeindruckend sind jedoch die Definition und die Art und Weise, wie an internationalen Schulen im Team gearbeitet wird. Mit einer Selbstverständlichkeit und unter Berücksichtigung aller Arten von Vielfalt werden Teams nach Stärken zusammengestellt. Die neuen Mitschüler werden am ersten Tag von einem Empfangs- und Mentorenteam begrüßt und in den Schulalltag und die soziale Gemeinschaft eingeführt, die Teilnahme an gemeinnützigen Projekten ist für jeden Schüler selbstverständlich, und die Teams bilden sich selbstorganisiert.

Der erste »Elternsprechtag« war für mich ein einschneidendes Erlebnis. Nein, nicht die Lehrer berichteten über die Fortschritte unserer Töchter, sondern unsere Töchter führten uns durch die Leistungsbeurteilung. Sie zeigten uns den Lernstoff des ersten Schulhalbjahres, bewerteten ihren persönlichen Stand und ihre individuellen Ziele, die angestrebten Leistungsverbesserungen und die Aufgaben für das zweite Halbjahr. Alle Aufgaben und die notwendige Unterstützung durch Lehrer und Eltern wurden in einer Art Teamvertrag schriftlich festgehalten und von allen Parteien unterschrieben. Ob in Wien, Genf oder Rijeka, ich kenne viele dieser jungen und hochmotivierten Menschen aus den Generationen Y oder Z. Und ja, es ist eine besondere Führungsherausforderung, diese hochqualifizierten Menschen in einem Team zu führen. Es liegt nicht am mangelnden Engagement, nein, es liegt an ihrer sehr strukturierten Erwartungshaltung, auch im Berufsleben genauso motiviert zu werden, ihren Beitrag zum großen Ganzen zu verstehen und entsprechend geführt zu werden, wie sie es aus ihrer Schulzeit kennen.

Aktionsplan der Oma

Teams – damit verbindet Oma keine digitale Plattform, sondern eine Gruppe von Menschen, die ihr am Herzen liegt. Hier kommen ein paar Ideen, mit denen das Teamgefüge gestärkt wird.

Abteilungsübergreifende Lunch Lottery: Oma nutzt die Microsoft-Teams-App yuccaHR. Diese vernetzt automatisch Mitarbeiter, indem sie teamübergreifende Zufallsbegegnungen schafft. Der Bot stellt automatisch einen Lunch- oder Kaffeetermin ein mit zufällig ausgewählten Kollegen, damit diese in einen Austausch kommen. Keine Silos mehr.

Oma kann auch hart. Sie duldet keine Trittbrettfahrer, Unruhestifter oder permanente Low Performer. Entsprechende Mitarbeiter werden entweder produktiv ins Team integriert oder vom Team separiert. Außerdem sorgt sie dafür, dass nur das Notwendigste an Hierarchie aufgebaut und aufkommendes Postengeschacher schon im Keim erstickt wird.

Outside Insights: Externe, branchenfremde Speaker werden zu spannenden Themen ins Unternehmen eingeladen. Interessante Kurzvorträge, mit denen das Wissensspektrum und der Horizont erweitert werden.

Meilenstein-Challenge im Unternehmen: Oma liebt die Herausforderung und sagt: »Wenn wir 100 Millionen Euro Umsatz erzielen, machen wir mit allen eine Alpenüberquerung.«

Gemeinsame Kochkurse: Liebe geht durch den Magen – bestimmt auch bei ganzen Teams.

Onboarding-Frühstück: Alle neuen Mitarbeiter beginnen ihren ersten Tag im Unternehmen mit einem prächtigen Frühstücksbuffet und können sich ungestört untereinander eine Stunde lang ungezwungen austauschen. Danach kommt die Führungskraft dazu und der erste Arbeitstag beginnt offiziell. *(Diese Idee kommt übrigens nicht von Oma, sondern von der Agentur SERVICEPLAN in München, die dieses wunderbare Format neben noch vielen weiteren ins Leben gerufen hat.)*

Elternstammtisch: »Ach, so bringst du also Beruf und Familienleben in Einklang!?« Austausch von Tipps, Ratschlägen und alltäglichen Herausforderungen unter allen Müttern und Vätern im Unternehmen.

Firmen-Wandertage: In der Natur liegt die Wahrheit! Außerdem hat so ein bisschen Frischluft dem ein oder anderen Desk-Jockey noch nie geschadet. Auch wenn das Format erst mal oldschool klingt: mit Sunkist, Schnitzeljagd, einer interessanten Route und der ein oder anderen Überraschung entlang der Wegstrecke.

Miteinander-Mittwoch: Das ist verbindlich dieser eine Tag in der Woche, an dem die Homeoffices verwaist, die Firmenparkplätze voll und alle Mitarbeiter im Unternehmen sind. All hands on deck. Oma natürlich mit eingeschlossen.

ROUTINE

Teamrituale in Meetings

Check-in: Oft jagt ein Meeting das nächste und manchmal braucht man am Anfang einer Besprechung einen kurzen Augenblick, um wirklich im neuen Thema anzukommen. Der Team-Check-in gibt die Möglichkeit, vergangene Themen zu pausieren und sich auf das Meeting zu konzentrieren. Eine mögliche Check-in Frage lautet: »Wie fühlst du dich und was ist der Grund dafür?« Falls einer im Team einen schlechten Tag hat, wissen die anderen Teammitglieder, dass es nichts Persönliches ist, oder können die Person sogar unterstützen.

Check-out: Beenden Sie das Meeting offiziell, um es nicht unnötig in die Länge zu ziehen, und geben Sie den Teilnehmern damit auch noch mal die Chance, es gedanklich abzuschließen. Eine mögliche Check-out-Frage kann sein: »Mit welchem Gefühl verlässt du dieses Meeting?« oder »Welche drei Erkenntnisse hast du heute gewonnen?« oder »Mit welchem Energielevel gehst du aus dem Meeting?«.

Finden Sie Ihre eigenen Fragen! Check-in- und Check-out-Fragen können Fragen sein nach emotionalen Zuständen, Learnings, was man bis zum nächsten Meeting erledigt haben wird, oder Fragen nach gewünschten Veränderungen für zukünftige Meetings. Sie können auch kreativ sein im Sinne von: »Wenn dein aktueller Gemütszustand ein Film oder ein Song wäre – welcher wäre es?« Der Fantasie sind keine Grenzen gesetzt.

Die Top 5 Kernbotschaften zu Omas Regel Nr. 5

ES IST VÖLLIG EGAL, WER VOR DIR STEHT, WENN DU WEISST, WER HINTER DIR STEHT

1. Es zeugt von ausgeprägter Managementkompetenz, auch unter komplexen Bedingungen große Teams und umfangreiche Ziele in kleinere, auf konkrete Resultate ausgerichtete Arbeitsgruppen zu gliedern.
2. Aufblühen mit Positive Leadership. Dieser evidenzbasierte Führungsstil trägt dazu bei, dass sich das Team und die Organisation insgesamt gesünder, optimistischer und motivierter fühlen. Einen wichtigen Beitrag dazu leisten die fünf PERMA-Nährstoffe.
3. Zwischenmenschliche Beziehungen sind für viele der Glücksfaktor Nummer 1. Für viele Mitarbeiter ist die Qualität der Beziehungen zu Kollegen und Vorgesetzten entscheidender für das Glücksempfinden als das Gehalt.
4. Starkes Team – starke Führungskraft. Eine Führungskraft, die auf die Kompetenz ihres Teams bauen kann, ist in der Lage, entschlossener zu handeln und innovative Wege zu gehen.
5. Akzeptieren und wertschätzen Sie unterschiedliche Persönlichkeiten und Arbeitsstile in Ihrem Unternehmen. Nur so wird Innovation möglich.

Omas Regel Nr. 6:

ANSTRENGUNGEN MACHEN GESUND UND STARK

Diese Idee steckt dahinter

Fleiß. Muskeln sind noch nie davon gewachsen, dass man an einem Fitnessstudio vorbeifährt und hinein winkt. Sich in eine Sache reinhängen und sich verausgaben kann Spaß machen – und wer das Gegenteil behauptet, bekommt ein Vier-Augen-Gespräch mit Oma in den Terminkalender gestellt.

Da kommt's her

Omas Regel Nr. 6 »Anstrengungen machen gesund und stark« wird oft Martin Luther (1483–1546), dem deutschen Theologen und Reformator, zugeschrieben, ist allerdings in dieser Form nicht direkt aus seinen bekannten Schriften oder Reden überliefert. Experten halten es aber für möglich, dass der Satz durchaus von ihm kommen könnte, denn Luther sah körperliche Arbeit oder Anstrengung nicht als Strafe, sondern als einen Weg zur Stärkung sowohl des Körpers als auch des Geistes.

Fleiß: Das sagt Paul

Das Konzept von »Anstrengungen machen gesund und stark« findet sich in erstaunlich vielen Kulturen weltweit. Auch wenn zahlreiche selbst ernannte erleuchtete »Erfolgscoaches« in den Sozialen Netzwerken versuchen, Leichtgläubigen etwas anderes zu vermitteln: Nirgendwo bei unseren Recherchen zu diesem Buch haben wir ein offizielles Konzept gefunden, das da lautet: »Glaube in jedem Fall Menschen, die in lustigen Hawaiihemden mit dem Notebook auf den Knien am Pool einer angemieteten Villa in Südfrankreich in der Sonne sitzen und dir erklären, wie du mit null Aufwand Multimillionär wirst.«

International findet man nur Regeln, die alle darauf hinauslaufen, dass Anstrengung und harte Arbeit notwendig sind, um Ziele zu erreichen oder Belohnungen zu erlangen.

Obwohl die Ausdrücke von Kultur zu Kultur variieren, ist die zugrunde liegende Botschaft bemerkenswert konsistent.

Englisch: **»No pain, no gain.«**
Übersetzung: **»Ohne Anstrengung wird man keinen Gewinn erzielen.«**

Spanisch: **»Sin esfuerzo no hay recompensa.«**
Übersetzung: **»Ohne Anstrengung gibt es keine Belohnung.«**

Italienisch: **»Senza fatica non si ottiene niente.«**
Übersetzung: **»Ohne Anstrengung erreicht man nichts.«**

Portugiesisch: **»Quem não trabalha, não come.«**
Übersetzung: **»Wer nicht arbeitet, isst auch nicht.«**

Russisch: »Без труда не вытащишь и рыбку из пруда.«
Übersetzung: **»Ohne Arbeit wirst du nicht einmal einen Fisch aus dem Teich ziehen.«**

Chinesisch: »天下无难事，只怕有心人。« (Tiānxià wú nán shì, zhǐ pà yǒuxīn rén.)
Übersetzung: **»Nichts auf der Welt ist schwierig, solange es Menschen gibt, die dazu bereit sind.«**

Japanisch: »努力なしに成功なし« **(Doryoku nashi ni seikō nashi)**
Übersetzung: **»Ohne Anstrengung kein Erfolg.«**

Wir nicht zielt, trifft auch nix

Ohne Anstrengung kein Erfolg und ohne Ziele keine Anstrengung. Sie als Führungskraft wissen das, weil Sie an Ihren Erfolgen gemessen werden. Für viele Nicht-Führungskräfte ist das aber manchmal so eine Sache mit den Zielen. In meinen Coachings erlebe ich immer wieder, dass allein das Wort »Ziele« schon bei manchen Stress auslöst. »Ich habe keine Ziele« oder »Ich finde keine Ziele«, höre ich immer wieder, fast schon deprimiert. Oder: »Brauche ich denn unbedingt Ziele? Ich fühle mich davon unter Druck gesetzt.«

»Na ja«, sag ich in meiner unbekümmerten Art, »wer nicht zielt, trifft auch nix.« Und gar nichts zu erreichen ist ja auch frustrierend auf Dauer.

Die Herausforderung, vor der die Gesellschaft in der heutigen Zeit steht: Menschen können alles werden. Zumindest wird ihnen das vorgegaukelt. Das macht die Zielfindung für viele wahnsinnig kompliziert, denn Optionsreichtum bedeutet Entscheidungsarmut.

Was ein bisschen den Stress minimiert und Raum für neue Erkenntnisse schafft, ist, wenn ich im Coaching das Wort »Ziel« ersetzen lasse durch »Richtung«. Dann leuchten die Augen wieder ein bisschen. Erleichtertes Aufatmen. Eine Nummer kleiner, Gott sei Dank. Manchmal ersetze ich das Wort »Ziele« auch durch »Kompass« oder »Orientierung«. Erstaunlich viele können mit diesen Begriffen besser arbeiten.

Und wenn dann immer noch Blockaden vorherrschen, erzähle ich ihnen die Geschichte vom Flugschüler, der in 100 Metern Flughöhe angespannt im Cockpit sitzt. Der Grund für seine Nervosität: Seine erste Landung steht unmittelbar bevor.

Der Fluglehrer zu ihm: »Okay, und jetzt versuche bitte gleich, den Flieger sanft zwischen den weißen Landelinien aufzusetzen.«

Schon bald merkt der Lehrer: Das wird nichts – weder sanft noch zwischen den Landelinien –, die Nerven.

»Kein Problem«, beruhigt er den Schüler, »Planänderung, ziele einfach darauf ab, den Flieger innerhalb der betonierten Fläche runterzubekommen.«

Auch hier wird ihm schnell klar: Selbst daraus wird nichts – die Nerven.

Kurz vorm Touchdown startet der Lehrer einen letzten Versuch: »Okay, dann sieh bitte wenigstens zu, dass du den Vogel zumindest im Hoheitsgebiet der Europäischen Union runterbringst.«

Leicht gequältes Lächeln, dankbares Nicken des Flugschülers, rumpelige Landung.

So ähnlich wie dem Flugschüler geht es auch uns Menschen manchmal mit Zielen. Wir treffen sie vielleicht nicht immer, aber einen Korridor, auf dem wir landen wollen, sollten wir schon haben.

Als Führungskraft: Wie tragen Sie dazu bei, ...

- dass Ihre Mitarbeiter verstehen, welche Ziele sie verfolgen sollen? Sind die Ziele, die Sie als Führungskraft vorgeben, klar und für alle verständlich formuliert?
- dass die gesteckten Ziele unter den gegebenen Bedingungen für Ihre Mitarbeiter erreichbar sind? Stimmen die Rahmenbedingungen, haben also die Mitarbeiter die benötigten Bordmittel wie Software und Hardware? Gibt es Gestaltungsspielräume?
- dass die Ziele für Ihre Mitarbeiter attraktiv und sinnstiftend

erscheinen? Hat ihre Arbeit einen höheren Sinn? Sprechen Sie im Unternehmen über einen höheren Sinn ihrer Arbeit?
- dass Ihre Teammitglieder ihre Ziele klar vor Augen haben, gibt es also eine Mission und eine Vision? Die Vision ist das ganz große Ziel, die Mission der Weg dorthin. Kennen Sie die einzelnen persönlichen Visionen Ihrer Mitarbeiter? Passen die vielleicht sogar zur großen Unternehmensvision?

Positives Denken allein ist Quatsch

Vision ohne Aktion bleibt eine Illusion. Ohne Anstrengung geht's nicht, auch wenn das die Anhänger des Positiven Denkens immer wieder behaupten. Die Idee, dass man sich seine Träume einfach nur lange genug vorstellen muss, damit sie von einer höheren Macht verwirklicht werden, ist verlockend. Getreu dem Motto: »Was imaginiert werden kann, wird irgendwann zur Realität.« Wenn es nur so einfach wäre. Ein zu starker Fokus auf positivem Denken führt dazu, dass man sich von der Realität abwendet und letzten Endes frustriert zurückbleibt, wenn die Ergebnisse nicht den Erwartungen entsprechen.

Auf die Schnelle drei von vielen möglichen Beispielen, in denen Positives Denken nicht funktioniert:

> *Ein 10-Jähriger träumt davon, Stürmerstar zu werden.* Mindestziel: Weltfußballer. Problem ist aber, er trifft nur in 5 Prozent der Fälle das Tor. Durch einen ehrgeizigen Trainingsplan und einen guten Coach an seiner Seite verdoppelt er seine Quote und trifft nun in 10 Prozent der Fälle ins Netz. Es wird nicht reichen zum Stürmerstar.

> *Ein 40-Jähriger möchte eine Pilotenausbildung beginnen.* Er will Kampfpilot bei der Luftwaffe werden. Daraus wird nichts, denn das Höchstalter bei Kampfpiloten liegt bei 40. »Dann gehe ich zur Lufthansa!«, höre ich ihn. Auch daraus wird nichts, die meisten Fluggesellschaften haben das Alter ihrer Bewerber auf maximal 28 Jahre festgelegt.

> *Ich, Paul Johannes Baumgartner, wünsche mir ganz fest vom Universum, in meinem Alter noch einmal Teeniestar zu werden …* Muss ich weiter ausführen?

Ich könnte ganze Seiten mit solchen Beispielen füllen. Egal ob Wunschberuf Weltfußballer, Kampfpilot oder Teeniestar, ob Astronaut, Topmodel oder Balletttänzer – ohne entsprechende Voraussetzungen und Qualifikationen klappt das nicht. Es gibt limitierende Faktoren. Das Alter zum Beispiel. Oder (fehlendes) Talent. Und das ist wichtig zu akzeptieren. Menschen, die sich zu sehr mit dem Gedanken identifizieren: »Ich kann alles werden, ich muss es mir nur lange genug wünschen«, könnten einen Karriereweg einschlagen, der für sie völlig ungeeignet ist. Gerade für jüngere Menschen, die noch nicht so gefestigt sind, ist das ein Riesenproblem. Ergebnis: Frustration und Demotivation, das Gefühl des Nicht-Genügens, des Wertlos-Seins, des Versagens. Alle schaffen es, nur ich nicht.

Urkunden für alle!

»Herzlichen Glückwunsch, liebe Kuschelpädagogen, ihr habt gewonnen«, beginnt ein großartiger Kommentar bei ZEIT ONLINE im Juli 2023.[11] Redakteur Anant Agarwala bezieht darin Position zu der Tatsache, dass ab dem Schuljahr 2023/24 die Bundesjugendspiele in deutschen Grundschulen kein Wettkampf mehr sind. Das Ministerium und die Kultusministerkonferenz hatten beschlossen, die Punktetabelle abzuschaffen und sportliche Leistungen wie Weitsprung oder Sprint nicht mehr präzise zu messen, sondern nur noch ungefähr zu bewerten.

»Sind wir jetzt alle Erster?«
Paul J. Baumgartner

Der Autor kritisiert diese Änderungen als Zeichen einer übertriebenen Kuschelpädagogik, die auf Kosten von Ehrgeiz und Wettbewerbsgeist geht. Er argumentiert, dass die Fähigkeit, im Wettkampf zu bestehen und sowohl Siege als auch Niederlagen zu akzeptieren, wichtige Lektionen sind, die Kinder durch sportlichen Wettbewerb lernen können. Zudem wird bemängelt, und auch diesen Aspekt halte ich für einen interessanten Ansatz, dass Kinder, die in anderen Bereichen wie Sprache oder Mathematik Schwierigkeiten haben, nun eine seltene Chance verlieren, in einem anderen Feld zu glänzen.

Anant Agarwala stellt die These auf, dass diese Reform Teil einer breiteren Tendenz in Deutschland ist, die Leistung und Exzellenz skeptisch betrachtet und stattdessen Mittelmäßigkeit fördert. Er betont, dass diese Änderungen ohne Konsultation der Schüler durchgeführt wurden und dass sie der Vielfalt und Demokratie der Bundesjugendspiele schaden, die es Kindern aus allen sozialen Schichten ermöglichten, Erfolge zu erzielen.

Sind wir jetzt alle Erster?

Urkunden für alle? Ich frage mich, warum sich jemand anstrengen soll, wenn er auch so eine Belohnung bekommt. Wenn der Leistungsanreiz fehlt, fehlt alles. Wenn jede Leistung gleich bewertet wird, was ist dann eine »Leistung« noch wert? Wieso soll man sich noch reinhängen? Warum eine Extrameile gehen, wenn's offensichtlich auch ohne geht? Warum sich challengen, wenn es überhaupt keine Challenge mehr gibt? Sind wir jetzt alle Erster?

Wachstum findet nicht in der Komfortzone statt. Sich anstrengen und belohnt werden, kann Spaß machen. Ein gesunder Vergleich mit anderen ist wichtig für die Persönlichkeitsentwicklung und beginnt meist schon im Grundschulalter, wenn die Gleichaltrigen immer mehr Relevanz bekommen. Jede Klasse hat ein Idol, zu dem man aufschaut und zu dem man offen oder weniger offen aufschaut. Dabei lernen wir uns mit unseren Stärken und Schwächen kennen. Das eigene Bild wird dadurch nuancierter und realistischer.

»Der Mensch wird am Du zum Ich.«[12]
Martin Buber, österreichisch-israelischer jüdischer Schriftsteller und Religionsphilosoph

»Der Mensch wird am Du zum Ich« – ich bin da ganz nah bei Martin Buber, dem Schriftsteller und Religionsphilosophen. Man braucht einen Spiegel, um zu wachsen, und der Spiegel, das sind andere Menschen. Der Weg zur Selbsterkenntnis geht nur über die Rückspiegelung.

Fleißig sein bedeutet auch, nicht nur schwer zu arbeiten, sondern auch klug zu arbeiten. Es geht darum, Initiative zu zeigen, zu lernen, wie man Herausforderungen meistert. Es geht darum, sich ständig weiterzuentwickeln. »Man wächst mit seinen Aufgaben«, würde Oma jetzt an dieser Stelle sagen. Und Sie, liebe Leser, nicken ihr zustimmend zu. Das gibt mir Hoffnung.

Disziplin – der Mukainada-Spirit

Ziele und Anstrengung allein sind aber noch nicht alles. Um wirklich etwas zu erreichen, benötigen wir noch andere Tugenden wie Disziplin und Durchhaltevermögen. Der Wille, niemals aufzugeben und das Konventionelle stets zu hinterfragen, zieht sich wie ein roter Faden durch die Firmengeschichte des Automobilherstellers Mazda.

Der »Mukainada Spirit«[13] ist eine Haltung, die tief in der Geschichte des Unternehmens verwurzelt ist. Entstanden ist dieser Geist aus den Widrigkeiten, mit denen Mazda und die ganze Region Mukainada, der Geburtsort des Mazda-Gründers Jujiro Matsuda, nach dem Abwurf der Atombombe in Hiroshima im Jahr 1945 konfrontiert waren. Trotz der extremen Herausforderungen – Kriegstrauma, physische Zerstörung, Verlust von Mitarbeitern – zeigten Mazda und die Menschen von Mukainada bemerkenswerte Widerstandsfähigkeit und Entschlossenheit.

Mazda verwandelte in Rekordzeit seine Produktionsstätte in eine Einrichtung, die zivilen Bedürfnissen diente, wie einem provisorischen Krankenhaus und einem Rathaus. Eine starke Reaktion mit Signalwirkung für die traumatisierten Menschen in der ganzen Region. In dieser Zeit zeigte sich die Fähigkeit des Unternehmens, sich aus der Asche zu erheben und Problemen, Unannehmlichkeiten oder Rückschlägen mit starkem Willen zu begegnen, was zu dem Begriff »Mukainada Spirit« führte.

Dieser Spirit bedeutet die Verpflichtung, sich Herausforderungen direkt zu stellen, niemals aufzugeben und kontinuierlich nach neuen Lösungen zu suchen. Er steht für die Bereitschaft, hart zu arbeiten, Konventionen infrage zu stellen und kreative, innovative Wege zu gehen, selbst wenn sie mit erheblichen Widrigkeiten verbunden sind oder andere Menschen die gesteckten Ziele für unmöglich halten.

Auszug aus dem Mukainada-Spirit von Mazda:

Mantra: Wir sind Rebellen der Automobilbranche, und das aus einem guten Grund. Wir machen Dinge besser, indem wir Konventionen hinterfragen.

Die Mitarbeiter: Wir gehen den entscheidenden Schritt weiter, wir gestalten es *persönlich*, wir gestalten es *einfach*, wir teilen unsere Leidenschaft und Begeisterung *aktiv* mit.

Das Arbeitsklima: Ich als Mitarbeiter fühle mich befähigt, ich fühle mich motiviert und ermutigt, ich fühle mich unterstützt. Ich fühle mich verbunden und beteiligt.

Das Selbstverständnis der Führungskräfte: Wir unterstützen die Mitarbeiter, um erfolgreich zu sein. Wir binden sie ein und beteiligen sie. Unsere Aufgabe ist Befähigen, Beraten und Begleiten.

Radikales Umsetzen: There's no plan B

Bei einer Tagung trat vor mir eine Marathonläuferin als Rednerin auf. Der übliche Vortrag: Kindheitstraum – Verletzungspech – wie Phönix aus der

Asche – Goldmedaille. Die klassische Heldenreise. An einer Stelle bin ich allerdings hellhörig geworden. Über die Vorbereitung auf einen besonders wichtigen Wettbewerb sagte sie: »Das Wichtigste in so einem Fall: Du darfst keinen Plan B haben.«

Im ersten Moment hörte sich das für mich komisch an, denn ich vertrat bis dahin immer die Auffassung, es sei klug, einen Alternativplan zu haben. Nach wenigen Sekunden erkannte ich darin allerdings eine äußerst kluge Umsetzungsstrategie. Wenn man ein Projekt startet mit der Vorgabe: »Es gibt keinen Plan B«, dann geht man mit einem ganz anderen Mindset an die Sache ran, nämlich: All-in, voller Energie-Einsatz, radikales Umsetzen. Und ich erinnerte mich daran, wie ich den Grundstein für meine Selbstständigkeit legte. Obwohl ich immer noch im Festangestelltenverhältnis bei einer großen landesweiten Radiostation war, baute ich bereits parallel dazu mein Business als Keynotespeaker und Berater auf und nahm mir in einer frühen Phase vor: »Stell dir vor, du bist zu 100 Prozent selbstständig und vom Erfolg dieser Idee abhängig. Stell dir vor, deine komplette Zukunft, sogar deine Existenz hängt davon ab.« Für mich war das zu diesem Zeitpunkt die perfekte Strategie, um schnell ins Handeln zu kommen.

»Machen wir unser Boot damit schneller?«
Andreas Kuffner, Olympiasieger Ruder-Achter

Machen wir unser Boot damit schneller?

Ein weiteres schönes Beispiel dafür, dass sich Anstrengung, Konsequenz und Fokussierung lohnen, kommt von meinem Speaker-Kollegen Andreas Kuffner. Er ist systemischer Coach, Team- und Organisationsentwickler und gehört für mich zu den wenigen Menschen, die rückwärts vorwärtskommen, denn er ist Ruder-Olympiasieger im Deutschland-Achter.

24 Jahre lang gab es kein Olympisches Gold für den deutschen Ruder-Achter. »Weiter wie bisher« war daher für das Team Deutschland-Achter keine Option. Auf dem Weg zu den Olympischen Spielen 2012 in London beschloss daraufhin das Team, den Fokus zu schärfen. Jede Entscheidung und jede Handlung lief durch einen einfachen, aber wirkungsvollen Filter: »Machen wir mit dem, was wir tun oder vorhaben, das Boot wirklich schneller?« Diese Frage stellten sie sich nicht nur im Boot, sondern auch außerhalb.

»Machen wir unser Boot damit schneller, wenn wir bei den Olympischen Spielen Interviews geben?« Die Antwort lautete einhellig »Nein«. Also gaben die Athleten bis zum olympischen Finale kein einziges

Interview. Sie schotteten sich regelrecht ab. Das Marketingboot hätten sie natürlich schneller gemacht, aber nicht ihr übergeordnetes Ziel erreichen lassen, ins Finale zu kommen und dort zu gewinnen.

»Machen wir unser Boot damit schneller, wenn wir an der Eröffnungsfeier teilnehmen?« Auch hier lautete die Antwort »Leider nein«. Also verzichtete das Team auf eine persönliche Teilnahme und schaute sich die Zeremonie im Fernsehen im Olympischen Dorf an.

»Machen wir unser Boot damit schneller, wenn wir Alkohol trinken?« Antwort: Natürlich nicht, vom Biertrinken wurde noch nie etwas schneller, also wurde darauf verzichtet.

Die Fokussierung auf das Wesentliche zahlte sich aus: Im Finale übertraf die Achter-Crew sich selbst. Nach einem explosiven Start führte das deutsche Boot, wurde zwischenzeitlich von den Briten überholt und den Kanadiern bedrängt, doch nach einem harten Schlussspurt überquerte der Deutschland-Achter als Erster die Ziellinie. Gold für die erschöpften deutschen Ruderer! Ob sie sich danach ein Bier gönnten? Andreas versicherte mir glaubhaft, dass im Nachgang ordentlich gefeiert wurde.

Fleiß: Das sagt Holger

Sturzflug auf Höhenflug

Die 70er-Jahre: Bonn ist Hauptstadt, Willy Brandt und Helmut Schmidt sind die Kanzler, Deutschland ist die Front und mitten im »Kalten Krieg der Supermächte«. Eine heftige Ölkrise beschert uns autofreie Sonntage, und die Weltwirtschaftskrise schließt sich nahtlos an. Massive Aufrüstung und die Stationierung von atomaren Mittelstreckenraketen verunsichern die Menschen. Bilder von gewaltigen Demonstrationen um den Nato-Doppelbeschluss und grausame Terroranschläge auf deutschen Straßen beherrschen die Nachrichten – und noch vieles mehr.

Ende der 70er und Anfang der 80er sehnen sich die Menschen nach ausgelassenerer und fröhlicherer Stimmung. Ein neues Musikgenre wird geboren: die »Neue Deutsche Welle«. Die Gruppe Geier Sturzflug lässt die Werksirenen auf allen Radiosendern dröhnen, spuckt in die Hände und steigert das Bruttosozialprodukt. Mit diesem Song führt die Truppe um Leadsänger Friedel Geratsch wochenlang die Charts in Deutschland, Österreich und der Schweiz an. »Ja, jetzt wird wieder in die Hände gespuckt, wir steigern das Bruttosozialprodukt« – das war die Devise über mehrere Dekaden. Der VW Golf I hat seine Geburtsstunde, und der Kauf eines Opel Kadett, Rekords oder der Rüsselsheimer Luxusversion des Commodore sind die Ziele eines jeden Schaffenden. Der sehnliche Wunsch, in den eigenen vier Wänden zu leben, lässt die Neubaugebiete landauf und landab sprießen. Viele der Häuser werden nach der 40–45-Stunden-Woche (damalige Regelarbeitszeit) am Feierabend und am Wochenende mit Freunden und Vereinskollegen gebaut. Das Streben nach Wohlstand ist der Treiber, und Fleiß wird in Effizienz, Produktivität und Arbeits- und Überstunden gerechnet.

»Mittelmaß ist Durchschnitt und
Durchschnitt ist die Mitte von Nichts.«
Paul J. Baumgartner

Net schwätzen – machen!

Die Fußballnationalmannschaft repräsentiert die Erwartungshaltung und die Tugenden des Exportweltmeisters Deutschland in der zweiten Hälfte des 20. Jahrhunderts: fünf Bundestrainer, sechs internationale Titel und noch mehr Endspielteilnahmen.

Im 21. Jahrhundert sieht die Bilanz jedoch verheerend aus. Während die Nationalmannschaften in Österreich und der Schweiz die Massen begeistern, gehen die großen Turniere in Deutschland eigentlich schon vor ihrem Beginn verloren. Bei der WM 2018 war es die Schulter von Manuel Neuer und im Jahr 2022 die Kapitänsbinde, die in der Nation diskutiert wurden. Es wird debattiert und nochmals debattiert, aber die Leistung lässt zu wünschen übrig. Seit der Jahrtausendwende ist der Verschleiß an Bundestrainern hoch, und die Titelausbeute sowie die großen Auftritte der Mannschaft bei Turnieren sind eher mäßig.

Früher waren die Nachberichterstattungen von Netzer, Delling, Müller-Hohenstein, Kramer & Co. noch Highlights. Doch heute schalten viele meiner Freunde den Ton oder das TV-Gerät einfach aus.

Das DFB-Team steht exemplarisch für viele Unternehmen und Konzerne im 21. Jahrhundert. Früher waren es kantige Persönlichkeiten wie der VW-Patriarch Ferdinand Piëch, Deutsche-Bank-Chef Alfred Herrhausen oder Mercedes-Chef Dieter Zetsche, die ihre Unternehmen erfolgreich durch alle Wirtschaftszyklen führten. Angesichts der aktuellen Volatilität der temporären Stelleninhaber (nicht nur beim DFB) habe ich fast aufgegeben, mir Namen zu merken oder in meiner Adressdatei zu speichern.

Raus aus der Komfortzone und mit Fleiß neue Fähigkeiten aufbauen

Die Organisation oder ein Unternehmen resilient aufzustellen und ausreichend Geld zu verdienen, um die reale Transformation voranzutreiben – das sind die Fleißaufgaben im 21. Jahrhundert. Um die Demokratie im deutschsprachigen Raum wieder zu stabilisieren, Sicherheit zu gewährleisten, den Wohlstand zu sichern und die Transformation sowie Dekarbonisierung der Wirtschaft voranzutreiben, bedarf es in den nächsten Jahren enormer Anstrengungen, Stringenz, Disziplin und strategischer Investitionen in einem bisher ungekannten Ausmaß. Gleichzeitig muss der Begriff des lebenslangen Lernens neu definiert werden. Jede Transformation oder Veränderung birgt positive Elemente, aber natürlich auch negative Aspekte. Es ist von entscheidender Bedeutung, Chancen und Risiken transparent zu machen und beide effektiv zu nutzen, während man hart daran arbeitet. Viele Menschen sind bereit, die Chancen anzunehmen, aber es erfordert ebenso eine gehörige Portion Disziplin und Fleiß, die negativen Aspekte frühzeitig zu erkennen und abzumildern oder, wenn möglich, zu eliminieren.

»Geben Sie immer 100 Prozent –
außer Sie sind beim Blutspenden.«
Paul J. Baumgartner

Jetzt ist unnachgiebige Disziplin gefragt, um die Komfortzone zu verlassen und sich das Wissen über neue, bahnbrechende Schlüsseltechnologien anzueignen. In der Automobilindustrie waren lange Zeit Spaltmaß, Drehmoment und Korrosionsschutz qualitative Indikatoren für den Kauf und Besitz eines Pkw. Heutzutage spielen Software, grundlegende Mobilität, Intermodalität und die Vernetzung aller Verkehrsträger sowie Carsharing eine entscheidende Rolle bei der Kaufentscheidung. In einigen Jahren werden vermutlich autonomes Fahren, der Arbeitsplatz im Auto oder 3D-Kinos im Fahrzeug zu den ausschlaggebenden Faktoren gehören.

Es ist jetzt von großer Bedeutung, die heutigen und zukünftigen, lösungsunabhängigen Kundenbedürfnisse zu verstehen und das erforderliche Know-how mit den neuesten Technologien umzusetzen.

Wachsen an Herausforderungen

Fleiß und seine Bedeutung: Im Duden wird Fleiß als die Eigenschaft des strebsamen und unermüdlichen Arbeitens oder der beharrlichen Beschäftigung mit einer Sache definiert. Fleiß bedeutet aber auch, sich zu hinterfragen und immer wieder aufs Neue Techniken oder Lösungen zu prüfen oder neue Wege zu gehen. Fleiß prägt die innere Haltung vieler Persönlichkeiten. Einige Beispiele verdeutlichen dies:

Dick Fosbury, der Hochspringer, schrieb 1968 bei den Olympischen Spielen in Mexiko City Geschichte, indem er als erster Hochspringer die Latte »rückwärts« übersprang und Olympiasieger wurde. Der schwedische Skispringer Jan Böklof beherrschte in den 80er-Jahren mit seinem V-Stil die Skisprungszene und sprang alles in Grund und Boden. Pauli Siitonen, der finnische Langläufer, revolutionierte den Langlauf in den 80er-Jahren mit neuer Technik und dem Schlittschuhschritt (Skating), der ihn seinen Wettbewerbern davonlaufen ließ.

Auch im Wirtschaftsleben ändern sich Regeln, es entstehen neue Tools, Techniken oder das Kundenbedürfnis ändert sich. Als wirksame Führungskraft sollten Sie den Markt, das Umfeld und neue Trends genau beobachten. Nehmen Sie Ihr Umfeld und Ihre Stakeholder – Mitarbeiter, Kunden, Lieferanten, Industriepartner und Gesellschafter – mit auf die neue Reise. Dabei ist es wichtig, Zweifel und Ängste zu adressieren und gleichzeitig die Chancen, Perspektiven und Lösungen aufzuzeigen.

Omnipräsent, bodenständig, verlässlich und einfach gut

Die Urlaubsstimmung wächst mit jedem gefahrenen Kilometer und kurz hinter München tauchen bereits die ersten Bergspitzen auf der Fahrt gen Süden auf. Die Landschaft ist reizvoll, der Verkehr nimmt langsam zu, und doch überholt man scheinbar immer wieder denselben Lkw. Doch spätestens beim Blick auf das Nummernschild wird klar: Es sind zahlreiche Lkw, und viele von ihnen tragen das JD-Logo. Willkommen im »Dettendorfer« Land. Der Name JD oder Dettendorfer steht für kontinuierliche Qualität und Zuverlässigkeit in der Speditions- und Logistikbranche. Ob Getränke, Holz, Papier, Stahl oder Schütt- und Spezialtransport – auf das Team der Unternehmerfamilie Dettendorfer kann man sich rund um die Uhr verlassen. Fast alle namhaften Unternehmen aus den unterschiedlichsten Branchen in Oberbayern setzen auf die Zusammenarbeit und die Logistikqualität der Dettendorfers.

An der deutsch-österreichischen Grenze im Inntal, genauer gesagt im Ort Nußdorf, arbeiten mittlerweile drei Generationen am Fortbestand und der kontinuierlichen Weiterentwicklung der Dettendorfer-Unternehmungen. Mit großer Leidenschaft betreiben sie Spedition, Logistik, nachhaltige Land- und Forstwirtschaft sowie ein Tanklager mit Blendinganlage für Bio-Diesel. Auch die Produktion von Sekundärbrennstoffen und ein neuer Unternehmensbereich, die Digitale Ausbildung zum Logistiker der Zukunft, gehören dazu.

Tugenden wie Fleiß und Disziplin werden im operativen Geschäft täglich gelebt und vorgelebt, um das Firmenkonstrukt Dettendorfer erfolgreich durch alle Wirtschaftslagen zu navigieren. Doch fast noch wichtiger ist die Bereitschaft, sich kontinuierlich weiterzuentwickeln, in neue Technologien zu investieren und sich immer wieder neu zu erfinden.

Es wird aktiv an alternativen Antrieben für Lkws gearbeitet, das autonome Fahren wird getestet, und in Kooperation mit befreundeten Unternehmen wird die Produktion von grünem Wasserstoff gefördert. Immer dann, wenn innovativer Pragmatismus, Fleiß und eiserne Disziplin gefragt sind, sind es Unternehmerfamilien wie die Dettendorfers, die Fakten schaffen, tüfteln, innovieren und Lösungen erarbeiten.

Die Familie Dettendorfer steht exemplarisch für viele Unternehmerfamilien in Deutschland, Österreich und der Schweiz. Hier wird nicht gejammert oder lamentiert, sondern die Ärmel werden hochgekrempelt und man macht einfach – auch wenn es bedeutet, sich manchmal neu zu erfinden. Es überrascht nicht wirklich, dass soziales und kulturelles Engagement in der Heimatregion fast wie selbstverständlich von der gesamten Familie gelebt und unterstützt wird.

Tiefe Wurzeln in der Heimat, die Übernahme von sozialer und gesellschaftlicher Verantwortung sowie Tugenden wie Fleiß und Disziplin, kombiniert mit gelebten Familien- und Unternehmenswerten, sichern den Fortbestand auch für die nächsten Generationen.

Mit Fleiß zur Karriere?

Wer jetzt denkt, Fleiß und Disziplin reichen aus für den nächsten Karriereschritt und vielleicht sogar für das gesamte Berufsleben, den muss ich leider enttäuschen. Mitnichten, muss ich sogar sagen. Denn es ist wie ein Fluch: Fleißige Menschen stehen sich oft selbst im Weg. Sie arbeiten hart, verkaufen sich jedoch schlecht. Als Belohnung erhalten sie von ihren Chefs noch mehr Arbeit und finden kaum Zeit, ihre eigene Marke aufzubauen, sich gegenüber Dritten zu präsentieren oder wichtige Schritte für ihre persönliche Weiterentwicklung zu unternehmen.

Insbesondere schwache Chefs profitieren von den »Fleißigen« und führen ihre Leistungsträger gerne unter dem Radar. Im Gegenzug werden (insbesondere in großen Konzernen) oft unwirksame Menschen bevorzugt, die ihren Werdegang allein ihrem Verwandtschaftsgrad zu Gesellschaftern, ihrem Parteibuch oder ihrer Mitgliedschaft im richtigen Tennis- oder Golfklub verdanken. Nur so lässt sich die strategische Orientierungslosigkeit oder Handlungsunfähigkeit einiger großer Konzerne in der heutigen Zeit erklären.

Fleiß, Fehlerkultur und Verantwortung im Arbeitsleben

Das Sprichwort »Wo gehobelt wird, da fallen Späne« ist seit Jahrhunderten bekannt. Rein theoretisch bedeutet es, dass wer viel hobelt, viele Späne verursacht, während jemand, der wenig oder gar nichts tut, immer einen sauberen Arbeitsplatz hat.

In der Praxis wird bei Beförderungen jedoch immer noch zu häufig auf die Nullfehler-Kultur geachtet. Wehe, der Person unterläuft ein Fehler. Viel bedeutsamer und wertvoller sind jedoch Menschen, die aus ihren Fehlern lernen, die Verantwortung übernehmen, zu ihren Fehlern stehen und wertvolle Erfahrungen im Umgang mit Fehlern gemacht haben.

Einige Unternehmen haben für ihre Mitarbeiter ein Belohnungssystem eingeführt, wenn Fehler gefunden werden (ausgenommen natürlich vorsätzliche oder grob fahrlässige Fehler). Diese Unternehmen ermutigen ihre fleißigen Mitarbeiter dazu, auf Fehler (auch die eigenen) hinzuweisen und bei der Optimierung von Abläufen in der Organisation mitzuhelfen, um diese zukünftig fehlerfrei zu gestalten.

Fleiß und Disziplin im Wandel der Zeit

Fleiß und Disziplin sind zwei Tugenden, die Hand in Hand durch das Leben gehen und so manchen Unternehmer zum erfolgreichen Industriellen oder manches KMU zum Weltmarktführer gemacht haben. Schaut man in das Tierreich, sind es die fleißigen Ameisen, die in großer Anzahl und scheinbar unermüdlich ihre Tätigkeiten verrichten und ihrer Ameisenkönigin dienen.

Wenn wir den vorhandenen Wohlstand in Österreich, der Schweiz oder in Deutschland bewahren wollen, bedarf es weiterhin dieser beiden Tugenden. Der Fleiß und die eiserne Disziplin der Nachkriegsgenerationen, der Fleiß der Handwerker und der Unternehmer haben diesen Wohlstand und die soziale Absicherung erarbeitet. Deutschland lag in Schutt und Asche und unsere Eltern, Großeltern und teilweise die Urgroßeltern haben Deutschland bis zum Exportweltmeister aufgebaut. Mit Wohlstand und der daraus resultierenden sozialen Absicherung konnten wir eine funktionierende und stabile Demokratie aufbauen.

Meine zahlreichen Reisen nach Süd- und Mittelamerika, Afrika, Asien sowie Südost- und Osteuropa haben mich sensibilisiert, unsere Demokratie, das Gefühl der Sicherheit und die soziale Absicherung wirklich zu schätzen. Doch mit dem 21. Jahrhundert beginnt ein neues Zeitalter und mehr Fleiß als je zuvor ist erforderlich, um unsere Errungenschaften zu bewahren. War »Made in Germany« einst der Inbegriff für Qualität bei Industrieprodukten, so sind plötzlich viel komplexere und dynamischere

Expertisen gefragt. Künstliche Intelligenz, Blockchain, 3D-Druck, das Internet der Dinge und Quantencomputing – um nur einige der neuen Technologien zu nennen –, es sind nun die Schlüsseltechnologien, die den Unterschied ausmachen und beherrscht werden müssen.

War es in der Vergangenheit der Fleiß, der die Produktivität steigerte, benötigen wir Anfang der 2020er-Jahre Disziplin, Willenskraft und Intelligenz, um uns einem internationalen und sehr dynamischen Wettbewerb in vielfältigen Technologien und Disziplinen zu stellen.

Die Welt und die Weltwirtschaft verändern sich in einem Rekordtempo. Dennoch ist es schwer nachvollziehbar, dass wir in Mitteleuropa teilweise noch Diskussionen aus den 70er-Jahren führen. Kaum ist das Parlament in der Sommerpause, schon reden Politiker von der Hinterbank über gesetzliche Ansprüche auf Homeoffice, Remote Work, Work-Life-Balance, New Work oder den immer wiederkehrenden Ruf nach kürzeren Arbeitszeiten – und all das schallt durch die Medienwelt. Hauptsache, man erlangt mediale Aufmerksamkeit, und es scheinen alle Mittel recht zu sein.

Doch viel wichtiger wäre es jetzt, wenn Politik, Wirtschaft, Verbände und Gewerkschaften im Kollektiv konkrete und abgestimmte Vorgehensweisen präsentieren würden. Wir müssen die noch vorhandene wirtschaftliche Stärke nutzen und einen Weg aus dem Dilemma finden. Es bedarf weniger Diagnosen über bestehende Herausforderungen und stattdessen einer abgestimmten Therapie, um diese Herausforderungen zu meistern. Mut, Innovation, Disziplin und Verständnis sind gefragt – sowie ein Aufeinander-Zugehen und vor allem viel Fleiß. Nur so können wir die drohenden Schicksale abwenden und aus der vermeintlichen Einbahnstraße und Sackgasse herausfinden.

Was im Großen wünschenswert ist, muss im tagtäglichen Leben gemeistert und umgesetzt werden. In einer Zeit, in der der Begriff »Transformation« fast inflationär verwendet wird, ist es unerlässlich, in jedem Bereich über die Auswirkungen und Chancen nachzudenken.

Einige klagen im Aftersales und Kundenservice über Fachkräftemangel und erläutern, warum bestimmte Dinge nicht mehr geliefert werden können. Andere beschäftigen sich mit KI-Lösungen und erkennen, dass die Produktivität in bestimmten Prozessen und Funktionen um das Zwei-, Drei-, Vier- oder sogar Fünffache gesteigert werden kann. Die Fehleranalyse, die Erkennung oder Bestellung von Ersatzteilen, der Wartungsbedarf sowie die Erstellung eines Self-Service-Portals mit Chatbot für Monteur oder Anwender – all das wird mithilfe von Daten so optimiert, dass ein reibungsloser Service am Point of Sale (POS) jederzeit gewährleistet und der Lagerbestand optimal ausgerichtet ist.

Andere Hersteller nutzen KI, um frühzeitig Ausfallwahrscheinlichkeiten oder Rückrufprognosen zu erstellen und die Serienproduktion entsprechend anzupassen und damit erhebliche Garantie- und Kulanzkosten zu sparen. Künstliche und generative Intelligenz birgt zwar Risiken, aber wenn sie effektiv und effizient eingesetzt wird, eröffnet sie uns unbegrenzte Möglichkeiten und wird dazu beitragen, unsere globale Wettbewerbsposition zu stärken.

Work smarter, not harder

»Operative Hektik überdeckt geistige Windstille«, so ähnlich lautete die Aussage eines Seminarleiters in einem St. Galler Lehrgang aus den 90er-Jahren. Oder wie mein Großvater immer sagte: »Junge, setz dich hin, wenn du es eilig hast.« Manche Produkte oder Dienstleistungen werden in den nächsten Jahren substituiert werden und das Problem des Fachkräftemangels wird eher größer als kleiner. Man kann die Opferrolle einnehmen und alles hinnehmen, oder man kann daran arbeiten, nicht unter die Räder zu kommen.

Holen Sie sich interne und gerne auch externe »Sparringspartner und Challenger« an Bord. Nehmen Sie sich Zeit, um über sich selbst, Ihr Geschäftsmodell, Ihre Prozesse, die Organisation und Ihre Herausforderungen nachzudenken. Es erfordert Fleiß und große Disziplin, sich selbst zu hinterfragen. Nutzen Sie die Zeit, um sich selbst, Ihr Team oder Ihr Geschäftsmodell neu aufzustellen, und nehmen Sie die Menschen proaktiv mit. Denn jede helfende Hand oder jede Idee kann den entscheidenden Ausschlag geben.

Treffen Sie für sich eine Grundsatzentscheidung und halten Sie diese diszipliniert ein. Sie sind keine Opfer, sondern Macher und Gestalter. Seien Sie offen: Wenn sich die gewohnte Eingangstür schließt, versichere ich Ihnen, es stehen immer noch Türen und immer mehr Türen offen. Sie werden neue Menschen, Lösungen und Kulturen kennenlernen und wertvolle Erfahrungen für Ihr gesamtes Leben sammeln. Dies wird Sie nicht nur als Führungskraft, sondern auch als Mensch interessanter und besser machen.

Aktionsplan der Oma

Omas eindringliche Botschaft in diesem Aktionsplan: Es geht jetzt um Sie als Führungskraft, weniger um Ihre Mitarbeiter. Sorgen Sie im Unternehmen für einen Rahmen, in dem Anstrengung und Leistung eine Bedeutung haben, aber kümmern Sie sich in erster Linie jetzt erst mal um sich selbst. Nur wenn Sie selbst mit sich im Reinen sind und wissen, wo Sie hinwollen, werden Sie ambitioniert und erfolgreich führen können.

Setzen Sie sich, liebe Führungskräfte, erreichbare Ziele. Ziele zu haben ist der erste Schritt in die richtige Richtung. Aber Achtung: Ihre Ziele sollten realistisch sein. Nur so verhindern Sie, dass Ihre Disziplin verloren geht, weil Sie einfach keine Erfolge erleben.

Setzen Sie Prioritäten. Machen Sie sich als Führungskraft bewusst, welche Aufgaben in Ihrem Mikrokosmos überhaupt wichtig sind und welche Sie hinten anstellen können. To-do-Listen können dabei helfen, den Tag perfekt zu planen und alle wichtigen Aufgaben zu erledigen.

Legen Sie Deadlines fest. Setzen Sie sich konkrete Fristen, um Ihre Arbeit genau planen zu können und mehr Motivation zu haben, die Dinge auch tatsächlich zu machen.

Nutzen Sie Ihre Hoch-Zeiten. Finden Sie heraus, wann Sie am produktivsten sind, und nutzen Sie diese Zeit, um wichtige Aufgaben zu erledigen.

Vermeiden Sie Ablenkungen. Schalten Sie konsequent Ihr Smartphone aus, wenn Sie arbeiten. Vermeiden Sie es, sich von Sozialen Medien ablenken zu lassen.

Belohnen Sie sich selbst. Wenn Sie ein Ziel erreicht haben, belohnen Sie sich. Und sind die erreichten Ziele noch so klein. Das gibt Ihnen die Motivation, als Führungskraft weiterzumachen.

Arbeiten Sie an Ihrer Willenskraft. Willenskraft ist wie ein Muskel, den Sie trainieren können. Je mehr Sie sich disziplinieren, desto stärker wird Ihr Wille.

Vermeiden Sie Ausreden. Wenn Sie eine Aufgabe erledigen müssen, dann erledigen Sie sie. Schieben Sie nichts auf.

Seien Sie geduldig. Erfolg kommt nicht über Nacht. Arbeiten Sie hart, um Ihre Ziele zu erreichen.

Lernen Sie aus Ihren Fehlern. Ja, auch Ihnen als Führungskraft wird es manchmal passieren, dass Sie Fehler machen. Fehler entstehen aus Entscheidungen. Aber genau dafür sind Sie als Führungskraft da: Um Entscheidungen zu treffen. Wichtig ist, dass Sie aus Fehlern lernen, sie nicht ein zweites Mal machen und sich weiterentwickeln.

ROUTINE

Ein Ziel erreicht man meist in kleinen, einzelnen Schritten. Also los geht's!

1. **Konkret statt viel!** Nehmen Sie sich nicht alles auf einmal vor. Eine konkrete Aufgabe, ein Projekt. Drucken Sie sich einen Zettel aus mit nur fünf Wörtern: »Was ist die eine Sache?« – und in diese eine Sache fließt die nächsten Stunden oder Tage Ihre Energie hinein.
2. **Hemmschwellen eliminieren!** Wer oder was bremst Sie? Was hält Sie davor zurück, durchzustarten, kreativ und innovativ zu sein, neue Ideen zu entwickeln? »Zeigen Sie mir Ihr Umfeld und ich prognostiziere Ihnen Ihre Zukunft und die Zukunft Ihrer Organisation.« Entledigen Sie sich konsequent dieser Fußfesseln.
3. **Done is better than perfect!** Erledigt ist besser als perfekt. Einfach machen – das ist um ein Vielfaches besser, als abzuwarten, bis etwas »perfekt« ist. Gar nicht erst nach Perfektion streben, zumal nie etwas zu 100 Prozent perfekt sein wird und die »Perfektion« oft mehr Aufwand als Nutzen bringt. Sie wissen, was »Bananensoftware« ist? Das ist Software, die beim Kunden reift. Also nicht ewig lange mit Ihrer Idee im Labor rumtüfteln. Raus damit und ins Risiko gehen. Selbst Regierungen erlassen Gesetze, die dann im Nachhinein oft nachgebessert werden müssen.

Die Top 5 Kernbotschaften zu Omas Regel Nr. 6
ANSTRENGUNGEN MACHEN GESUND UND STARK

1. Transparente Zielsetzung: Klare und messbare Ziele für sich selbst, das Unternehmen und jede Abteilung setzen, damit Mitarbeiter verstehen, wie ihre Arbeit zum Gesamterfolg beiträgt. Arbeiten Sie hart daran, diese Ziele zu erreichen.
2. Individuelle Entwicklungspläne: Mitarbeitern helfen, ihre Karriereziele zu erreichen, indem individuelle Entwicklungspläne erstellt werden, die ihre Fähigkeiten und Interessen berücksichtigen.
3. Wachstum findet nicht in der Komfortzone statt.
4. Fleiß und Disziplin reichen nicht aus für den nächsten Karriereschritt. Fleißige Menschen stehen sich oft selbst im Weg. Sie arbeiten hart, verkaufen sich jedoch schlecht.
5. Seien Sie diszipliniert und halten Sie sich an Ihre Ziele und Pläne.

Omas Regel Nr. 7:

NICHTS IST SO BESTÄNDIG WIE DER WANDEL

Diese Idee steckt dahinter

Entspannt euch! Veränderungen sind Konstanten des Lebens. Wir kehren nicht mehr in die alte Welt zurück. Der Sprung ins kalte Wasser fühlt sich nicht wärmer an, wenn man später springt. Jetzt den Sticr bei den Hörnern packen!

Daher kommt's

Omas Regel Nr. 7 stammt im Wortlaut von Heraklit von Ephesus (535–475 v. Chr), einem sehr tiefgründigen, wortkargen griechischen Philosophen. Heraklit wusste, wovon er sprach, denn er profitierte selbst vom Wandel. Er musste seine philosophischen Gedanken nicht mehr wie seine Vorgänger mühsam in Tontafeln ritzen, sondern konnte sie bereits unkompliziert auf Papyrus niederschreiben. Papyrus, das antike iPad.

Veränderungen: Das sagt Paul

»Nichts ist so beständig wie der Wandel.«

Die Worte verschwammen vor meinen Augen. Ich gab mir alle Mühe, aber sie wollten einfach keinen Sinn ergeben. Ich war ungefähr sieben Jahre alt, hatte soeben mein erstes Kreuzworträtsel gelöst und saß irritiert vor dem Lösungssatz. Nichts ist so beständig wie der Wandel? Meine Großmutter bemerkte meine Ratlosigkeit, beugte sich zu mir runter und lächelte mich gütig an: »Das verstehst du noch nicht, das ist noch zu früh für dich.«

Jahre später: Brauchte es wirklich eine Pandemie, um den Wandel zu verstehen?

Ich weiß nicht, wie es Ihnen geht, aber ich hätte anfänglich gut und gerne auf die Pandemie 2020–2022 verzichten können. Hielt ich bis zu diesem Zeitpunkt jedes Jahr rund 100 Vorträge und Seminare in Unternehmen, so wurde mein Geschäftsmodell von jetzt auf gleich atomisiert. From hero to zero. Veranstaltungen, zu denen ich gebucht war, wurden erst verschoben, dann abgesagt. Die Menschen um mich herum wurden immer trauriger und irgendwann kamen die ersten Firmen-Insolvenzen. Es fühlte sich vieles nicht gut an. Was aber erstaunlich war: Obwohl ich bis zu diesem Zeitpunkt keinen einzigen Auftritt virtuell gemacht hatte, ging mein Unternehmen in nur elf Tagen online und wir bekamen trotz aller Widrigkeiten und dank einer tollen Mannschaftsleistung noch ein ganz bemerkenswertes Geschäftsjahr hin. Auf das Wesentliche heruntergebrochen gelang dem Unternehmen das, was jeder Einzelne aus einem Urinstinkt heraus erreichen will: Wir überlebten.

Angst, oder eben Angstfreiheit, ist bei Veränderung für viele ein großer Stressor. Die biologischen Stressreaktionen wurden von dem US-amerikanischen Physiologen und Psychologen Walter Cannon in seiner bekannten »Fight-or-Flight«-Theorie[14] zusammengefasst. In den späten 1980er-Jahren kamen vom britischen Psychologen Jeffrey Allan Gray noch zwei weitere Reaktionen dazu, nämlich *freeze* und *fright*. Ich habe daraus das »Schock, Flucht und Kampf«-Modell konzipiert.

SCHOCK-MODUS

Als Anfang 2020 so langsam durchsickerte, dass offenbar versehentlich eine Katze in Wuhan ein Reagenzglas auf den Boden kippte (metaphorische Darstellung, politisch mutmaßlich nicht korrekt), da waren viele Mitarbeiter in den Unternehmen in einer Art Schockzustand. Einerseits eine erhöhte Aufmerksamkeit – Moment, was passiert denn da grad –, andererseits aber auch eine gewisse Bewegungslosigkeit. Das ist menschlich absolut nachvollziehbar, völlig normal. Wenn wir in Südafrika auf Safari wären und plötzlich Aug' in Aug' mit einem Löwen, dann würden wir ja auch nicht großspurig sagen: »Komm her, du Biest, ich bin schon mit viel Stärkeren fertiggeworden«, sondern wir würden mutmaßlich ein bisschen defensiver an die ganze Sache rangehen, nach dem Motto: »Bloß nicht bewegen, denn wenn das Tier mich sieht, dann frisst es mich.« Ein neuer CEO und damit verbunden eine neue Unternehmensstrategie kann bei manchen Mitarbeitern ähnliche Reaktionen auslösen.

FLUCHT-MODUS

Nachdem der erste Schock in einem Veränderungsprozess überwunden ist, treten manche in eine Flucht-Phase ein. Das bedeutet, sie sind zwar aktiv, aber die Energie fließt nicht dorthin, wo sie dringend benötigt wird, nämlich in Kreativität, Kundenzentrierung und Unternehmertum, sondern in Ersatzhandlungen. Aktionismus. Operative Hektik. Sie jammern, sie hadern, sie hocken vorm Smartphone und laden manisch den Newsfeed bei LinkedIn, Facebook, Instagram. Und noch mal von vorne: LinkedIn, Facebook, Instagram. Doom-Scrolling, also ein exzessiver Konsum negativer Nachrichten im Internet (engl.: doom = Untergang, Verderben), vom Feinsten. Wichtig als Führungskraft ist, zu akzeptieren, dass es solche Phasen gibt.

KAMPF-MODUS – der schlechte und der gute

Der schlechte Kampf-Modus äußert sich in Wutausbrüchen. In Gewalt. In heftig protestierendem »Das darf aber nicht sein!«. Es ist der verzweifelte Versuch, durch Angriff, Kontroll- und Machtausübung so etwas wie Sicherheit herzustellen, was aber nicht gelingt, zumal große Veränderungsprozesse in aller Regel außerhalb des Einflussbereiches des Individuums liegen. Der schlechte Kampf-Modus bedeutet Stress pur und engt das Denken ein.

Der gute Kampf-Modus hingegen spiegelt sich in reflektiertem Handeln wider. Diese Menschen bleiben fluide, flexibel und optimistisch. Deren Lieblingswort heißt »Jetzt!«.

- »Jetzt bloß nicht in Schönheit sterben und warten, bis der Spuk vorbei ist.«
- »Jetzt den Stier bei den Hörnern packen.«
- »Jetzt sich fragen ›Wo sind die Chancen?‹«
- »Jetzt zusammenhalten und mit der neuen Situation kooperieren.«
- »Jetzt versuchen zu antizipieren und überlegen, wo die Reise hingehen könnte.«

Menschen im guten Kampf-Modus wissen: Der Sprung ins kalte Wasser fühlt sich nicht wärmer an, wenn man später springt.

Kaugummi versus Ziegelstein: Der Kampf der Gehirne in Zeiten der Veränderung

Wenn wir unser Gehirn interviewen könnten und es fragen würden, ob es Spaß an Veränderung hat, dann würde es vermutlich lässig abwinken und sagen: »Komm, lass gut sein, ich komm ganz gut zurecht.« Das Hirn ist faul. Wenn es nach ihm ginge, dann hätten wir vermutlich von Geburt an eine Universallösung für alle Probleme, gültig bis zum Ende unserer Tage.

Wer jetzt aber sagt: »Ich bin halt so«, dem möchte ich entgegnen, dass es durchaus möglich ist, das Gehirn umzuprogrammieren. Es hat die Eigenschaft, durch Training veränderbar zu sein. Man spricht von der Neuroplastizität.

Bubble Gum Brain oder Brick Brain – diese Metaphern beschreiben zwei grundlegende Denkweisen, mit denen Menschen auf Herausforderungen, Veränderungen und Lernen reagieren. Die Idee basiert auf dem Konzept des Wachstumsdenkens »fixed mindset versus growth mindset« der Psychologin Carol Dweck.[15]

»Die reinste Form des Wahnsinns ist es, alles beim Alten zu belassen und zu hoffen, dass sich etwas ändert.«[16]
Albert Einstein, Physiklegende

Auf der einen Seite steht das *Bubble Gum Brain*. Es ist elastisch, flexibel und anpassungsfähig, ähnlich wie ein Kaugummi. Es fördert die Vernetzung von Neuronen und die Bildung neuer Verbindungen. Menschen mit dieser Denkweise glauben, dass sie durch Anstrengung und Lernen wachsen können. Sie sehen Fehler als Gelegenheiten zum Lernen und sind bereit, Risiken einzugehen. Diese Personen sind neugierig, experimentieren gerne und haben keine Angst davor, aus ihrer Komfortzone herauszutreten.

Auf der anderen Seite steht das *Brick Brain*. Wie ein fester Ziegelstein ist diese Denkweise starr und unveränderlich. Ein Brick Brain neigt dazu, bestehende Muster zu zementieren. Menschen mit einem Brick Brain glauben, dass ihre Fähigkeiten und Intelligenz festgelegt sind und sich nicht ändern lassen. Sie vermeiden Herausforderungen, haben Angst vor Fehlern und geben oft auf, wenn sie auf Widerstand stoßen.

Neuroplastizität: Zu mehr Hirnmasse mit »The Knowledge«

Wie veränderbar das Gehirn wirklich ist, zeigt sich eindrucksvoll in einer Studie über Taxifahrer in London.[17] Wer in der britischen Hauptstadt die Zulassung für eine der bauchigen schwarzen Taxi-Limousinen bekommen will, muss sich nachweislich 25.000 Straßen und 20.000 Sehenswürdigkeiten merken. Genannt wird das Ganze ehrfürchtig »The Knowledge« (Das Wissen). Londoner Wissenschaftler um Eleanor Maguire vom University College London (UCL) haben sich dieses harte Gedächtnistraining für ihre Hirnforschung zunutze gemacht. Sie untersuchten, ob das Einprägen von Straßenmustern das Gehirn verändert. Das Ergebnis: Taxifahrer, die sich »The Knowledge« aneignen, verfügen über mehr graue Zellen im Hirnareal Hippocampus. Die Forscher werten diese Erkenntnis als Beleg dafür, dass Lernen auch im Erwachsenenalter Hirnstrukturen zum Positiven verändern kann. Andere Denkstrukturen erzeugen andere Hirnstrukturen.

Motivation in Zeiten der Veränderung: Die Top 5 der schlimmsten »Motivationssprüche«

Albert Einstein, die Physiklegende, sagte mal: »Die reinste Form des Wahnsinns ist es, alles beim Alten zu belassen und zu hoffen, dass sich etwas ändert.« Viele Führungskräfte meinen es gut (oder sie wissen es nicht besser), wenn sie ihre Mitarbeiter mit Motivationssprüchen für eine Verhaltensänderung begeistern wollen. Auch bei manchen Speakerkollegen wundere ich mich manchmal, aus welchen Untiefen sie ihre Sprüche hervorholen. Hier kommt mein persönliches Top 5 Ranking der schlimmsten Veränderungssprüche, die ich mit eigenen Ohren auf Unternehmenstagungen mit anhören musste:

Platz Nummer 5:
»Wenn du dich nicht veränderst, dann wirst du verändert.« (Da bekommt man doch richtig Lust auf Change.)

Platz Nummer 4:
»Einige Menschen mögen keine Veränderung, aber du musst Veränderung annehmen, wenn die Alternative dazu eine Katastrophe ist.« (Dieser Spruch stammt von Elon Musk. Er hatte schon mal lichtere Momente.)

Platz Nummer 3:
»Gehe mit der Zeit, sonst gehst du mit der Zeit.« (Das Mittelalter hat angerufen, es möchte seine Meinung zurück.)

Platz Nummer 2:
»Auch der schlimmste Tag hat nur 24 Stunden.« (Empathie wird in diesem Unternehmen großgeschrieben.)

Platz Nummer 1 (unangefochten):
»Unter Druck entstehen Diamanten.« (Ich dachte, der Spruch wäre bereits unter Androhung von Strafe verboten worden, bis ich ihn letztens doch tatsächlich bei einer Führungskräftetagung wieder mal gehört habe.)

Veränderungen: Das sagt Holger

Gewolltes oder überlebenswichtiges Changemanagement

»Nichts ist so beständig wie der Wandel«, bringt es Heraklit exakt auf den Punkt. Auch führende Unternehmen unterliegen heute dem Risiko, in kürzester Zeit vom Markt substituiert zu werden. In den letzten 100 Jahren war das Risiko niemals so groß wie in der aktuellen Zeit. Fast alle Branchen sind betroffen und neue Geschäftskonzepte und Technologien wie Robotik, 3D-Druck, Sensortechnologie, künstliche Intelligenz, Blockchain, Peer-to-Peer, Autonomes Fahren etc. beschleunigen die Dynamik für Veränderungen in den globalen Märkten unaufhaltsam. Disruptive Ecosysteme, geopolitische Spannungen, immer neue Regulierungen und viele weitere externe Einflüsse und Faktoren machen Veränderungsmanagement im Unternehmen überlebenswichtig. Es ist die Kernaufgabe der Unternehmensführung und ihren Führungskräften, dafür zu sorgen, dass das Unternehmen erfolgreich durch diese schwierigen Zeiten navigiert wird.

Changemanagement oder eine der Königsdisziplinen im Management

Operative, strategische, strukturelle oder kulturelle Veränderungen in globalen oder komplexen Organisationen erfolgreich zu führen und umzusetzen, gehört sicher zu den Königsdisziplinen im Management. Ich sehe es heute als Geschenk, dass ich Zeitzeuge für große Veränderungen in globalen Konzernen wie Caterpillar, Volvo oder Volkswagen / MAN sein durfte und viele von diesen Changeprozessen verantwortlich gestalten konnte.

Veränderungsmanagement hat viele Facetten und unterschiedlichste Herausforderungen. Betrachte ich »meine« Start-up-Firmen – die haben sich quasi Substitution, Innovation oder die Veränderungen von ganzen Ecosystemen als Injektion in ihre DNA tätowieren lassen. Es fasziniert mich bei jeder Begegnung und jedem Gespräch, wie flexibel die Organisationen sind, wie offen die Denk- und Handlungsweise der handelnden Personen ist und wie das tagtäglich gelebt wird. Je größer die Herausforderung, umso agiler wird die Mannschaft. Das ist ein großartiges Umfeld und sehr vielversprechend für die Zukunft. Gespräche und Diskussionen mit den Gründern und den wichtigen Akteuren wirken auf mich wie ein großer Motivationsschub.

PowerPoint oder »A lot of power – but nothing comes to the point«

Kommen wir zur »Old Economy« und den großen globalen Konzernen. Hier trennt sich schnell die Spreu vom Weizen – da gibt es einerseits die wirksamen CEOs, die umfangreiche Veränderungen erfolgreich umsetzen oder umgesetzt haben. Und dann leider auch die vielen Scharlatane, die jede Karaoke-Veranstaltung mit ihren PowerPoint-Präsentationen gewinnen würden, aber leider wenig oder gar nichts bewirken. Oder die angeblichen Führungskräfte, die mit brachialer Gewalt, Angst und der Brechstange – basierend auf Halbwahrheiten und im postfaktischen Umfeld – mit viel Micromanagement ihre Veränderungsprojekte angehen. Fast alle dieser »Change-Projekte« scheitern, und im Ergebnis bleibt neben hohen Spesen und Kosten nur die verlorene wertvolle Zeit, die dann für die wesentlichen Aufgaben der Unternehmung und für die dringend notwendigen Veränderungen fehlt. Darüber hinaus steigt die Frustration in der Belegschaft, und fast inflationär folgt Change-Projekt auf Change-Projekt.

Die aktuell turbulenten Zeiten und viele neue Realitäten können als Problem oder als Chance gesehen werden. Dementsprechend darf man nicht mit der gestrigen Realität beginnen und dann in ewig langen Excel-Kalkulationen die Zukunft ausschließlich auf Zahlenbasis interpolieren und prognostizieren – nein, man muss sich mit dem Markt, den Kunden, der Organisation, den Trends, den technischen Möglichkeiten beschäftigen. Es geht darum, die lösungsunabhängigen Kundenbedürfnisse zu verstehen und ununterbrochen an Produkten und Dienstleistungen zu arbeiten, um Kunden zufriedenzustellen.

Das verflixte 7. Jahr und die 2. Nachkommastelle

Zudem ersticken positive Veränderungen häufig in sinnlosen Planungs- und Budgetrunden. Da werden bei wichtigen Change- oder Innovationsprozessen sinnlose und vollkommen überflüssige Diskussionen über die zweite Nachkommastelle im Planungsjahr 7 geführt oder man verstrickt sich in kleinteiligem Aktionismus, in der kommunizierten Komplexität, in endlosen Kompromissschleifen mit der Mitbestimmung, dem Beharren auf Besitzständen. Es wird sich in Sub- und Nebenprozessen verzettelt, und wichtige Aufgaben werden einfach abgearbeitet – leider ohne den benötigten Qualitätsanspruch.

Wirksame CEOs und Führungskräfte erarbeiten den Sinn für notwendige Anpassungen und führen die Veränderung menschlich, stringent und mit sehr viel Fleiß und Ausdauer. Sie laden die wichtigen Führungskräfte und die Belegschaft zum gemeinsamen Gestalten ein und stellen von Anfang an sicher, dass die Menschen einen Sinn in den Änderungen und Potenzial für sich und das Geschäft sehen und diese gemeinsam an einem Strang ziehen. Ob »Purpose«, »Sinn« oder »Vision« – egal welches

Vokabular genutzt wird, es gilt, daraus eine langfristige Mission und normative und operative Strategien sowie Aufgaben / Handlungen abzuleiten und diese regelmäßig an die Bedürfnisse der Kunden und des Marktes anzupassen.

Und dann gibt es noch eine Stärke der »Umsetzer«. Der vorhandene Leidensdruck und die daraus entstandenen, teilweise hochkomplexen Veränderungen werden kurz und prägnant, aber für jeden verständlich kommuniziert. Ich nannte es früher immer die »KISS«-Strategie – »keep it short & simple«. Je einfacher und verständlicher die Kommunikation aufbereitet ist, desto erfolgreicher wird das Projekt werden.

Entscheidungen müssen im Resultat konsequent sein, aber große Leader zeigen Respekt vor der Vergangenheit, dem bisher Erreichten, zeigen Empathie und Menschlichkeit. Man kümmert sich um die von den Konsequenzen Betroffenen und zeigt Perspektiven jenseits von ausschließlichen Renditeversprechen auf. Läuft zu Beginn eines Veränderungsprozesses auch mal etwas aus der Bahn, werden nicht gleich Schuldige gesucht, sondern Ursachen verifiziert und Lösungen implementiert. Große Persönlichkeiten teilen Lob und Anerkennung, und die ersten erreichten Ziele und Ergebnisse gehören den Mitarbeitern und nicht dem Chef. Diese Führungskräfte »fordern« und »fördern«, und ganz nebenbei wachsen und gedeihen in einem solchen Umfeld die Führungskräfte der Zukunft. Sie werden einen Quantensprung in der Unternehmenskultur feststellen, wenn sich dieses Belohnungs- und Beförderungsszenario manifestiert.

Persönlichkeiten & Saboteure in der paritätischen Mitbestimmung in Deutschland

Der Querschnitt der Gesellschaft spiegelt sich in allen Menschenansammlungen und auch in Unternehmen wider. Und ja, es gibt sie, die kleinen Saboteure im Unternehmen und auch in der Mitbestimmung. Unter dem Deckmantel des Betriebsverfassungsgesetzes wird so ziemlich jede mögliche Aktion gefahren, um Lärm zu machen, Stolpersteine in den Weg zu legen, sich vor der Arbeit zu drücken oder persönliche Vorteile für sich oder das persönliche Netzwerk zu ergattern. Solche Störenfriede können im Unternehmen großen wirtschaftlichen Schaden anrichten und eine ganze Organisation lähmen. Da braucht es straffe Betreuung und es kostet leider viel Zeit und Geld, was in manchen Zukunftsprojekten besser aufgehoben wäre.

Gott sei Dank habe ich aber auch die andere Kategorie von Betriebsräten und ganz besondere Führungspersönlichkeiten kennenlernen dürfen und viele Jahre mit ihnen gut zusammengearbeitet. Eine meiner goldenen Regeln war es immer, den / die Betriebsratsvorsitzende/n frühzeitig ins Boot zu holen und Rahmenbedingungen oder Prämissen bei Veränderungen bereits zeitig abzustimmen. Im respektvollen und ehrlichen bilateralen Gespräch werden unterschiedliche Standpunkte nie so heiß gegessen wie coram publico. Respektvoller und wertschätzender Umgang mit der Mitbestimmung ist ein gutes Fundament, in gegebenen Situationen auch schwierige Entscheidungen zu treffen und zu meistern. Jeder Betriebsrat weiß, dass es nur bei erfolgreichen Unternehmen etwas für ihn / sie zum Verteilen gibt. Es geht halt nicht um das Ego der handelnden Personen, sondern um die gemeinsamen Unternehmensinteressen, um das Unternehmen erfolgreich und stabil in die Zukunft zu führen. Nur erfolgreiche Unternehmen bieten sichere Arbeitsplätze …

Veränderung ist Sisyphusarbeit

Changemanagement ist harte und umfangreiche Sisyphusarbeit. Neben allen wichtigen Sach- und Strukturthemen ist es in einer großen Transformation von ganz besonderer Bedeutung, die Unternehmenskultur so auszurichten, dass Mitarbeiter immer Gehör finden, angenehme und unangenehme Wahrheiten akzeptiert werden und eine respektvolle Streitkultur in die Unternehmenskultur Einzug hält.

Mein wichtiger Rat: Und wenn Sie es auch noch so eilig haben, setzen Sie sich hin, kreieren Sie die Meilensteine und das Ziel, kommunizieren Sie authentisch, leben Sie die gewünschte Unternehmenskultur vor, holen Sie die wichtigsten Menschen innerhalb und außerhalb Ihrer Organisation ab und dann einfach stringent und mit viel Fleiß MACHEN, MACHEN und nochmals MACHEN.

Aktionsplan der Oma

Sie wollen große Veränderungen mit Ihrem Team angehen? Hier sind ein paar Empfehlungen, wie Oma das anpacken würde.

Klartext statt Rumgeeiere: Oma ruft die Familie zusammen, um die neue Realität und Risiken aufzuzeigen. Sie wird auf die Möglichkeit hinweisen, Liebgewonnenes zu verlieren, und gleichzeitig darauf aufmerksam machen, dass man sich die Butter nicht so einfach vom Brot nehmen lassen wird.

Sinn stiften: Oma weiß, dass Sinn die stärkste integrativ wirkende Kraft ist. Wenn Mitarbeiter verstehen, warum eine Veränderung notwendig ist und wie sie sich auf ihre Arbeit und das Unternehmen insgesamt auswirkt, sind diese eher bereit, Veränderungen zu akzeptieren und aktiv daran mitzuwirken.

Aufbruchstimmung: Oma wird eine Aufbruchstimmung auslösen. Interne Zwistigkeiten werden befriedet, die Stärken der Familienmitglieder werden analysiert, der finanzielle Spielraum geprüft, Ausgaben werden auf das Wesentliche reduziert. Oma ermutigt jeden Einzelnen, sich für die Familie einzusetzen und alle Aktivitäten auf das gemeinsame Ziel auszurichten. Ein Teamspirit wird herbeigeführt, und Oma stellt sicher, dass sich dieser fest etabliert.

Ziele definieren & Aufgaben verteilen: Oma führt jedem das große Ziel vor Augen und ableitend davon erhält jeder seine Aufgaben und Meilensteine. Sie stellt sicher, dass alle individuellen Aufgaben & Ziele auf das Projekt- oder Unternehmensziel einzahlen.

Allokation von Ressourcen: Oma stellt sicher, dass das operative Geschäft (Tagesgeschäft) reibungslos läuft. Sie sorgt dafür, dass genug Zeit, Geld und Ressourcen bereitgestellt werden, um die Veränderung erfolgreich umzusetzen.

Kommunikation & Stakeholder: Oma nutzt alle Gelegenheiten, um eine authentische und lückenlose Kommunikation durchzuführen. Sie sorgt dafür, dass alle Stakeholder maßgeschneiderte Informationen erhalten und den Veränderungen zustimmen. »Stakeholder« – oder wie Oma sagen würde: »Meine Enkel, Neffen und Nichten.«

Lagebesprechung & Reflexion: Oma nutzt jede Möglichkeit zur Lagebesprechung und führt hierzu Routinen ein. Oma sorgt für offene Selbstreflexion. Treten bei Einzelnen Schwierigkeiten auf, nimmt sie das »Kollektiv« in die Verantwortung, um die Probleme zu lösen.

Erfolge feiern: Oma wird mit dem Team die individuellen Erfolge und die Teamerfolge feiern und sicherstellen, dass alle Teammitglieder am Erfolg teilhaben.

Gewinner & Verlierer: Oma wird sicherstellen, dass es mehr Gewinner als Verlierer gibt. Gibt es Verlierer, wird sie mit den Betroffenen frühzeitig reden und Lösungen schaffen.

ROUTINE

Veränderungen gerne! Aber nur für die anderen. Als Führungskraft Veränderungen von den Mitarbeitern einzufordern ist das eine. Sie selbst zu leben, das andere. Hilfreich ist eine Visionstafel mit diesen Parametern:

1. **Zentrales Vision-Statement:** In der Mitte der Tafel befindet sich ein prägnantes, inspirierendes Statement, das die Kernvision der Führungskraft oder des Unternehmens repräsentiert.
2. **Bereiche der Veränderung:** Um das zentrale Statement herum werden verschiedene Bereiche angeordnet, die die spezifischen Veränderungen darstellen. Dies können beispielsweise »Digitale Transformation«, »Unternehmenskultur«, »Nachhaltigkeit«, »Kundenorientierung« usw. sein.
3. **Fortschrittsanzeigen:** In jedem Bereich wird der Fortschritt der Veränderung durch visuelle Elemente wie Balkendiagramme, Prozentanzeigen oder Fortschrittsbalken dargestellt.
4. **Erfolgsgeschichten und Testimonials:** Kleine Abschnitte oder Bilder, die konkrete Erfolgsgeschichten oder positive Rückmeldungen von Mitarbeitern, Kunden oder anderen Stakeholdern zeigen.
5. **Zukünftige Ziele und Meilensteine:** Visualisierung der kurz-, mittel- und langfristigen Ziele, die in den jeweiligen Veränderungsbereichen erreicht werden sollen, möglicherweise mit Zeitachsen oder Fristen.
6. **Inspiration und Motivation:** Motivierende Zitate, Bilder oder Symbole, die die Führungskräfte und Teammitglieder inspirieren und an die übergeordnete Bedeutung der Veränderungen erinnern.
7. **Interaktive Elemente:** Möglichkeiten für die Führungskräfte, eigene Notizen oder Ideen hinzuzufügen, wie Post-it-Notizen oder beschreibbare Bereiche.
8. **Visuelle Konsistenz:** Einheitliches Design, das die Unternehmensfarben und -logos nutzt, um ein Gefühl der Zugehörigkeit und Markenidentität zu schaffen.

Diese Visionstafel dient nicht nur als Erinnerung und Motivation, sondern auch als Kommunikationsmittel, um den Fortschritt und die Richtung der Veränderungen im Unternehmen transparent zu machen.

Die Top 5 Kernbotschaften zu Omas Regel Nr. 7
NICHTS IST SO BESTÄNDIG WIE DER WANDEL

1. Nur wer die Vergangenheit respektiert, versteht die Zukunft. Entscheidungen müssen im Resultat konsequent sein, aber große Leader zeigen Respekt vor der Historie und dem bisher Erreichten.
2. Veränderung ist Sisyphusarbeit. Unbedingt dranbleiben!
3. Change-Projekte, die auf Angst und Micromanagement basieren, scheitern oft. Sie verschwenden Ressourcen und Zeit.
4. Der Sinn der Veränderung ist für Mitarbeiter von entscheidender Bedeutung. Sinn ist die stärkste integrativ wirkende Kraft.
5. Der Sprung ins kalte Wasser fühlt sich nicht wärmer an, wenn man später springt!

Omas Regel Nr. 8:

MIT DEM REDEN MACHT MAN'S AUS

Diese Idee steckt dahinter

Oma mag keine Konjunktive, ihr ist lieber Communication loud and clear! Kommunikation ist alles und ohne Kommunikation ist alles nichts. Sprecht miteinander. Laut und deutlich. Auch mal konfrontativ-provokativ.

Da kommt's her

Sowohl die »Gresser Nandl« (eigentlich Oma Anna) aus dem kleinen Dorf Gösselsdorf in der Oberpfalz/Bayern als auch Oma Maria aus dem oberfränkischen Stadtsteinach haben diese Regel überliefert. Danke an die beiden – und an deren Enkel Christine und Freddy.

Kommunikation: Das sagt Paul

Oma schwurbelt nicht groß rum. Oma verliert sich nicht in Konjunktiven. Oma neutralisiert auch nicht ihre Botschaften aus Angst davor, den Familienfrieden zu stören. Oma macht Ansagen, und zwar genau dann, wenn sie nötig sind. Nicht jeder im Familienverbund findet das prickelnd, aber eines gibt es hinterher nur selten: Interpretationsspielraum. Und genau das zeichnet gute Kommunikation aus.

Shit in, shit out

»Wir stehen für Qualität und Service!«, sagt der Vertriebsleiter stolz. Ich frage nach, was er konkret unter »Qualität« und »Service« verstehe. Antwort: »Na ja, die Qualität unserer Produkte ist einzigartig. Die ist richtig gut.« Ich lasse nicht locker und erkundige mich, was er denn konkret unter einem »exzellenten Service« versteht. Nachdem er mir das wortreich erklärt, frage ich ihn mit einem Augenzwinkern, was denn seine Mitarbeiter konkret unter einem »exzellenten Service« verstehen. Er holt tief Luft, beginnt zu sprechen, stockt und blickt mich ernst, fast schon traurig, an: »Ich kann es Ihnen nicht sagen.«

Ja, wie auch. Wenn er schon nicht genau erklären kann, was er unter Qualität und Service versteht, wie sollen es dann seine Mitarbeiter erklären können? Es ist wie bei der Digitalisierung: Wenn Sie einen Scheißprozess digitalisieren, dann haben Sie einen scheiß digitalen Prozess. Wenn Sie etwas ins System reinkippen, das nicht gut ist – wie soll dann hinterher was Gutes dabei rauskommen?

»Qualität und Service« – das sind nur zwei von ganz vielen Worthülsen in unserem alltäglichen Sprachgebrauch, die vage sind, uneindeutig und den Empfängern der Botschaft einen großen Interpretationsspielraum bieten. Nachhaltigkeit, Transformation, Digitalisierung, Teamwork, Agile, New Work – im Business wimmelt es nur so davon. Ich nenne diese Begriffe liebevoll »die Schwammigen«. Wenn man sie benutzt, sind Missverständnisse vorprogrammiert und man muss sich als Führungskraft nicht wundern, wenn Mitarbeiter vor einem stehen und sagen: »Aber Sie haben doch gesagt …?«

Mehr Klarheit und Verständlichkeit mit »Was konkret …?«

Warum nicht konkret werden? Aus Angst davor, verstanden zu werden? In der Hypnose, in der schwarzen Rhetorik und in der Politik wimmelt es nur so von schwammigen Wörtern. Hier dienen sie einem höheren Zweck, nämlich Aussagen bewusst abstrakt und diffus zu gestalten, um nicht konkret werden zu müssen.

Ich habe relativ früh im Journalismus einen praktischen Trick gelernt, mit dem man »die Schwammigen« aushebeln kann. Und zwar verwenden gute Journalisten, die schnellstmöglich zum Kern vordringen wollen, in ihren Interviews gerne das Wort »konkret«. Damit werden mehrdeutige Begriffe oder vage Botschaften in Rekordzeit entlarvt und konkretisiert. Diese zwei Zauberfragen sorgen für Klarheit:

Erste Zauberfrage: »Was konkret meinen Sie mit …?«

Zweite Zauberfrage: »Können Sie mir dazu ein konkretes Beispiel nennen, bitte?«

Beispiel 1:

Mitarbeiter: »Ich finde, unser Team könnte bei den Projekten proaktiver sein.«

Führungskraft: »Was konkret meinen Sie, wenn Sie sagen, unser Team sollte ›proaktiver‹ sein?«

Mitarbeiter: »Nun, die Teammitglieder sollten Initiative zeigen, ohne darauf zu warten, dass man ihnen alles detailliert aufträgt.«

Führungskraft: »Können Sie mir dazu ein konkretes Beispiel nennen, bitte?«

Mitarbeiter: »Klar, zum Beispiel hätte das Team letzte Woche eigenständig die Marktanalyse beginnen können, statt auf die monatliche Besprechung zu warten.«

Beispiel 2:
Mitarbeiter: »Ich denke, die Kommunikation im Team ist nicht effektiv.«
Führungskraft: »Was konkret meinen Sie mit ›nicht effektiv‹ in Bezug auf die Teamkommunikation?«
Mitarbeiter: »Es ist oft so, dass Besprechungen ohne klare Tagesordnung oder Ziel stattfinden.«
Führungskraft: »Können Sie mir dazu ein konkretes Beispiel nennen, bitte?«
Mitarbeiter: »Natürlich. Letzte Woche hatten wir ein Meeting, in dem es um das neue Projekt ging, aber es gab keine Agenda und am Ende war nicht klar, wer welche Aufgaben übernehmen sollte.«
Führungskraft: »Ich verstehe. Damit wir das verbessern können, hätten Sie einen konkreten Vorschlag, wie eine effektive Lösung aussehen könnte?«
Mitarbeiter: »Ich denke, es wäre hilfreich, wenn wir die Agenda für Meetings mindestens zwei Tage im Voraus erhalten könnten. So könnte jeder vorbereitet in die Besprechung gehen und wir hätten klare Punkte, die abgearbeitet werden müssen.«

Diese Art des konkreten Nachfragens hat noch einen anderen Vorteil: Sie gibt dem Mitarbeiter die Möglichkeit, Teil der Lösung zu werden. Das wiederum kann zu mehr Engagement und Verantwortungsbewusstsein im Team führen. Stellen Sie die Zauberfragen freundlich, offen und mit einem ehrlichen Interesse an der Sache. Und sollten Sie vage Wörter in diesem Buch entdecken (bestimmt gibt es welche), die Sie von uns aufgedeckt haben wollen, dann schreiben Sie uns und wir erledigen das gerne für Sie.

Zwei Politiker unterhalten sich:
»Was haben Sie neulich noch mal in Ihrer großartigen Rede über die Legalisierung von Cannabis gesagt?«
»Ich? Nichts!«
»Das ist mir schon klar. Ich wollte nur wissen, wie Sie es formuliert hatten.«

Kleine Frage – Riesenwirkung. Wie eine einzige Seminarerkenntnis in Echtzeit ein grundlegendes Missverständnis aufdeckte

Nach einem meiner Positive-Leadership-Seminare hatte eine Führungskraft, Leiterin Organisationsentwicklung in einem Konzern, direkt die

Gelegenheit, die erworbenen Erkenntnisse in der Praxis anzuwenden. Noch am selben Abend nach dem Workshop fand in ihrem Unternehmen ein Projektmanagement-Meeting statt, in dem es um die Ausgestaltung des Stakeholder-Managements ging. Am Besprechungstisch: sie, ein externer Berater und der Projektleiter. Im Gespräch stellte sich heraus, dass der Projektleiter die Auffassung vertritt, Stakeholder-Management sei allein seine Aufgabe. Allgemeine Irritation am Tisch. Woraufhin die Führungskraft nachfragte: »Was konkret verstehst du denn unter Stakeholder-Management?« Antwort: »Mit den Vorständen kommunizieren und sie im Informationsfluss halten.« In dem Moment wurde klar, dass hier ein grundlegendes Missverständnis vorliegt. Stakeholder-Management umfasst alle Prozessbeteiligten, also nicht nur die Führungsebene, sondern auch die Mitarbeiter. Die Runde löste dieses Problem, indem sich die Beteiligten durch eine ausführliche, konkrete Stakeholder-Analyse und ein Stakeholder-Mapping die Stakeholder so aufteilten, dass der Informationsfluss über alle Ebenen gesichert und das Projekt sauber aufgestellt werden konnte.

»Es ist besser, wenn du kündigst!«: Konfrontativ-provokative Kommunikation

Markus, einer meiner langjährigsten Freunde und eine äußerst energetisch-inspirierende Führungskraft in einer der weltweit größten Mediaagenturen, erzählte mir folgendes Erlebnis: Seine Company fusionierte mit einem anderen Unternehmen und es kam zu den üblichen Wachstumsschmerzen. An manchen Stellen ging es drunter und drüber, mitunter war es richtig chaotisch. Nicht umsonst steckt das Wort »Fusion« in »Konfusion«.

Eine Mitarbeiterin, die kurz zuvor die Abteilung gewechselt hatte, war zutiefst frustriert. Sie empfand alles als ziemlich unübersichtlich, nichts funktionierte mehr, es war ein Durcheinander. Unter diesem Eindruck suchte sie das Gespräch mit Markus, ihrer Führungskraft, und teilte ihm mit, dass sie kündigen werde. Dieser aber wollte sie unbedingt halten: »Lass uns einen Deal machen. Ich bin grad dabei, vieles zum Positiven zu verändern, es würde mich freuen, wenn du Teil der Mannschaft bleiben würdest. Wenn du dir das noch zwei Monate ansiehst und zum Schluss kommst, dass es wirklich besser ist, zu kündigen, dann kannst du kündigen, und von den sechs Monaten Kündigungsfrist erlasse ich dir zwei Monate. Quasi so eine Art Kompensation dafür, dass du es dir zumindest noch einmal überlegt hast.«

Zwei Monate später kommt die Mitarbeiterin zum vereinbarten Termin – mit dem Kündigungsschreiben in der Hand.

Bevor sie etwas sagen und Markus die Kündigung überreichen kann, ergreift der die Initiative: »Ich habe mir das noch mal überlegt. Es ist besser, wenn du kündigst. Warum? Weil ich gerne Menschen in der Firma hätte, die mit anpacken. Keine, die sich hinsetzen und warten, bis andere für sie ein schönes Umfeld und eine entspannte Arbeitsatmosphäre schaffen. Ich will Menschen im Team haben, die Lust haben, die etwas bewegen wollen.«

Selbst die Verwirrung muss verwirrt gewesen sein in diesem seltsamen Moment. Die Mitarbeiterin schweigt. Was geht in ihr vor? Ist sie irritiert? Fühlt sie sich an der Ehre gepackt? Fühlt sie sich herausgefordert? Nach einer kurzen Pause passiert das Unvorstellbare. Die beiden wechseln noch ein paar Worte, die Mitarbeiterin bedankt sich bei Markus für seine Offenheit und Direktheit – und steckt ihre Kündigung wieder ein. Sie verlässt das Büro und ist von dem Moment an nicht mehr zu bremsen. Aus dem Stand entwickelt sie eine unglaubliche Energie, packt mit an, ist engagiert, leidenschaftlich, hat ein super Commitment zum Unternehmen und wird in kurzer Zeit zu einer tragenden Säule im wichtigsten Team der Company.

Konfrontativ-provokative Kommunikation kann, wenn sie konstruktiv ist und mit dem Ziel der Verbesserung eingesetzt wird, ein mächtiges Werkzeug sein, um Engagement und Veränderungsbereitschaft zu fördern. Diese Form der Kommunikation im Sinne eines anpackenden Miteinanders kann eine transformative Kraft in einem Unternehmen sein. Es gehört nur manchmal ein bisschen Mut dazu.

»Nur das, was ankommt, gilt als kommuniziert.«
Unbekannt

Ins offene Messer laufen lassen oder mit offenen Karten spielen? Klarheit schaffen, bevor Probleme entstehen

Thomas, eine charismatische Führungskraft bei einem internationalen Logistikkonzern, stand vor einer schier unlösbaren Aufgabe: Die Wirtschaft brummte, tonnenweise Waren wollten von A nach B bewegt werden, jedoch herrschte auf dem Markt massiver Lkw-Fahrermangel. Gravierende Lieferengpässe für die Kunden waren die vorhersehbare Folge. Im Logistikunternehmen entbrannte eine hitzige Diskussion darüber, wie man mit dieser Situation umgehen soll: die Kunden ins offene Messer laufen lassen oder sie vorab informieren, dass es in bestimmten Zeiträumen eng werden könnte.

Für seinen Logistikvorstand war sonnenklar: Eskalieren lassen, keine präventive Kommunikation! Keine Option für Thomas. Er setzte sich mit der Idee durch, die Kunden in einem mit viel Fingerspitzengefühl formulierten Brief darüber zu informieren, dass es in drei fest definierten Wochen zu Kapazitätsengpässen kommen könnte. Ergebnis: Die Kunden waren, selbst wenn das Problem für sie nicht gelöst werden konnte, dankbar über diese Form der Kommunikation, weil sie wiederum ihre Kunden über den Ist-Zustand informieren und für Verständnis werben konnten. Heute ist Thomas im Übrigen selbst Logistikvorstand – aber in einem anderen Unternehmen.

Don't bore us – get the chorus

Roxette hat es 1995 mit ihrem Greatest Hits Album »don't bore us – get to the chorus!« auf den Punkt gebracht: Langweile uns nicht (don't bore us), sondern beginne direkt mit dem, was die Menschen interessiert, nämlich dem Wesentlichen (the chorus). Präsentation ist alles und ohne Präsentation ist alles nichts. Je wichtiger eine Idee, desto entscheidender ist deren Präsentation. Fakt ist aber auch: Die meisten Präsentationen sind oft recht trockene Erklärstücke. Information statt Inspiration. Fakten auf Fakten auf Fakten, vielleicht noch ein paar Grafiken, dann noch mehr Fakten. Ich habe oft den Eindruck bei Kongressen und Tagungen, amerikanische Sprecher haben Angst, nicht verstanden zu werden – europäische Sprecher hingegen haben Angst, verstanden zu werden. Meine Vermutung: Wenn Inhalte sehr einfach daherkommen, dann tendiert man vielleicht dazu, sie zu unterschätzen. Aber hören die Leute im Auditorium wirklich zu? Wird sich Ihr Publikum in fünf Minuten noch an das erinnern, was Sie gesagt haben? »Die Menschen werden vergessen, was du sagtest, die Menschen werden vergessen, was du tatest, aber die Menschen werden niemals vergessen, welches Gefühl du ihnen gabst«, sagte einmal die US-amerikanische Autorin und Bürgerrechtlerin Maya Angelou.[18] Was den meisten Präsentationen (und erst recht den Zuhörern im Publikum) guttun würde, sind nicht noch mehr Fakten, sondern noch mehr Stories, Best Practices und Heldengeschichten. Facts tell, stories sell.

Eine erfrischende, kreative Idee für seine Vertriebs- und Customer Service-Tagung hatte Lutz Blankenfeldt, der Strategie- und Marketingleiter des Logistikdienstleisters trans-o-flex aus Baden-Württemberg. Er verknüpfte alle Programmpunkte mit dem Hollywood-Blockbuster »Forrest Gump« und alle Referenten bauten ihre Storylines rund um die Filmzitate.

Agenda Vertriebstagung

08.00 Uhr	»Mama wusste alles« (Offizielle Begrüßung)
08.15 Uhr	»Verdammt, Gump, Warum haben Sie Ihr Gewehr

	so schnell zusammengebaut??? Weil Sie es gesagt haben, Sir!« (Vortrag über Liefergeschwindigkeit)
10.15 Uhr	»Das Leben ist wie eine Schachtel Pralinen. Man weiß nie, was man bekommt.« (Customer Experience)
10.45 Uhr	»Bubba war mein bester Freund und sogar ich weiß, dass man so etwas nicht an der nächsten Straßenecke finden kann.« (Mitarbeiterzufriedenheit)
11.30 Uhr	»Mama sagt immer: Dumm ist der, der Dummes tut.« (Fehlervermeidung vor Fehlerbeseitigung)
12.00 Uhr	»Mama hat immer gesagt, man muss die Vergangenheit hinter sich lassen, bevor man weitermacht.« (Auf in die Zukunft, Intensivierung)

Mein Impulsvortrag stand in der Agenda regulär mit »Den Kunden zum Fan machen«, wobei hier auch ganz gut »Run, Forrest, run!« gepasst hätte, denn Kundenbegeisterung ist ein Rennen ohne Ziellinie.

Nimm Feedback nur an von Menschen, die dort stehen, wo du gerne wärst!

Diesen Luxus können sich Selbstständige leisten, im Unternehmenskontext ist so was leider nicht immer möglich. Aber Feedback bekommen heißt ja nicht immer, kritisiert zu werden. Feedback kann auch bedeuten, Lob zu bekommen. Na ja, werden Sie sagen, beim Loben kann man ja wohl nicht wirklich viel verkehrt machen. Sicher?

Wenn jemand beispielsweise gut mit Excel umgehen kann, sagt man in aller Regel zu ihm: »Du bist richtig gut in Excel« oder »Excel, das hast du wirklich drauf«. Feedback konzentriert sich im Alltag oft auf das *Ergebnis*. Erst Feedback aber, das sich auf *das Engagement und die Anstrengung* statt auf reine Ergebnisse fokussiert, fördert eine lernorientierte und wachstumsorientierte Einstellung.

Hier sind fünf Beispiele aus dem Unternehmenskontext, wie Führungskräfte ihren Mitarbeitern positives Feedback geben können, das nicht das *Ergebnis*, sondern das *persönliche Engagement* und die *Anstrengung des Mitarbeiters* belohnt.

Lob bei positivem Projektabschluss

Anstelle von: »Toll, dass das Projekt pünktlich fertig wurde.«
(= das Ergebnis)

Besser: »Ich schätze deine harte Arbeit und das Engagement,

das du gezeigt hast. Deine Bereitschaft, Überstunden zu machen und kreative Lösungen zu finden, hat den Unterschied gemacht.« *(= Das Engagement, die Anstrengung dahinter)*

Lob bei der gelungenen Lösung eines Problems

Anstelle von: »Gut, dass du das Problem gelöst hast.« *(= das Ergebnis)*

Besser: »Deine Beharrlichkeit bei der Suche nach der Ursache des Problems und deine Fähigkeit, verschiedene Lösungsansätze zu prüfen, ist beeindruckend.« *(= Das Engagement, die Anstrengung dahinter)*

Lob bei einem großartigen Teamwork

Anstelle von: »Das Team hat großartig zusammengearbeitet.« *(= das Ergebnis)*

Besser: »Ich habe bemerkt, wie du das Team durch deine unterstützende Haltung und deine Bereitschaft, anderen zu helfen, befeuert hast. Dein Engagement, ein motivierendes Umfeld zu schaffen, hat maßgeblich zum Erfolg des Teams beigetragen.« *(= Das Engagement, die Anstrengung dahinter)*

Lob nach einem begeisternden Kundenservice

Anstelle von: »Die Kundenbeschwerde hast du erfolgreich bearbeitet.« *(= das Ergebnis)*

Besser: »Die Art und Weise, wie du die Beschwerde des Kunden angegangen bist, nämlich mit Geduld und Verständnis, hat mich begeistert. Und wie du dich reingehängt hast, eine Lösung zu finden, die den Kunden zufriedenstellt, das zeigt, wie kundenorientiert du bist.« *(= Das Engagement, die Anstrengung dahinter).*

Lob, wenn sich Mitarbeiter weiterentwickelt haben

Anstelle von: »Du hast deine Fähigkeiten in diesem Bereich verbessert.« *(= das Ergebnis)*

Besser: »Ich habe gesehen, wie viel Mühe und Zeit du in deine persönliche und berufliche Entwicklung investiert hast. Deine Bereitschaft, zu lernen und dich selbst herauszufordern, ist wirklich lobenswert.« *(= Das Engagement, die Anstrengung dahinter).*

Kommunikation: Das sagt Holger

Kommunikation als Schlüssel zum Erfolg

Berlin im Spätherbst 2021: Eine junge Politikergeneration übernimmt die Regierungsgeschäfte und eine neue, erfrischende Art der Kommunikation hält Einzug ins politische Berlin. Robert Habeck schafft es als neuer Vizekanzler und Bundeswirtschaftsminister, die Menschen zu begeistern und in seinen Bann zu ziehen. Erst lässt er Annalena Baerbock als grüne Spitzenkandidatin in den Wahlkampf ziehen und auch sonst macht er fast alles richtig. Habeck erklärt seine Vision und weist seine Zuhörer auch auf die größten Herausforderungen des Weges hin. Seine Beliebtheitswerte steigen von Tag zu Tag und im Politbarometer belegt Habeck regelmäßig einen Spitzenplatz unter den beliebtesten Politikern Deutschlands. Zu Beginn seiner Amtszeit scheint es für ihn und seine Grünen keine Grenzen mehr zu geben, manche sprechen bereits vom ersten »Grünen« als Bundeskanzler. Weit über die grünen Parteigrenzen hinaus wird die offene und ehrliche Kommunikation von Robert Habeck geschätzt.

Die Ampelkoalition war immer ein kompliziertes »Dreiecksverhältnis«, aber spätestens wenn Habeck auftauchte, konnte er die Wogen glätten. Dank seiner authentischen und gewinnenden Kommunikationsfähigkeiten befindet sich Robert Habeck zu diesem Zeitpunkt auf dem Höhepunkt seiner politischen Karriere. Die Grünen mutieren plötzlich zur Volkspartei, und die Menschen in Deutschland erleben mit Habeck & Co. eine regelrechte Aufbruchstimmung.

Keine zwei Jahre später hagelt es Kritik an Habeck, seiner Rhetorik und seiner einst hochgelobten perfekten Wortakrobatik. Grobe kommunikative »Schnitzer« pflastern seinen Weg; er hat eher zweitklassige Berater. Ein fragwürdiger, fast naiver Besuch beim Emir von Katar, seine Ausführungen zum Insolvenzrecht, die entstandene Inflation oder fehlendes Fingerspitzengefühl im Umgang mit Menschen erschweren ihm die Umsetzung vieler guter Vorsätze. Seine einst gewinnende Kommunikation wird zum Opfer des Dauerstreits in der Ampel und der fehlenden Substanz seiner Taten. Zur Halbzeit seiner Amtszeit kann einem Robert Habeck fast leidtun. Spätestens jetzt zeigt sich die Macht und Wirkung professioneller Kommunikation.

Macht und Risiken der Kommunikation

Es ist der Höhepunkt der Finanz-, Banken- und Wirtschaftskrise im Jahr 2008: Ein Branchenprimus, eine Ikone der Finanzindustrie, die amerikanische Investmentbank Lehman Brothers, meldet Insolvenz an und bringt das globale Finanzsystem an den Rand des Abgrunds. Das Drama entwickelt sich über ein Jahrzehnt fast wie ein Schneeballsystem und bricht dann quasi über Nacht zusammen. Es gibt immer ein paar Gewinner, aber leider auch unglaublich viele Verlierer und damit Organisationen sowie Menschen, die das alles ausbaden müssen. Ich habe dann oft gehört, dass das nur in Amerika passieren kann.

»Tritt fest auf, mach's Maul auf, hör bald auf!«[19]
Martin Luther

Es ist immer das gleiche Muster und eine ausgeklügelte Kommunikationsstrategie der großen Pleitiers und Bankrotteure. Sie locken mit schnellem Geld, wenig Aufwand und unrealistisch hohen Renditen, und alle fallen immer wieder darauf herein. Waren es in den USA die Subprimes, die unseriösen Hypothekenkredite, die zum Teil ohne Zins- und Tilgungszahlungen an zahlungsunfähige Kunden vergeben wurden, und die daraus resultierenden Kreditausfallversicherungen in Milliardenhöhe, die die Krise auslösten, so waren es in Mitteleuropa die Forderungen der IBH-Holding, die unseriösen Mieteinnahmen des Schneider-Immobilienimperiums oder die zigfach finanzierten »Bohrsysteme« im Flowtex-Skandal. »Bankrotteure leben besser. Maschinen, Models und Millionen« heißt das Buch, das die Lebensgeschichte und Insolvenz des Baumaschinenkönigs Horst-Dieter Esch beschreibt und das ich als interessante Lektüre für den nächsten Urlaub nur empfehlen kann.[20] Nicht weniger kurios, aber ebenso interessant ist die Immobilienpleite von Dr. Jürgen Schneider, der es immer wieder schaffte, größere Flächen und Mieteinnahmen seiner Immobilien über Banken zu finanzieren, als tatsächlich möglich waren. Der Gipfel der Dreistigkeit war wohl Manfred Schmider, genannt »Big Manni«, von Flowtex. Der ließ seine Finanz- und Leasinggeber gleich mit dem Hubschrauber zum Termin einfliegen, um im großen Stil zu beeindrucken und noch schneller an die begehrten großen Schecks seiner Finanziers zu kommen. Diese Pleitiers und Krisenverursacher haben eines gemeinsam. Sie haben eine besondere Art zu kommunizieren, und es klingt immer wie ein Märchen aus Tausendundeiner Nacht, wenn sie ihre Zuhörer mit ihren eigenen postfaktischen Wahrheiten in den Bann und auf einen gefährlichen und sehr teuren Weg führen.

Wie konnte es dazu kommen? Was ist schiefgelaufen? Wer trägt die Schuld? Warum hat die sonst so verbreitete deutsche Gründlichkeit bei der Kreditprüfung nicht funktioniert?

Als Zeitzeuge kann ich es bestätigen: Es war die Gier nach Umsatz, Ruhm, Macht und atemberaubenden Boni an der Wallstreet, bei den Investmentbanken und in manchen Vorstandsetagen, die z. B. Subprime möglich machte und alle Regeln und pragmatische Vernunft außer Kraft setzte. Banken und Versicherer, Rating-Agenturen und völlig überforderte Politiker – fast alle haben sich von falschen und irreführenden Informationen blenden oder manipulieren lassen.

Nur mit Substanz wird man zur Instanz

In fast allen Unternehmen arbeiten Menschen aus den unterschiedlichsten Kulturen, mit den verschiedensten Hintergründen und Perspektiven zusammen. In großen Konzernen ist es fast schon selbstverständlich, dass ein Großteil der Mitarbeiterinnen und Mitarbeiter in anderen Ländern und Kontinenten lebt und die Vielfalt der Kulturen berücksichtigt werden muss.

Moderne Führungskräfte müssen in der Lage sein, sich in virtuellen und globalen Teams zu vernetzen und durch ihre Kommunikation und ihr Handeln Vertrauen zu schaffen. Exzellente Kommunikationsfähigkeiten sind daher eine wesentliche Führungskompetenz im 21. Jahrhundert. Es geht darum, Menschen mitzunehmen, sie zum Ziel zu führen und sie dort zu unterstützen, wo sie Unterstützung brauchen. Auf exzellente Kommunikation und große Worte müssen aber auch Taten folgen. Eine offene, sympathische Ansprache und authentische Kommunikation ebnen den Weg zu Vertrauen und sind die Basis für ein großes Veränderungsprojekt oder einen generellen Aufbruch zu neuen Zielen. Ist das Vertrauen der Menschen gewonnen, sind die Ziele definiert, steht der Plan, sind mögliche Risiken identifiziert und entsprechende Gegenmaßnahmen vorbereitet, dann müssen die Aktivitäten und Ziele mit einer guten Kommunikationsstrategie umgesetzt werden.

Fachkompetenz & Einfühlungsvermögen

Effektive Kommunikatoren schaffen es von Anfang an, die Sach- und Beziehungsebene geschickt miteinander zu verknüpfen. Es ist die Art und Weise, wie die notwendigen Informationen vermittelt werden und wie auf das Publikum und die Zuhörer eingegangen wird. Menschen haben unterschiedliche Gefühle und Bedürfnisse und geschickte Redner haben das Talent, auf ihre Zuhörer einzugehen. Sie stellen mögliche Fragen der Betroffenen, geben mögliche Antworten und zeigen, dass sie betroffen sein können und dass die Gefühlslage nicht spurlos an ihnen vorübergeht.

Der Sensibilität der Mitarbeiter entgeht es nicht, wenn ein Narzisst das

Wort ergreift und wieder einmal abwertend, manipulativ oder egozentrisch kommuniziert. Ich habe es immer wieder erlebt, dass zweitklassige Manager aus der »Zentrale« in die Märkte geschickt wurden, um dort zu lernen – ohne die geringste Vorbereitung auf die Herausforderung. Ausgestattet mit Fachkompetenz, aber wenig Gespür für Menschen, oft mit einem ganz bestimmten Mandat – vielleicht haben sie noch ein Projekt durchgezogen, aber außer verbrannter Erde, Frustration und verlorener Zeit ist wenig, sehr wenig übrig geblieben. Damit hat man weder dem Mitarbeiter oder der angehenden Führungskraft noch dem Unternehmen einen Gefallen getan.

Und irgendwie schafft er es doch ...

Es waren die Abenteuer von Manfred Krug (alias Franz Meersdonk) und Rüdiger Kirschstein (alias Günther Willers), die das Bild des Fernfahrers im Vorabendprogramm der 80er-Jahre mit der Kultserie »Auf Achse« maßgeblich prägten. Immer wieder setzten sich die beiden Akteure erfolgreich gegen dreiste Autodiebe, Schmuggler oder Frachtbetrüger durch. Die Serie vermittelte Fernfahrerromantik mit immer neuen Heldentaten an den schönsten Originalschauplätzen im nahen und fernen Ausland. Doch spätestens seit der Jahrtausendwende ist es mit der Romantik bei Truckern, Spediteuren und in der Logistikbranche vorbei. Zeitdruck, volle Straßen, geringe Margen, knallharter Wettbewerb, immer neue Vorschriften und Abgaben – Spediteure und Logistiker sind zur Melkkuh der Nation geworden.

Gleichzeitig ist der Druck auf die OEMs (Lkw-Hersteller) enorm gestiegen. Trucks sollen immer sicherer, CO_2-neutral, autonom steuerbar und eigentlich mehr Datenträger auf Rädern als Lastwagen sein. Bei knappen F&E-Budgets (Entwicklungsbudgets) und reduzierter Mannschaft ein fast unmögliches Unterfangen. Doch welche Art von Führungskraft und Kommunikator braucht es in diesen Zeiten? Wer kann Menschen begeistern, schier unmögliche Herausforderungen annehmen und trotz heftigem Gegenwind immer wieder das Positive hervorheben?

Der Musterschüler eines »Leaders« für gewinnende und motivierende Mitarbeiterkommunikation ist wohl mein ehemaliger Vorstandskollege und Entwicklungsvorstand der MAN Truck & Bus SE, Dr. Frederik Zohm.

Es ist die menschliche und authentische Art seiner Kommunikation, mit der er seine Mitarbeiterinnen und Mitarbeiter auch im schwierigsten Marktumfeld immer wieder erreicht und gute Ideen, Innovationen und Begeisterung aus ihnen herauskitzelt. Ein Vorstand, der sich für seine Mitarbeiterinnen und Mitarbeiter interessiert, der ansprechbar ist, der auch in schwierigen Zeiten hinter der Mannschaft steht, ihr den Rücken stärkt, Probleme beim Namen nennt, die Lösung nie aus den Augen verliert und wenn nötig selbst die Ärmel hochkrempelt, ein Macher eben – das kommt bei den Beschäftigten an.

Das Jahrhundert braucht keine machtverliebten Erbsenzähler oder empathielose Videobotschaften an die Belegschaft, nein, es braucht Charaktere und Führungspersönlichkeiten vom Schlage eines Dr. Frederik Zohm, um die Transformation einer ganzen Branche erfolgreich zu meistern.

»Kommunikation ist alles.
Ohne Kommunikation ist alles nichts.«
Unbekannt

Kommunikation als künftiges Pflichtfach?

Die Fähigkeit, Informationen klar, respektvoll und einfühlsam auszutauschen, wird als effektive und menschliche Kommunikation bezeichnet. Sie ist eine Schlüsselkompetenz für das Zusammenleben, die Zusammenarbeit und das Lernen in einer globalisierten, vielfältigen und digitalisierten Welt. Ich bin ein Verfechter dafür, dass effektive und menschliche Kommunikation Teil der Hochschulbildung sein sollte:

Gute Kommunikation fördert das Verständnis und die Akzeptanz von Vielfalt und Unterschieden. Sie hilft, Vorurteile, Diskriminierung und Konflikte zu vermeiden. Sie verbessert die Qualität der Beziehungen und die Zufriedenheit im Privat- und Berufsleben. Sie ermöglicht es, Bedürfnisse, Gefühle und Erwartungen auszudrücken und auf andere individuell einzugehen. Gute und wirksame Kommunikation steigert die Leistungsfähigkeit und Kreativität von Mitarbeitern, in Teams und Projekten. Sie erleichtert Koordination, Abstimmung und Feedbackschleifen. Last but not least stärkt effektive Kommunikation persönliche und soziale Kompetenzen.

Aktionsplan der Oma

Wie würde Omas Kommunikationsstil im Unternehmen aussehen?

In Brainstormings: Radikales Ernstnehmen jedes Vorschlags. Jeder wird gehört und keine Idee wird im Keim erstickt. Fragen werden nachher gestellt.

Klare und direkte Kommunikation: Sie benutzt eine klare Sprache. Das tut sie aus einem ganz einfachen Grund: Sie will verstanden werden. Und sie will, dass Dinge so umgesetzt werden, wie sie vorgesehen sind. Das kostet zwar manchmal Energie, aber das ist ihr der Aufwand wert.

Persönlich und zugänglich: Oma legt Wert auf eine einladende Kommunikation. Zuhören, verstehen und mindestens einmal nachfragen – auch wenn der Terminkalender sportlich ist. Sie nimmt sich die Zeit dafür, weil sie weiß, dass ihre Teammitglieder gesehen werden möchten.

Wertschätzendes Feedback: Oma hat keine Lieblinge und versucht, alle gleich zu behandeln. Ihr Feedback ist konstruktiv und ermutigend, um das Selbstvertrauen der Mitarbeiter zu stärken und sie zu persönlichem und beruflichem Wachstum zu inspirieren.

ROUTINE BEI FEEDBACKS

Feedback bekommen verbinden viele mit Schmerzen. Um diesen Schmerz als Feedbackgeber im Sinne einer Verbesserung des Ist-Zustandes ein bisschen zu lindern, gibt es für Sie als Führungskraft zwei Sätze, mit denen Sie Ihr Feedback einleiten können:

»... ist noch nicht ganz optimal«
oder
»... ist schon fast so, wie wir's brauchen«

Diese Sätze geben dem Feedbackempfänger Spielraum für Entwicklungsmöglichkeiten. Im Übrigen: Einem Mitarbeiter kein Feedback auf seine Leistung zu geben, ist auch Feedback.

Die Top 5 Kernbotschaften zu Omas Regel Nr. 8

MIT DEM REDEN MACHT MAN'S AUS

1. Werden Sie konkret und lösen Sie »die Schwammigen« auf. Die beiden Zauberfragen dazu lauten: »Was *konkret* meinen Sie mit ...?« und »Können Sie mir dazu ein *konkretes Beispiel* nennen, bitte?«.
2. Konfrontative Kommunikation (»Es ist besser, wenn du kündigst!«) kann ein mächtiges Werkzeug sein, um Engagement und Veränderungsbereitschaft zu fördern.
3. Don't bore us – get to the chorus! Ersetzen Sie in Ihren Präsentationen die Idee der Vollständigkeit durch die Idee der Gründlichkeit. Lieber drei ausführliche Kernaspekte als zehn oberflächlich angeschnittene.
4. Formulieren Sie klare Botschaften anstelle von Fachjargon, um sicherzustellen, dass alle Mitarbeiter Sie verstehen.
5. Positives Feedback: Loben Sie nicht das Ergebnis, sondern die Anstrengung dahinter.

Omas Regel Nr. 9:

MACH'S RICHTIG ODER LASS ES BLEIBEN

Diese Idee steckt dahinter

Sei mit dem Herzen dabei – alles andere ist Zeitverschwendung. Begeisterung war schon immer die Triebfeder für Motivation, Innovation und Höchstleistungen. Ohne Begeisterung wäre in der Geschichte der Menschheit noch nie Großes zustande gebracht worden. Begeisterung führt zu Exzellenz. Eine Regel über Mumien, Brandstifter, Blümchen und Raketen.

Daher kommt's

Regel Nummer 9 kommt von Holger Mandels Oma, einer äußerst begeisternden und bezaubernden Person. Sie hieß zwar Maria, aber alle sagten Mariechen zu ihr.

Begeisterung: Das sagt Paul

Es war eines meiner ersten großen Interviews, die ich als Moderator beim landesweiten Radiosender ANTENNE BAYERN führte. Ich war etwas aufgeregt, denn mein Gast war nicht irgendwer, sondern die hinreißende große deutsche Volksschauspielerin Inge Meysel, die an dem Tag ihren 90. Geburtstag feierte. Wir verstanden uns auf Anhieb prächtig und so war es eine logische Konsequenz, dass dieses Interview mit einer Pointe endete:

Ich: »Wir wünschen Ihnen von Herzen alles, alles Gute. Feiern Sie schön Ihren 90. Geburtstag.«
Inge Meysel: »Und vor allen Dingen Gesundheit.«
Ich: »Das ist das Wichtigste.«
Inge Meysel: »Und auch im Gehirn Gesundheit. Das ist das Wichtigste.«
Ich: »Ich wünsche Ihnen mindestens noch einmal 90 Jahre, Frau Meysel, und dann sprechen wir uns noch mal.«
Inge Meysel (trocken): »Vielen Dank, ob Sie dann noch leben, weiß ich nicht.«[21]

Riesengelächter bei den Kolleginnen und Kollegen hinter der Studioscheibe und – ich bin tausendfach drauf angesprochen worden – offenbar auch bei den Millionen von Zuhörern. Im Anschluss an das Interview versuchte ich zu verstehen, warum dieses Gespräch so begeisternd wurde. Klar, da trafen zwei Menschen aufeinander, die jetzt beide nicht unbedingt auf den Mund gefallen waren. Aber das war nicht der alleinige Grund. Es gab noch etwas anderes, und zwar die Erkenntnis: Begeisterung entsteht immer da, wo wir Beziehung spüren, Liebe und Hingabe. Jede Emotion, die wir aussenden, erzeugt ein Echo und je stärker die Emotion, desto stärker das Echo. Wenn jemand mit Begeisterung, Leidenschaft, Offenheit und Neugierde an ein Projekt herangeht, dann kann Großes entstehen.

Das Ende des Interviews bedeutete für mich zugleich den Beginn einer spannenden Reise. Ich machte mich auf die Suche nach dem Geheimnis der Begeisterung und versuchte, in den darauffolgenden Wochen und Monaten Antworten auf zentrale Fragen zu finden:

- Was begeistert Menschen generell und warum?
- Was sind Begeisterungstreiber, was Begeisterungskiller?
- Wie kann man andere Menschen begeistern?
- Wie kann man Kunden begeistern (Kundenloyalität)?
- Wie kann man Mitarbeiter begeistern und sie zu Fans des Unternehmens machen?
- Wie kann man sich selbst begeistern, damit man täglich mit Freude und Leichtigkeit Höchstleistungen vollbringen kann?
- Und zu guter Letzt: Gibt es vielleicht sogar eine Zauberformel, mit der man Begeisterung erzeugen kann? *(Spoileralarm: siehe »Die Top 5 Kernbotschaften«)*

Begeisterung war schon immer die Triebfeder für Höchstleistungen

In der Welt der Führung kann Halbherzigkeit ein gefährliches Hindernis sein, das nicht nur die Glaubwürdigkeit einer Führungskraft untergräbt, sondern auch zu ernsthaften Misserfolgen führen kann. Auch im Sport ist Halbherzigkeit ein Rezept für Misserfolg. Ein Trainer, der sich nicht voll und ganz dem Training und der Entwicklung seiner Mannschaft widmet, kann nicht erwarten, dass sein Team in entscheidenden Momenten Spitzenleistungen erbringt. Und auf dem Spielfeld: Wenn der Trainer selbst nicht von seiner Spielidee begeistert ist – wie will er das Team begeistern und motivieren?

»Wie hoch ist der Stand der Begeisterung in deutschen Unternehmen?«, wurde ich vor Kurzem in einem Interview gefragt und ich antwortete mit

Goethe: »Das Zweifelnde, Grüblerische war den Deutschen schon immer näher als der Rausch.« Wobei das nur die eine Hälfte der Wahrheit ist: Es gibt unzählige Führungskräfte, die geradezu vor Energie und Tatendrang sprühen. Führungskräfte, die Dinge zum Besseren verändern wollen. Die spürbar Lust darauf haben, gemeinsam mit ihren Mitarbeiterinnen und Mitarbeitern die Zukunft zu gestalten. Die sich mit Begeisterung und einer grundoptimistischen Einstellung in Projekte stürzen und den Stier bei den Hörnern packen. Charismatische Leader, die im Hier und Jetzt zu Hause sind und nicht in der Vergangenheit.

Begeisterung ist der Funke, der Innovation und Kreativität entzündet. Hier kommen ein paar Begeisterungsraketen, die die Welt veränderten:

Jeff Bezos und Amazon (gegründet 1994): Jeff Bezos gründete Amazon mit der Vision, das größte Buchgeschäft der Welt zu schaffen. Seine Begeisterung für das Internet und das Potenzial des Online-Handels trieb ihn an, Amazon zu einem der weltweit führenden E-Commerce-Unternehmen zu entwickeln. Sein Engagement für Innovation und Kundenzufriedenheit spiegelte seine Leidenschaft für das Projekt wider. Bezos: »Wir wollen das kundenfreundlichste Unternehmen der Welt sein!«[22]

Jimmy Wales und Wikipedia (gestartet 2001): Jimmy Wales' Begeisterung für das Teilen von Wissen und die Schaffung einer frei zugänglichen Online-Enzyklopädie führte zur Gründung von Wikipedia. Dieses Projekt zeigte, wie kollektive Begeisterung und Zusammenarbeit zu einer der umfangreichsten und am häufigsten genutzten Informationsressourcen im Internet führen können.

Elon Musk, Gründer von SpaceX (gegründet 2002), demonstrierte eine tiefe Begeisterung für die Raumfahrt und die Vision der Kolonisierung des Mars. Diese Leidenschaft führte zu bedeutenden Fortschritten in der privaten Raumfahrt, einschließlich der Entwicklung wiederverwendbarer Raketen und der ersten kommerziellen Raumflüge.

Die Mondlandung: Ein kleiner Schritt für einen Menschen, ein gigantischer Sprung für die Menschheit. Am 20. Juli 1969 setzte der Astronaut Neil Armstrong als erster Mensch einen Fuß auf den Mond. Dieser epochale Moment war das Ergebnis eines Jahrzehnts intensiver Anstrengungen und Forschung, angetrieben von einer Nation, die entschlossen war, das scheinbar Unmögliche zu erreichen. Die Apollo-11-Mission ist ein leuchtendes Beispiel dafür, wie wissenschaftliche Neugier, gepaart mit nationaler Begeisterung, die Grenzen des Machbaren verschieben kann.

Die Bürgerrechtsbewegung: »I have a dream!« Die Macht des kollektiven Engagements. Die Bürgerrechtsbewegung in den Vereinigten Staaten war ein leidenschaftlicher Kampf gegen Ungerechtigkeit und Ungleichheit. Angeführt von charismatischen Persönlichkeiten wie Martin Luther King Jr., resultierten die riesigen Anstrengungen in signifikanten gesetzlichen und gesellschaftlichen Veränderungen, die das Fundament der modernen amerikanischen Gesellschaft formten.

Mumie, Brandstifter, Blümchen oder Rakete – die vier Begeisterungstypen in Unternehmen

Unternehmenserfolge sind immer eine Frage der kollektiven Energie. Aber nicht jeder Mensch, egal ob Mitarbeiter oder Führungskraft, bringt ein gleich hohes positives Energielevel mit. Oftmals sind es nur Nuancen, aber manchmal auch große Unterschiede. Nicht jeder kann (oder will) gleichermaßen andere Menschen begeistern.

Begeisterungstyp Nummer 1: DIE MUMIE

Besondere Wesensmerkmale: Niedriges Energielevel und auch noch negativ. Eine Mumie schleppt sich am Montagmorgen um 8 Uhr auf der letzten Rille in die Arbeit und schaut bereits zwei Minuten später völlig konsterniert auf die Uhr: »Montagmorgen, 8 Uhr 2, Mann, Mann, Mann, die Woche zieht sich.« Mumien haben in aller Regel mit der Firma abgeschlossen. Sie haben irgendwann mal aufgehört, sich ins Unternehmen einzubringen. Innere Emigration, phlegmatisch, müde, frustriert. Sie sind lethargisch und wenig an den Zielen des Unternehmens interessiert.

Wie damit umgehen? Auswickeln und schauen, ob noch Leben drinnen ist. Oder überlegen, ob eventuell ein anderer Arbeitsbereich interessant sein könnte. Erfolgsmomente schaffen.

Begeisterungstyp Nummer 2: DER BRANDSTIFTER

Besondere Wesensmerkmale: Viel Energie – leider, denn diese Energie ist durchweg negativ und richtet sich gegen das eigene Unternehmen. Der Brandstifter ist frustriert, zynisch, aggressiv. Interne Kämpfe mit ihm sind an der Tagesordnung. Er ist ein zerstörerisches und zersetzendes Element. Sabotage, Kampf, Destruktion – darum geht's ihm. In aller Regel ist er gut vernetzt, weil er schon lange im Unternehmen ist, und das macht ihn so gefährlich. Er trägt seine Unzufriedenheit wie eine goldene Monstranz vor sich her und lässt jeden im näheren Umfeld großzügig daran teilhaben, er steckt also seine Kolleginnen und Kollegen damit an.

Wie damit umgehen? In Gesprächen versuchen, die geballte negative Energie umzulenken auf die gute Seite der Macht, indem man seine Motivation hinterfragt. »Was hat dich denn zu dem gemacht, der du geworden bist?« Gut möglich, dass im Laufe der Betriebszugehörigkeit Dinge passiert sind, die eine Abwärtsspirale bei diesem Mitarbeiter ausgelöst haben. Zu wenig Wertschätzung. Oder Nicht-gehört- bzw. Nicht-gesehen-Werden. Sollten die Gespräche nicht fruchten, dann bitte in keinem Fall das Organigramm um den Brandstifter herumkonstruieren, damit er irgendwie ins Unternehmen passt, denn damit würde man die Statik der Abteilung oder des Unternehmens gefährden. Besser Konsequenzen aufzeigen oder in letzter Konsequenz löschen.

Begeisterungstyp Nummer 3: DAS BLÜMCHEN

Besondere Wesensmerkmale: Das Energielevel ist mittel ausgeprägt, aber durchweg positiv. Alles im grünen Bereich. Blümchen finden alles gut so weit, sind happy, selten proaktiv, sie bewahren lieber, als dass sie gestalten, und halten gerne an bisher erfolgreichen Strategien fest. Sie sind zufrieden mit dem Status quo. Aber, lieber Leser/liebe Leserin, bevor das zu anmaßend klingt: Schätzen Sie sich glücklich, wenn Sie Blümchen im Unternehmen haben, denn sie sind die Basis einer gesunden Unternehmung. Blümchen sind eine wichtige Stütze. Blümchen versprühen eine angenehme Energie. Wer sorgt dafür, dass die Stimmung gut ist, auch wenn's mal nicht so läuft? Die Blümchen. Wer kümmert sich drum, dass der Laden nicht auseinanderfällt, wenn's eng wird? Die Blümchen! Wer backt einen Kuchen, wenn das den Teamgeist befeuert? Natürlich, die Blümchen!

Wie damit umgehen? Ganz klar: Hegen, pflegen, gießen!

Begeisterungstyp Nummer 4: DIE RAKETE
In dieser Kategorie verorte ich Sie, liebe Leserinnen und Leser. Aus der Nummer kommen Sie nicht mehr raus. Mit dem Kauf dieses wunderbaren Buches haben Sie sich Ihre neue Positionierung mit dazu gekauft. Besondere Wesensmerkmale der Raketen: hohes Energielevel und hohe Begeisterung. Raketen sind aktiv, progressiv, manchmal auch exzessiv und funktionieren oftmals am besten allein. Zu viele Raketen in einer Abteilung hält kein Unternehmen aus, es läuft Gefahr, aufgrund der geballten Energie zu explodieren. Raketen sind der Burner. Hochengagiert, leidenschaftlich, energievoll – sie stecken alle mit ihrer positiven Energie an. Sie zeigen hohe Aktivität, ein hohes Commitment mit dem Unternehmen. Sie sind leidenschaftlich, mitreißend, fantasievoll, energetisch, frisch und voller Power. Raketen wissen: Am effektivsten ist eine gelebte Überzeugung. Wenn eine Rakete zu Ihnen »Guten Morgen« sagt, dann wissen Sie die Zärtlichkeit eines Presslufthammers um fünf Uhr morgens vor Ihrem geöffneten Schlafzimmerfenster wieder zu schätzen. High Energy. Aufschrift auf der Kaffeetasse einer Rakete: »Endlich Montag!«

Wie damit umgehen? Akzeptieren, dass da jemand ist, der etwas bewegen will.

Taxifahrer zur Rakete: »Wo soll's hingehen?«
Antwort Rakete: »Egal, ich werde überall gebraucht.«

Jede gute Idee beginnt mit Begeisterung, jede gute Idee endet mit Disziplin und jede gute Idee braucht Persönlichkeiten, die diese Ideen mit Begeisterung umsetzen. Das gilt im Wesentlichen auch für Führungskräfte. Wenn Sie von einer Idee nicht begeistert sind oder es nicht schaffen, Begeisterung dafür zu transportieren, dann schwinden Ihre Chancen, Ihre Mitarbeiter davon zu begeistern, enorm.

Mit Begeisterung zur Realisierung von Träumen: Die unerwartete Karriere der Malvina Reynolds

Wenn Sie die US-Serie »Weeds – Kleine Deals unter Nachbarn« gesehen haben, kennen Sie wahrscheinlich den Titelsong »Little Boxes« von Malvina Reynolds. Malvina Reynolds' Geschichte ist ein inspirierendes Beispiel dafür, wie Begeisterung und Leidenschaft dazu führen können, zu jeder Lebenszeit Neues zu schaffen und zu bewirken.

Reynolds war bereits in ihren Vierzigern und schlug sich mit Gelegenheitsjobs als Hutmacherin, Sozialarbeiterin und in einer Stahlgießerei durch – aber verspürte eigentlich nur einen tiefen Wunsch, nämlich Musikerin zu werden. Folkmusikerin. Alles andere erfüllte sie nicht.

Die Musikindustrie war ihr keine große Hilfe, denn sie bevorzugte junge Künstlerinnen und Künstler. Also nahm Malvina Reynolds ihr Schicksal selbst in die Hand, indem sie den erfolgreichen Folkmusiker Pete Seeger abpasste und ihn in ein Gespräch verwickelte. Pete Seeger beschreibt seine erste Begegnung mit Malvina Reynolds so: »Es war 1947, bei einem Folkmusikfestival in Los Angeles – eine Frau mittleren Alters fragte mich, ob sie mich sprechen könne. ›Worum geht es?‹, fragte ich. Sie: ›Nun ja, es erfordert mehr Zeit, als wir hier haben. Ich versuche, das zu tun, was du machst – für die Gewerkschaft, für Leute zu singen, die versuchen, etwas zum Guten zu verändern – in ihrer kleinen Ecke der Welt.‹«[23]

Seeger: »Sie war damals 46 oder 47 und hatte wundervolle weiße Haare. Ich war 28. Ich erinnere mich, dass ich dachte: ›Oha, sie ist ja schon ganz schön alt, um jetzt erst anzufangen.‹ Ich erklärte ihr vermutlich, dass sie zum Telefon greifen solle, wenn sie in den Zeitungen über etwas interessantes Laufendes lesen würde, und denen dann sagen solle, dass sie das Lied hätte, das zu ihrem Treffen passt. Aber ich hatte noch viel zu lernen: Bald danach schrieb sie ein Lied nach dem anderen.« Und genau so war es. Malvina Reynolds wurde berühmt und zeigte, wie wichtig es ist, seiner Begeisterung zu folgen – egal in welchem Alter oder welcher Lebensphase man sich befindet. Sie erinnert uns daran, dass es nie zu spät ist, das zu tun, was uns begeistert, und dass wahre Leidenschaft und Hingabe Früchte tragen können, unabhängig von unserem Alter oder unseren früheren Erfahrungen.

Begeisterung: Das sagt Holger

»Nur wer selbst brennt, kann ein Feuer in anderen entfachen.«
Augustinus Aurelius; 354–430

Das alljährliche Treffen des »Seniormanagements« steht an. Diesmal geht es ins ferne Brasilien, nach Rio de Janeiro. Zwei Tage sind für das Meeting geplant, doch mit Hin- und Rückflug sind die Führungskräfte aus Europa, Asien und Nordamerika eine ganze Woche unterwegs. Die Erwartungen sind daher hoch, doch was erwartet sie dort? Eine Reihe von leidenschaftslosen und blutleeren Präsentationen mit unzähligen Folien. So sehen leider viele Meetings, Events oder Strategietreffen in Firmen oder Konzernen aus. Ich nenne das immer wieder »PowerPoint-Karaoke« und das hat nichts mit Führung, Leadership oder Begeisterung zu tun.

Deutschland befindet sich in den frühen 2020er-Jahren in einem gesellschaftlichen Dilemma. Die Menschen sind unzufrieden mit der Politik und dem Mangel an Verantwortungsbewusstsein. Sie klagen, jammern und verlieren jeden Tag mehr Motivation – auch diejenigen, die eigentlich positiv eingestellt und denkend sind.

Jetzt hat man zwei Möglichkeiten: Entweder man reiht sich in die Jammerer ein oder man steht auf und schafft zumindest in seinem eigenen Verantwortungsbereich eine positive Atmosphäre. Denn wenn man als Führungskraft und Leader positiv handelt und die kritischen Dinge angeht, dann wird das auch das eigene Team motivieren. Nur so kann man Begeisterung erzeugen und nur so kann sich das Team gegen die weit verbreitete gesellschaftliche Depression wehren.

»Die Entfernung ist unwichtig.
Nur der erste Schritt ist wichtig.«
Marquise du Deffand

Führung mit Begeisterung

»Die Entfernung ist unwichtig. Nur der erste Schritt ist wichtig.« Dieses Zitat der Marquise du Deffand aus dem 17. Jahrhundert bringt es auf den Punkt: Der erste und wichtigste Schritt in der Führung beginnt bei Ihnen selbst. Fragen Sie sich: Spüre ich Begeisterung für meine Arbeit? Inspiriere ich mein Team?

Nur wer die Menschen in seinem Umfeld schätzt und sich selbst bewusst führt, steuert und als Vorbild agiert, kann mit Begeisterung führen. Das bedeutet, Haltung zu zeigen, Verantwortung zu übernehmen und human mit der Macht aus Funktion und Position umzugehen. Wer seine Ziele mit einem AROMA-Ansatz (Anspruchsvoll, Realistisch, Objektiv, Machbar und Akzeptabel) definiert und diese ambitionierten Ziele mit seiner Mannschaft erreicht, wird Begeisterung auslösen. Es ist menschlich, dass Menschen sich in einem Umfeld von »Gewinnern« wohler fühlen und Euphorie empfinden und ausstrahlen. Wer möchte nicht in einem Umfeld von »Siegern« agieren?

Ich spüre diese neugierige Art, den menschlichen Umgang und die gelebte Euphorie in vielen Start-up-Unternehmen. Dort gibt es eine gemeinsame Vision, ein vorhandenes Ökosystem zu ersetzen oder bestehende Systeme ökologisch zu revolutionieren. Es sind Gründer wie Steve Jobs

(Apple), Bill Gates (Microsoft) oder Jeff Bezos (Amazon), die mit ihren Visionen aus dem Nichts Imperien aufgebaut und eine Vielzahl von Menschen begeistert haben, an ihren Missionen mitzuwirken.

Fördern und fordern Sie Ihre Mitarbeiter und steigern Sie die Leistungsbereitschaft und die Ergebnisse. Warten Sie nicht auf das Quartalsergebnis oder die Halbjahresbilanz und nutzen Sie so wenig wie möglich empirische Finanzkennzahlen. Erarbeiten Sie mit Ihrem Team operative und strategische Indikatoren, die Ihr Schaffen und Ihre Organisation im nächsten und übernächsten Quartal oder Kalenderjahr positiv beeinflussen.

Warten Sie nicht, bis sich der Betriebsrat mal wieder über Arbeitsverdichtung, Überstunden oder den wiederholt verschobenen Urlaub beschwert. Übernehmen Sie die Initiative und erklären Sie Ihren Mitarbeitern, dass Erholungsphasen, Urlaub und Zeit mit der Familie wichtig sind, und fordern Sie, dass Produktivität und Effizienz gesteigert werden, indem man vielleicht auch aufhört, Liebgewonnenes oder Gewohntes immer weiterzumachen.

Rufen Sie Ihre Mitarbeiter nicht im Urlaub oder am Wochenende an – gönnen Sie ihnen die Erholungsphasen. Machen Sie mal eine Bestandsaufnahme aller »Reports«: Ich bin fast sicher, dass Sie bis zu 50 % ersatzlos streichen können. Reduzieren oder eliminieren Sie Routinemeetings (haben wir schon immer so gemacht). Prüfen Sie die Teilnehmerzahl und stellen Sie sicher, dass Sie Meetings mit wichtigen Informationen oder Aufgabenstellungen abhalten und unproduktive Meetings entweder automatisieren oder einstellen.

Zufriedene Kunden und Mitarbeiter sind gut, Fans jedoch besser

Wir haben das beste Jahr unserer Firmengeschichte hingelegt. Wir haben unsere Ertrags- und Marktanteilsziele weit übertroffen, und sowohl Kunden als auch Mitarbeiter sind begeistert von uns. Es ist Januar und ich habe mehr als 1.000 Mitarbeiter zum Jahreskickoff nach München-Fröttmaning eingeladen. Nach wochenlanger intensiver Vorbereitung ist der große Tag gekommen. Der EQUILA-Showpalast bietet eine spektakuläre Bühne mit einer fast 200 qm großen Videoleinwand im Hintergrund. Die Luft ist elektrisiert, die Spannung ist greifbar, und man spürt den pulsierenden Rhythmus und die Leidenschaft auf der Bühne und im Publikum.

Paul Johannes Baumgartner betritt die Bühne. Er begrüßt das Publikum und gratuliert der Mannschaft herzlich zu den Rekorden und den Jahresergebnissen. Aber er will mehr als nur gratulieren. Er will das Publikum mitreißen. Da steht ein Kämpfer für Motivation und Begeisterung auf der Bühne. Er zitiert kluge Worte, erzählt Geschichten und bringt immer wieder aktuelle Beispiele. Seine Persönlichkeit und seine Bühnenpräsenz faszinieren die Menschen und er zieht sie mit seinen Aussagen in seinen Bann. Paul will keine Kunden oder Mitarbeiter, er will begeisterte Fans einer Marke und ihrer Produkte. Denn das ist die Basis für den langfristigen Erfolg jeder Unternehmung. Der tosende Applaus und noch wichtiger die Wochen danach zeigen mir: Paul hat es mal wieder geschafft und die Fangruppe vergrößert.

Mit einem Hafermilch-Spinat- oder Ingwer-Sauerkraut-Smoothie können Sie vielleicht einen Mitarbeiter am Nachmittag etwas glücklicher machen. Aber wenn Sie Fans als Mitarbeiter oder Kunden haben, werden Sie das nächste Spiel gewinnen oder den einen Verkauf mehr und definitiv zu besseren Margen erzielen.

Also: Gute Laune im Geschäftsleben löst nicht alle Herausforderungen im Geschäftsalltag, aber sie fördert eine viel positivere Atmosphäre und eine viel motiviertere Herangehensweise. Das Team kommt schneller zu den benötigten Lösungen. Führen Sie Mitarbeiterbefragungen durch? Vergleichen Sie mal den Stimmungsindex und die Krankenquote und Fluktuation und Sie werden schnell den Wert eines guten Arbeitsklimas in Produktivität, Effizienz und final in Euros in Ihren Ergebnissen wiederfinden.

Sie sind emphatisch, stringent und führen mit Begeisterung? Im Ergebnis erhöhen Sie die Attraktivität und den Wert als Arbeitgeber und als kleiner Nebeneffekt erhalten Sie viel qualifiziertere Bewerbungen als der Wettbewerb. Exakt dieser Kreislauf katapultiert Sie auf eine andere Ebene. Achten Sie daher bei der Auswahl Ihrer Führungskräfte gezielt darauf und stellen Sie sich immer die Frage: Würde ich die Person gerne als Chef haben? Würde diese Person mich motivieren, die Extrameile zu gehen?

Sanieren mit Manieren

Dekarbonisierung und Digitalisierung sind große Herausforderungen für viele Unternehmen. Manche, die bisher erfolgreich waren, geraten plötzlich in die Krise. Der Lockdown wegen COVID oder die unterbrochenen Lieferketten haben Anfang der 2020er-Jahre einige Unternehmen in eine operative oder Liquiditätskrise gestürzt. Die meisten haben sich jedoch den Herausforderungen gestellt und mit einem Bündel an gezielten Maßnahmen die Krise bewältigt. Einige haben sogar die Chance genutzt, um stärker und widerstandsfähiger zu werden. In der Not haben sie sich zusammengerauft und scheinbar unlösbare Probleme über Nacht gelöst. Veraltete Prozesse wurden pragmatisch erneuert und die ganzheitliche Lösung stand im Vordergrund. Die Mitarbeiter in den Unternehmen haben Großes geleistet.

Noch schwieriger sind aber die strategischen Krisen, die sich seit einigen Jahren für ganze Branchen ergeben. Der Einzelhandel hat seinen Wettbewerber nicht mehr um die Ecke, sondern muss sich mit Amazon und Co. messen, einem finanzstarken und global agierenden Konzern, der den Markt und die Preise bestimmt. Einige warnende und bekannte Beispiele sind z.B. das finnische »Handywunder« Nokia oder das in den 1980er-Jahren weltweit größte Chemieunternehmen, die Hoechst AG in Frankfurt.[24]

Anfang der 1990er-Jahre arbeiteten über 180.000 Menschen bei »ihrer« Hoechst AG, die Umsatzrendite war fast zweistellig. Einige Jahre später war das 1863 gegründete Unternehmen von der Bildfläche verschwunden, die besten Teile wurden gewinnbringend an die Konkurrenz verkauft und das Unternehmen tauchte nur noch in den Geschichtsbüchern auf.

Nokia hat eine unglaubliche Geschichte geschrieben. Die anfangs belächelte Telekommunikationssparte machte das finnische Unternehmen zum Weltmarktführer der IT und Telekommunikation. Es brachte technisch immer bessere und interessantere Mobiltelefone auf den Markt und fuhr Jahr für Jahr Rekordergebnisse ein. In den 2000er-Jahren hatte es mehr als 130.000 Beschäftigte und schien keine Grenzen zu kennen. 2007 erzielte Nokia eine Traumrendite von über 25 % und einen weltweiten Marktanteil von 40 %.[25]

Die hervorragenden Finanzzahlen führten aber dazu, dass Nokia nicht mehr innovierte, sondern nur noch Standort- und Kostenoptimierung betrieb. 2008 wurde das »Nokia-Werk Bochum« geschlossen und nach Rumänien verlegt. Der Sozialplan »Werk-Bochum« war im Vergleich zur Finanzkraft ein Schnäppchen, aber Nokia verlor an Reputation und Image im deutschen Markt. Das Topmanagement konzentrierte sich nicht mehr auf die strategische und technologische Weiterentwicklung des Marktes, sondern auf die Finanzoptimierung. Dabei verschlief es die Entwicklung des Smartphones. Beide Unternehmen hatten die Finanzkraft, sich um den Markt, die Kunden und den Kundennutzen zu kümmern, aber es war die ausschließliche Fokussierung auf den Shareholder-Value, die beide Player stürzte. Die Hoechst AG existiert nicht mehr, und Nokia baute 60.000 Mitarbeiter ab. Der Telekommunikationskonzern brauchte fast 15 Jahre, um im Jahr 2022 wieder einen soliden Ertrag zu erwirtschaften.[26]

Aktuell steht die deutsche Automobilindustrie und die gesamte Automotive-Zulieferindustrie vor noch größeren Herausforderungen. E-Mobilität, Digitalisierung und Dekarbonisierung sind hier die revolutionären Trends. Für einige Unternehmen geht es jetzt um alles. Sie müssen sich strategisch komplett neu aufstellen, um nicht unterzugehen. Es braucht

Führungskräfte und echte Transformatoren, die ihre Teams und ganze Unternehmen mitnehmen und verändern. Das geht nur mit Begeisterung für das Neue und mit der Bereitschaft, alles, was einen bisher erfolgreich machte, infrage zu stellen und wenn nötig komplett neu auszurichten.

Dieser erste wichtige Schritt ist der Beginn einer langen Reise, die jetzt mit einer motivierten und begeisterten Mannschaft angetreten werden muss, um die deutsche Automobilindustrie wieder international wettbewerbsfähig zu machen. Die Gefahr, dass einige große Unternehmen das Schicksal von Nokia teilen, ist größer als je zuvor. Die zweite Hälfte der 2020er-Jahre wird zu einer entscheidenden Zeit für die deutsche Industrie.

»Sanieren mit Manieren« ist das Gebot der Stunde und es braucht jetzt eine kollektive Bravourleistung aller Beteiligten. Es braucht eine landesweite und über alle gesellschaftlichen Schichten hinweg inspirierende Begeisterung, die Veränderungen anzugehen, gelebt mit gegenseitigem Respekt und Wertschätzung und dem gemeinsamen Ansporn, die Weltmarktposition unserer Wirtschaft zu verteidigen und wo immer möglich auszubauen. Es heißt, an einem Strang zu ziehen, und so manche Diskussion zwischen Arbeitgeberverbänden und Arbeitnehmervertretungen, Land- vs. Stadtbevölkerung, jung vs. alt oder Frauen gegen Männer wird überflüssig. Es gilt, die wichtigen Themen gemeinsam anzugehen und Deutschland als Innovator und Technologieführer nachhaltig und erfolgreich zu etablieren.

Mit Zuversicht sehe ich viele Gründungen von Unternehmen aus der Start-up-Szene und wir werden das eine oder andere »Unicorn« sehen – gleichzeitig geht es für manchen großen Player der Branche ums nackte Überleben. Ich hoffe, dass sie alle die Herausforderungen meistern und die Chancen nutzen, die sich ihnen bieten.

Egal wie viel Gegenwind vom Markt kommt – begeistern Sie Ihr Team und machen Sie sich Gedanken darüber, wie Sie die Mannschaft für die Sache und den gemeinsamen Erfolg gewinnen.

Aktionsplan der Oma

Die Oma würde zum Thema Begeisterung sagen: »Begeisterung ist das Feuer in deinem Herzen, das dich antreibt, auch wenn der Weg steinig ist. Begeisterung lässt dich über dich hinauswachsen und das Beste in dir und anderen hervorbringen. Und vergiss nicht, dass Begeisterung ansteckend ist.«

1. **Begeisterung** ist kein »nice-to-have«, sondern ein Wirtschaftsfaktor. Begeisterte Mitarbeiter begeistern ihre Kunden, so einfach ist das.
2. **Mitarbeitermotivation:** Begeisterte Mitarbeiter sind oft engagierter, produktiver und kreativer. Sie identifizieren sich stärker mit dem Unternehmen und dessen Zielen, was zu höherer Arbeitszufriedenheit und geringerer Fluktuation führt.
3. **Kundenbindung:** Begeisterte Kunden sind treue Kunden. Durch überdurchschnittlich positive Erfahrungen mit einem Unternehmen oder dessen Produkten/Dienstleistungen entsteht eine emotionale Bindung, die oft zu wiederholten Käufen und Weiterempfehlungen führt.
4. **Innovationskraft:** Begeisterung kann die Innovationskraft innerhalb eines Unternehmens fördern. Begeisterte Mitarbeiter bringen oft neue Ideen ein und sind eher bereit, Risiken einzugehen und neue Ansätze zu verfolgen.
5. **Unternehmenskultur und Teamgeist:** Eine Kultur der Begeisterung fördert den Teamgeist und die Zusammenarbeit. Dies führt zu einer produktiveren Arbeitsumgebung, in der Mitarbeiter sich gegenseitig unterstützen und inspirieren.
6. **Marketing und Markenbildung:** Begeisterung kann auch in Marketingstrategien integriert werden, um die Marke eines Unternehmens zu stärken. Begeisterte Kundenberichte und Testimonials sind wirkungsvolle Werkzeuge, um das Image eines Unternehmens zu verbessern.
7. **Changemanagement und Anpassungsfähigkeit:** In Zeiten des Wandels kann Begeisterung dazu beitragen, Veränderungen schneller und effektiver zu implementieren. Begeisterte Mitarbeiter sind eher bereit, die Situation anzunehmen und Veränderungen positiv zu sehen.

ROUTINE

Es ist wichtig zu beachten, dass Begeisterung nicht erzwungen werden kann. Sie ist ein intrinsisch motivierter Zustand, der entsteht, wenn die emotionalen Zentren im Gehirn angeregt werden, was nicht nur unsere Laune und unser Engagement steigert, sondern auch unsere geistigen und kreativen Fähigkeiten verbessern kann.

1. Schaffen Sie sich einen *inner circle* ausschließlich mit Menschen, die positiv, optimistisch und begeisterungsfähig sind. Gespräche können neue Perspektiven eröffnen, Unterstützung bieten und dabei helfen, sich aus einer motivationalen Blockade zu befreien.
2. Stellen Sie sich regelmäßig die Frage, was heute ein bisschen besser gemacht werden kann als gestern. Dies schafft einen kontinuierlichen Verbesserungsprozess und hilft dabei, sich auf kleine Fortschritte zu konzentrieren, die insgesamt zu einer gesteigerten Selbstmotivation führen können.
3. Um sich selbst zu motivieren, können Sie konkrete Fragen zur Selbstmotivation nutzen, die dazu dienen, Ihre Ziele zu präzisieren und die Bedeutung hinter diesen Zielen zu verstehen. Stellen Sie sich Fragen wie: Ist das Ziel erstrebenswert? Was ist das große Ganze hinter meinem Ziel? Habe ich Meilensteine gesetzt und diese gefeiert? Kann ich mir Fehler verzeihen? Habe ich einen Zeitplan für meine Ziele? Solche Fragen helfen dabei, sich selbst zu reflektieren und die eigene Motivation zu stärken.

Die Top 5 Kernbotschaften zu Omas Regel Nr. 9

MACH'S RICHTIG ODER LASS ES BLEIBEN

1. Begeisterung ist ein strategisches Spiel mit der Erwartungshaltung. Die Zauberformel lautet: »Begeisterung = Erwartungshaltung + X«.
2. Begeisterung ist ansteckend. Jede Emotion, die wir aussenden, erzeugt ein Echo.
3. Mumie, Brandstifter, Blümchen und Rakete – welcher Begeisterungstyp sind Sie?
4. Entweder man reiht sich in die Jammerer ein oder man steht auf und schafft zumindest in seinem eigenen Verantwortungsbereich eine positive Atmosphäre.
5. Jede gute Idee beginnt mit Begeisterung, jede gute Idee endet mit Disziplin und jede gute Idee braucht Persönlichkeiten, die sie mit Begeisterung umsetzen.

Omas Regel Nr. 10:

WENN DU EINE MEINUNG HAST, MUSST DU DAZU STEHEN. WENN DU EIN BLATT IM WIND BIST, FÄLLST DU IRGENDWANN AUF DEN BODEN

Diese Idee steckt dahinter

Werte. Wer keine festen Überzeugungen hat und sich leicht von anderen Meinungen beeinflussen lässt, hat keine Kontrolle über sein Schicksal. Egal in welcher Situation: Beweisen Sie Rückgrat und zeigen Sie Haltung in dem, was Sie tun. Stehen Sie dazu, wer Sie sind und was Ihnen wirklich wichtig ist.

Daher kommt's

Omas Regel Nr. 10 kommt aus der Familie der ANTENNE-BAYERN-Moderatorin Marion Schieder. Diese Regel ist eine Metapher dafür, Prinzipien zu haben und zu diesen zu stehen. Jemand, der keine festen Überzeugungen hat und sich leicht von anderen Meinungen oder Umständen beeinflussen lässt, hat keine Kontrolle über sein Schicksal. Es ist eine Warnung, nicht haltlos und beeinflussbar zu sein, sondern fest zu seinen Überzeugungen zu stehen.

Werte: Das sagt Paul

Ich beichte: Ich bin Spätzünder. Werte? Das sind doch nur hohle Phrasen. Es hat bei mir lange gedauert, bis ich die Sache mit den Werten grundlegend verstanden hatte. Streng genommen erst nach diesem Streit mit einem sehr guten Freund. Danach wusste ich, was es mit den Werten auf sich hat, und ich begann, sie zu pflegen.

Einer meiner Freunde hatte die komische Angewohnheit, aus Prinzip zu spät zu kommen. Wenn wir ein Treffen um 10.00 Uhr vereinbarten, kam er um 10.20 Uhr. Wenn ich ihm ankündigte, dass ich das nächste Mal um 10.20 Uhr käme, erschien er um 10.45 Uhr.

Irgendwann platzte mir der Kragen und ich fuhr ihn an: »Wenn du glaubst, dass deine Zeit wertvoller ist als meine, dann hast du dich getäuscht.« Rumms. Von da an sahen wir uns für längere Zeit weder um 10.00 Uhr noch um 10.20 Uhr und auch nicht um 10.45 Uhr – wir sahen uns gar nicht mehr. Und die ganze Zeit überlegte ich, warum der Aufprall so heftig war. Bis ich die Antwort hatte: klassischer Wertekonflikt. Wenn es im Zwischenmenschlichen knallt, sind sehr wahrscheinlich zwei unterschiedliche Werte aufeinandergeprallt.

Egal, ob der Wert »Pünktlichkeit« lautet oder »Zuverlässigkeit«. Im Konfliktfall stellt sich immer die Frage: »Welcher meiner Werte wird gerade herausgefordert?«

Wertekonflikte im Privatleben

Lucie liebt es zu lachen, einer ihrer wichtigsten Werte ist Humor. Dummerweise geht ihr Mann Valentin aber zum Lachen in den Keller, denn für ihn hat Seriosität oberste Priorität. Es könnte herausfordernd werden.

Tanja lebt ganz stark den Wert Liebe, hat aber seit Kurzem einen Lebensgefährten, der den Wert Unabhängigkeit feiert. Viel Spaß euch beiden.

Roman ist Sicherheit wichtig, hat aber eine Partnerin, die den Wert Freiheit liebt. Ich kann den Knall schon hören.

Solche gegenteiligen Werte nennt man »Antonyme Werte«. Im Privatleben können das sein:

- Vertrauen vs. Kontrolle
- Freiheit vs. Sicherheit
- Abenteuer vs. Seriosität
- Innovation vs. Tradition
- Entscheidungsfreude vs. Besonnenheit
- Großzügigkeit vs. Sparsamkeit
- fantasievoll vs. realistisch
- idealistisch vs. pragmatisch
- Integrität vs. Unehrlichkeit
- Mut vs. Feigheit

Wertekonflikte im Berufsleben

Abteilungsleiter Sven ist Kontrolle wichtig, seinem Assistenten aber Vertrauen. Nicht unbedingt die besten Voraussetzungen für eine harmonische Zusammenarbeit.

Thomas' wichtigster Wert ist Innovation, sein Teamkollege Christopher hingegen steht für Tradition. Wir wünschen den beiden viel Glück in der Zusammenarbeit.

Ihnen als Geschäftsführer ist der Wert Mitarbeiterwohl wichtig, Ihrem Co-Geschäftsführer der Wert Kosteneffizienz. Es wird spannend.

Antonyme Werte im Businesskontext:

- Gewinnmaximierung versus Nachhaltigkeit: Streben nach maximalem Profit kontrastiert mit langfristigem Umweltschutz und sozialer Verantwortung.
- Innovationsdrang versus Tradition: Der Wunsch, Neues zu schaffen und zu innovieren, steht im Gegensatz zur Bewahrung bewährter Methoden und Traditionen.
- Kundenorientierung versus Effizienz: Die Priorisierung von Kundenzufriedenheit kann mit dem Ziel der betrieblichen Effizienzsteigerung in Konflikt stehen.
- Transparenz versus Geschäftsgeheimnisse: Der Wert der Offenheit und Ehrlichkeit gegenüber Stakeholdern gegenüber dem Schutz von vertraulichen Unternehmensinformationen.
- Diversität und Inklusion versus Meritokratie: Der Fokus auf Vielfalt und Inklusion kann manchmal mit dem Prinzip der reinen Leistungsbewertung kollidieren.
- Agilität versus Stabilität: Die Anpassungsfähigkeit und Schnelligkeit in Entscheidungen gegenüber dem Bedürfnis nach vorhersehbaren, stabilen Unternehmensstrukturen.
- Globale Expansion versus lokale Verantwortung: Das Streben nach internationaler Expansion kann lokale Verantwortung und Gemeinwohl beeinträchtigen.
- Kurzfristige Ergebnisse versus langfristige Vision: Der Druck, kurzfristige Ziele zu erreichen, kann langfristige strategische Ziele in den Hintergrund rücken lassen.
- Mitarbeiterwohl versus Kosteneffizienz: Investitionen in das Wohl-

ergehen der Mitarbeiter können in Konflikt mit dem Ziel der Minimierung von Betriebskosten stehen.
- Wettbewerbsorientierung versus Kooperation: Der Fokus auf das Übertreffen von Konkurrenten kontrastiert mit dem Potenzial und den Vorteilen von Partnerschaften und Kooperationen.

Wenn Werte übereinstimmen, kann Großes entstehen

Freitag, 16. November 2018, ein kalter Morgen in München. Die Sonne kämpft gegen den grauen Himmel, während 300 Führungskräfte im gläsernen Forum des modernen Firmengebäudes ihre Plätze einnehmen. Es ist ein wichtiger Tag im Kalender eines der führenden europäischen Nutzfahrzeughersteller mit insgesamt 30.000 Mitarbeitern. Auf dem Programm: das alljährliche Führungskräfte-Summit, intern auch nur »Das 1 Prozent« genannt. Auf der Bühne: der Geschäftsführer einer Tochtergesellschaft. Ein Mann wie ein Baum. Sein Handschlag ist von der Sorte: »Der schüttelt dir nicht die Hand – der schüttelt dich.« Er spricht Klartext mit den 300 Führungskräften, er spricht mit fester Stimme und er genießt offensichtlich auch die große Bühne – aber sein Auftreten ist angenehm anders. Tendenziell zurückhaltend. Bescheiden. Seine Leistungen? Unerreicht. Seit Jahren liefert er für das Unternehmen Rekordergebnisse und wird dafür gefeiert. Umso erstaunlicher ist es, dass dieser Geschäftsführer über diese Erfolge so spricht, als ob sie auch nach langer Zeit immer noch etwas Besonderes wären. Er behandelt sie wie einen wunderbaren Schatz.

Diese Mischung aus Demut und Exzellenz gefällt mir. Den Mann schaue ich mir mal genauer an – am besten aus der Nähe, denke ich mir. Unser Gespräch in der Mittagspause verläuft fließend und gewährt mir viele Einblicke, die mir mehr über den Menschen hinter dem Erfolg verraten. Er spricht von Bodenständigkeit und Gerechtigkeit. Er lässt durchblicken, dass für ihn noch nie etwas im Leben selbstverständlich war. Er berichtet von einer tiefen Dankbarkeit für sein Team und die gemeinsamen Erfolge. Ich spüre Bescheidenheit, Zuverlässigkeit, Gradlinigkeit. Und das Schöne: Alles ist authentisch an ihm. Mit jeder Minute wird mir klarer, warum wir uns so gut verstehen: Weil wir fast ausnahmslos dieselben Werte teilen. Sein Name: Holger Mandel. Ein Mann, der nicht nur in der Automobilwelt einen bleibenden Eindruck hinterließ, sondern uns auch als Mit-Autor dieses Buches spannende Einblicke in die Tiefen und Untiefen des Topmanagements eines großen deutschen Konzerns gewährt.

Brauchen Führungskräfte oder sogar Unternehmen unbedingt Werte?
Eindeutig ja, denn Werte geben Orientierung – so wie sie mir Orientierung gegeben haben im Gespräch mit Holger an diesem verregneten Novembertag 2018. Hätten die Werte nicht gepasst, wäre kein gemeinsames Buch entstanden. Werte stellen die Grundlagen des menschlichen Handelns dar. Sie sind Wesensmerkmale, tiefgreifende Konzepte und Überzeugungen, Leit- und Kernprinzipien, an denen wir unser Handeln ausrichten und damit für andere (Geschäftspartner, Kunden, Kolleginnen und Kollegen, Mitarbeiter) sicht- und greifbar werden.

Wie erkenne ich meine Werte, wie erkenne ich die Werte der anderen?
Wenn Sie herausfinden wollen, was Ihre persönlichen Werte sind, dann hören Sie sich doch einfach in den nächsten Tagen selbst beim Sprechen zu. Wenn Sie sich sagen hören: »Das ist mir wichtig«, »So sehe ich mich«, »So will ich gesehen werden«, »Das ist nicht verhandelbar« oder »Dafür stehe ich«, dann hat das in aller Regel eine tiefere Bedeutung. Vermutlich sind Sie dann in dem Moment bereits bei Ihren fundamentalen Werten angelangt und können damit weiterarbeiten. Falls nicht, dann helfen Ihnen vielleicht die wertvollen Fragen im Wertefinder am Ende dieser Regel.

Was hindert Sie daran, Ihre Werte zu leben? Der Werte-Ziel-Konflikt
Sie haben Ihre Werte herausgefunden, Sie wollen diese Werte sogar leben – und stellen aber nach kurzer Zeit fest, dass Sie an Ihre Grenzen kommen. Ein möglicher Grund dafür ist, dass Ihre *Ziele* nicht zu Ihren *Werten* passen. Die Psychologie spricht von einem »Wert- und Zielkonflikt«.[27]

Beispiele:
Ihr primäres Ziel lautet »Geldmaximierung« und einer ihrer wichtigsten Werte ist »Familie«. Es könnte darauf hinauslaufen, dass Sie zwar mit einer besser dotierten Position mehr Geld verdienen, dafür aber weniger Zeit mit Ihrer Familie verbringen können.

Ihr erklärtes Ziel heißt »Karriere« und einer ihrer wichtigsten Werte ist »Vertrauen«. Ihnen wird eine Abteilung angeboten, in der das Arbeitsklima geprägt ist von Neid und Misstrauen. Sie müssen sich entscheiden.

Ihr Ziel ist es, eine Führungsposition zu erreichen, Ihr wichtigster Wert lautet »Authentizität«. Sie möchten sich nicht verstellen oder ihre Überzeugungen für den beruflichen Aufstieg opfern, aber um in der Hierarchie aufzusteigen, wird von Ihnen möglicherweise erwartet, sich an die Unternehmenskultur anzupassen und Entscheidungen zu treffen, die Ihren persönlichen Werten widersprechen könnten.

Auch wenn's nicht einfach ist: Wer wirklich Werte hat, klebt nicht an seinem Stuhl

Ein bekanntes Beispiel einer amerikanischen Führungskraft, die ihre Werte verteidigte und daraufhin das Unternehmen verließ, ist Greg Smith, ehemaliger leitender Angestellter bei Goldman Sachs. Im März 2012 veröffentlichte er eine Meinung in der New York Times, in der er erklärte, warum er nach zwölf Jahren bei Goldman Sachs zurücktrat.[28] In seinem Artikel, der als offener Rücktrittsbrief diente, kritisierte Smith die Firmenkultur bei Goldman Sachs und behauptete, sie sei zunehmend toxisch und auf das eigene Interesse statt auf das der Kunden ausgerichtet. Er sprach von einem Verfall der moralischen Werte und wie das Unternehmen, das einst die besten Interessen seiner Kunden in den Mittelpunkt stellte, nunmehr vor allem Gewinn um jeden Preis machen wollte. Smiths Aktion war ein deutliches Beispiel dafür, wie eine Führungskraft ihre persönlichen Werte über die Weiterführung ihrer Karriere bei einem Unternehmen stellte, bei dem sie nicht mehr an die Unternehmenswerte oder die Ausrichtung der Geschäftspraktiken glauben konnte. Nach seinem Ausscheiden veröffentlichte er ein Buch mit dem Titel »Why I Left Goldman Sachs«, in dem er seine Erfahrungen und Gründe für seinen Rücktritt detailliert beschreibt.

Gibt es »die« Werte?

Werte sind grundsätzlich individuell und variieren stark zwischen Personen, Kulturen und Organisationen. Es gibt keine universelle, vordefinierte Liste von Werten, wenngleich sich in vielen Kulturen und Organisationen häufig wiederkehrende Wertekonzepte finden lassen. Diese umfassen oft Grundsätze wie Ehrlichkeit, Respekt, Verantwortung, Gerechtigkeit, Toleranz, Integrität, Teamarbeit, Kundenorientierung und Innovation.

Werte: Das sagt Holger

Gradlinigkeit

Ein geometrischer Grundsatz besagt, dass die Gerade die kürzeste Verbindung zwischen zwei Punkten ist. Das gilt auch für die Gradlinigkeit von Führungspersönlichkeiten. Wenn das Anliegen oder das Problem im Mittelpunkt steht, dann ist Gradlinigkeit der beste Weg. Gradlinigkeit ist nicht nur eine geometrische Erklärung, sondern auch eine ethische und moralische Haltung und ein von Lebenserfahrung geprägtes Leitmotiv. Es bedeutet ehrliches, direktes, transparentes Denken und Handeln, dieses Verhalten lohnt sich langfristig immer. Mit anderen Verhaltensweisen kann man zwar kurzfristig Erfolge erzielen, aber längerfristig rächen sich diese »manipulativen« Initiativen und führen zwangsläufig zum Scheitern.

Der Nutzen gradlinigen Handelns wird leider durch die aktuelle Zeit als Tugend häufig infrage gestellt. Paradebeispiele sind die Politik und oft große Konzerne und ihre mächtigen Konzernzentralen. Wenn Sachfragen komplex oder kontrovers zu beantworten sind, weil sie z.B. gesamtgesellschaftlich schwer vermittelbar sind, dann wird vieles dafür getan, die schmerzhaften, aber zielführenden Lösungen so lange zu verändern, bis sie gefällig oder akzeptabel wirken, ohne es tatsächlich zu sein.

Dabei werden Gegner aus dem Weg geräumt, ins Straucheln gebracht oder einfach ins Abseits gestellt. So manche Karriere von aufstrebenden Politikern oder Erfolgsmanagern wurde so praktisch über Nacht beendet. Das alles, um Tabuthemen oder unangenehme Wahrheiten zu verschweigen.

Die Bundes- und Landespolitik in den 20er-Jahren des 21. Jahrhunderts steht exemplarisch für dieses Verhalten und trägt einen Großteil der Verantwortung dafür, dass extremistische Parteien vom linken oder rechten Rand Zulauf bekommen haben. Ein gefährlicher, nein, sehr gefährlicher Trend, und ich hoffe, dass Vernunft, der Sinn für das Machbare und Ehrlichkeit wieder die Basis für unternehmerisches und politisches Handeln werden. Dass es anders geht und gelebt wird, sieht man bei den vielen Kommunalpolitikern, den Bürgermeistern, Landräten oder den vielen ehrenamtlichen Menschen, die sich in der Politik, in sozialen Aufgaben oder in Vereinen unglaublich engagieren und so einen Beitrag leisten und einen riesigen Mehrwert für die Gesellschaft schaffen.

Für alle anderen und für die ewig Gestrigen wird die ESG-Novelle (environmental, social, governance) die Rahmenbedingungen festlegen.

Die Hanse

Die norddeutsche Kaufmanns- und Städtehanse hat über 500 Jahre lang den ehrbaren und den hanseatischen Kaufmann geprägt. »Ehre ist Zwang genug« war ihr Leitspruch, und wer langfristigen Erfolg anstrebte, der sorgte für sein Geschäft, aber auch für sein Umfeld, die Stadt und die Gesellschaft. Tugenden wie Aufrichtigkeit, Gerechtigkeit, Gradlinigkeit, Mäßigung, Treue oder Demut waren selbstverständlich. Grobe Vergehen wurden hart bestraft und konnten zum Ausschluss aus den Vereinigungen oder dem Geschäftsleben führen.

In vielen traditionsreichen Unternehmen wird diese Haltung heute noch gepflegt und die Geschäftsethik ist fest im Unternehmen und in der Führungskultur verankert. Die Vorbildfunktion des Unternehmers und der Führungskräfte als ehrbare Kaufleute wird anerkannt und gelebt. In Wikipedia wird das Grundgerüst so beschrieben: »Der Ehrbare Kaufmann soll sich als Person zur Erhaltung von Werten verpflichten, zweitens in seinem Unternehmen Bedingungen für ehrbares Handeln schaffen und drittens in Wirtschaft und Gesellschaft den Rahmen für ehrbares Handeln mitgestalten.« Wann hat sich die Gesellschaft eigentlich so gewandelt, dass Fairness und Rechtschaffenheit nur noch eine Nebenrolle spielen? Liegt es am Druck, dass die Finanzkennzahlen zum nächsten Quartal um jeden Preis stimmen müssen?

»Innere Werte kann man nicht schminken.«
Lady Gaga, Musikerin

Diego Maradona und die »Hand Gottes«

Der Stürmer lässt sich im Strafraum fallen und holt mit seiner Schwalbe den entscheidenden Elfmeter in der Nachspielzeit heraus. Oder die Fußball-WM 1986 in Mexiko, als Diego Maradona mit der Hand Gottes die englischen WM-Hoffnungen zerstörte. Die Fans jubeln und feiern ihren Helden; der Täter geht in die Sportgeschichte ein. Doping, Manipulation oder Schwalbe werden plötzlich zu legitimen Mitteln, um zu gewinnen. Fair Play, fairer Sieg oder mit Anstand verlieren sind im Sport, in der Politik oder im Wirtschaftsleben am Ende des 20. und Anfang des 21. Jahrhunderts veraltet. Kurzfristiger Erfolg, schnelle Rendite und der Aktienkurs bestimmen das Wirtschaftsleben in vielen Organisationen und Bereichen.

Jeder muss seinen eigenen Weg finden und wählen. In meinem Berufsleben stand ich oft vor Situationen und schwierigen und richtungsweisenden Entscheidungen und habe mich immer für mein Wertesystem entschieden, das mir von meinem Elternhaus mitgegeben wurde. Es war kein einfacher Weg, ich habe einige Umwege gemacht und einige Beförderungen abgelehnt, aber ich bin damit glücklich und habe ein sorgenfreies Leben. Vielleicht hätte ich mehr Geld auf dem Konto haben können – aber mir war der Preis dafür zu hoch.

»Ich mach mir die Welt, widdewidde wie sie mir gefällt ...«

So oder ähnlich beschrieb und zitierte ein guter Freund frei nach Astrid Lindgren oft die Vorstandssitzung in einem großen deutschen Konzern. Unbelegte Statistiken, mangelnde Sachlichkeit, Silodenken, starke Emotionen und Anschuldigungen, interne Politik und fragwürdige Quellen mit wenig oder keinem Wahrheitsgehalt – oder wie wird die reale Lösung ausgeblendet? Die Zahl der Entscheidungen, die in einem postfaktischen Umfeld in Politik und Wirtschaft getroffen werden, ist mehr als erstaunlich. Es geht um Ideologien, die bevorstehende Wahl, das nächste politische Amt, die anstehende Vertragsverlängerung oder um die reine individuelle Macht. Wenn die Balance verloren geht und Eigeninteressen vor Unternehmensinteressen gestellt werden, dann ist das Fass am Überlaufen. Noch schlimmer sind die Auswirkungen auf das Arbeitsklima und die Unternehmenskultur und wenn jetzt nicht gehandelt wird, dann wird es gefährlich für das Unternehmen. Jetzt sind Gesellschafter oder Aufsichtsrat dringend gefragt, einzugreifen.

Passt der hanseatische, werteorientierte & gradlinige Kaufmann noch in das 21. Jahrhundert?

Trotz aller Kritik, es braucht sie noch, die ehrbaren und gradlinigen Kaufleute aus der Hanse. Das Berufsbild, die Anforderungen und die benötigten Fähigkeiten sind im 21. Jahrhundert natürlich anders, aber viele Tugenden von gestern sind auch morgen noch gefragt. Die Antworten auf die Megatrends der heutigen Zeit werden nur die Unternehmen finden können, die es schaffen, die besten und fähigsten Mitarbeiter zu gewinnen und zu halten. Die Ehrbarkeit und Gradlinigkeit der Manager haben einen großen Einfluss auf das Wertesystem eines Unternehmens. Die Talente mit den geforderten Fähigkeiten haben die Wahl, wo sie arbeiten wollen. Gute Leute wollen in einem Arbeitsumfeld arbeiten, das ihren Werten und Überzeugungen entspricht.

Ehrbare und gradlinige Kaufleute werden den begehrten Talenten und den dringend benötigten Fachkräften Folgendes bieten:

- Eine klare Vision und Strategie für das Unternehmen und die Mitarbeiter
- Eine offene und ehrliche Kommunikation auf allen Ebenen
- Eine faire und leistungsgerechte Bezahlung und Anerkennung
- Eine vertrauensvolle und respektvolle Zusammenarbeit
- Eine hohe Verantwortung und Selbstständigkeit
- Eine stetige Weiterentwicklung und Förderung
- Eine nachhaltige und soziale Verantwortung für die Gesellschaft und die Umwelt

Es wird ein Comeback des ehrbaren und gradlinigen Kaufmanns geben, auch wenn er vielleicht anders genannt wird. Es ist ein Bedürfnis der Menschen, jemandem zu folgen, dessen Werte sie akzeptieren und respektieren.

Strategien, Strukturen, Standorte oder Produktionsverfahren sind veränderlich und müssen ständig angepasst, optimiert oder auch mal neu gedacht werden. Die eigenen Werte oder die Unternehmenswerte in Organisationen sind eine feste Konstante, sie sind der Kompass und die Wurzeln. Sie repräsentieren die grundlegenden Prinzipien und Überzeugungen, die das Verhalten und die Ausrichtung eines Unternehmens bestimmen. Sie müssen kommuniziert, gelebt und vorgelebt werden, um ihre volle Wirkung zu entfalten.

Werte, Ethik oder Moral kann man nicht kaufen oder für einen großen Auftrag mal kurz beiseitelegen. Auch wenn es regulatorisch vielleicht gerade noch so erlaubt ist, lassen Sie sich nicht kaufen und verzichten Sie auf den lukrativsten Umsatz, wenn er gegen Ihre Werte, die Ethik oder die Moral verstößt. Diese authentische Aufrichtigkeit wird sich auszahlen, auch wenn Sie kurz- oder mittelfristig mal in den sauren Apfel beißen müssen. Ihr integres Verhalten zahlt sich aus für Ihren Ruf und Ihre langfristige Wettbewerbsfähigkeit, und Sie schaffen Vertrauen, sorgen für Loyalität bei Kunden, Mitarbeitern oder Kapitalgebern. Sie denken langfristig und nachhaltig und fördern damit Innovation, sichern Qualität, leben eine vitale Kultur, steigern Produktivität, und Ihre Dienstleistungen werden geschätzt. Ihr Image und Ihre Reputation stehen für nachhaltige und integre Geschäftsstrategien und Handlungsweisen und sind langfristig immer günstiger als teure Imagekampagnen zur Aufpolierung eines ramponierten Rufs oder Images.

Was für Unternehmen und Organisationen gilt, gilt natürlich auch für die handelnden Personen. Kompromisse bei Werten, Ethik und Moral sind faule Kompromisse und führen dazu, dass Sie sich in einem solchen Umfeld unwohl fühlen. Sie nehmen die Konflikte mit nach Hause und Ihr

Schlaf, Ihre Familie und Ihre Gesundheit leiden darunter und irgendwann auch Ihre individuelle Leistungsfähigkeit.

Sie haben nichts zu verbergen? Dann kann man Ihnen auch nichts nachweisen und Sie leben und arbeiten unbekümmert. Sie können Ihr volles Potenzial auf Ihre Führungsaufgaben und Ihre wirklichen Herausforderungen konzentrieren und werden damit leistungsfähiger, leben frei von »alten« Sorgen und strahlen authentisch und integer genau das aus. Ihr Umfeld, Ihre Familie und Ihre Mitarbeiter werden es Ihnen danken.

Der allmorgendliche Spiegeltest

Meine hanseatische und ehrbare Kaufmannsehre war für mich immer selbstverständlich. Die oft zitierte Handschlagsmentalität zu besitzen und zu pflegen, war für mich immer wichtiger als eine fragwürdige Beförderung.

- Habe ich so gehandelt, dass ich mein Tun meiner Familie erklären kann?
- Habe ich mich an unsere ethischen Grundsätze und Werte gehalten?
- Habe ich immer fair und ehrlich gehandelt?
- Bin ich meiner Verantwortung gegenüber Familie, den Mitarbeitern, meinem Unternehmen, der Gesellschaft und der Umwelt gerecht geworden?
- Habe ich langfristig und nachhaltig gedacht und gewirtschaftet?
- Habe ich mich an alle Gesetze und Vorschriften gehalten?
- Habe ich meine Mitarbeiter fair behandelt und gefördert?
- Habe ich meine Kunden fair behandelt und Freunde und Kunden fürs Leben gewonnen?
- Bin ich in eine Abhängigkeit geraten?
- Bin ich mit Korruption oder Bestechung in Kontakt gekommen oder könnte man mir das vorwerfen?

Das eigene Handeln zu reflektieren und sicherzustellen, dass man seine Grundsätze befolgt hat, befreit von viel Last, schafft Freiräume und stärkt das Selbstbewusstsein und Handeln.

Bei einem Abschiedsgespräch sagte mir mal ein Mitarbeiter: »Holger – du warst ganz schön hart zu uns. Wir haben gemeinsam aber auch viel mehr erreicht, als ich mir je erträumt hätte. Aber, das muss auch gesagt sein, du warst immer fair.« Für mich war das eines der schönsten Komplimente, die ich bei einem Jobwechsel bekommen habe.

Die Handlungsempfehlung: Wenn die gelebten Werte nicht mit dem eigenen Wertegerüst übereinstimmen, ist es an der Zeit, sich eine neue Aufgabe und ein anderes kongruentes Werteumfeld zu suchen. Wer bleibt, leidet und wird körperlich und seelisch krank oder belastet. Gestalten Sie Ihr Berufs- und Privatleben selbstbestimmt und so, dass Sie sich wohl und gesund fühlen und jederzeit mit sich im Reinen sind.

Aktionsplan der Oma

Wenn jemand ein wertorientierter CEO ist, dann ja wohl Oma mit ihrer Lebenserfahrung. Dank der Weisheit und Perspektive, die sie im Laufe der Jahre gewonnen hat, steht sie für eine Vielzahl von Werten. Wie Lady Gaga, die US-Musikerin, weiß auch Oma: »Innere Werte kann man nicht schminken.«

Ehrlichkeit und Integrität: Durch ihre langjährige Lebenserfahrung hat Oma gelernt, dass Aufrichtigkeit und Ehrlichkeit im Leben und im Geschäft langfristig am besten sind. Sie betont als CEO den Wert von wahrheitsgetreuer und transparenter Kommunikation, indem sie regelmäßig Finanzberichte veröffentlicht, die transparent und ehrlich sind, auch wenn die Zahlen nicht immer positiv sind. Dies stärkt das Vertrauen von Investoren, Mitarbeitern und Kunden.

Respekt: Oma weiß, dass jeder Mensch, unabhängig von Hintergrund, Alter oder Position, Respekt verdient. Sie schafft einen Arbeitsplatz, an dem alle Menschen gleichermaßen geschätzt und geschützt werden. Es gibt klare Richtlinien gegen Diskriminierung und Unterdrückung am Arbeitsplatz, die konsequent durchsetzt werden, um ein respektvolles und angstfreies Arbeitsumfeld für alle zu gewährleisten.

Familie und Gemeinschaft: Sie hält den Wert der Gemeinschaft und das Bedürfnis, sich umeinander zu kümmern, hoch. Es gibt individuelle Angebote von flexiblen Arbeitszeiten oder Homeoffice-Optionen, um den Mitarbeitern zu ermöglichen, mehr Zeit mit ihrer Familie zu verbringen oder sich um Familienmitglieder zu kümmern, die Hilfe benötigen.

Arbeitsmoral: Oma weiß, was es bedeutet, hart zu arbeiten und sich durch schwierige Zeiten zu kämpfen. Sie wertschätzt Engagement, Durchhaltevermögen und die Bereitschaft, die Extrameile zu gehen. Mitarbeiter, die über ihre regulären Aufgaben hinausgehen oder außergewöhnliche Projekte durchführen, belohnt sie wie selbstverständlich durch Feedbacks und Anerkennungsprogramme.

Nachhaltigkeit: Aus einer Zeit stammend, in der Ressourcen oft knapp waren, weiß Oma den Wert des Sparens und der Nachhaltigkeit zu schätzen. Sie achtet darauf, dass das Unternehmen verantwortungsbewusst und umweltfreundlich agiert. Sie verpflichtet die Firma, wo es nur möglich ist, erneuerbare Energiequellen zu nutzen, und führt ein nachhaltiges Recyclingprogramm für die Produktion ein. Außerdem hält sie ihre Mitarbeiter an, die Computer am Ende eines Arbeitstages herunterzufahren und nicht benötigte Lichtquellen beim Verlassen des Arbeitsplatzes auszuschalten. Diesen kleinen Luxus des Micromanagements gönnt sie sich. Jeder kann und soll seinen Beitrag zur Nachhaltigkeit leisten.

Tradition und Innovation: Während sie die Bedeutung von Traditionen schätzt, hat Oma auch viele Veränderungen erlebt. Daher erkennt und fördert sie den Wert der Anpassung und Innovation. Sie lässt ein »Museum des Unternehmens« errichten – einen physischen oder digitalen Raum, der die Historie des Unternehmens darstellt. Mitarbeiter können hier alte Produkte, Werbungen oder Fotos sehen und bekommen zudem Zugang zu einem Bereich, der Prototypen oder Konzepte für zukünftige Innovationen zeigt. Die Mitarbeiter werden herausgefordert, out of the box ein altes, traditionelles Produkt des Unternehmens neu zu erfinden oder mit moderner Technologie zu kombinieren. Design Thinking und Business Development gab's schon zu Omas Zeiten, da hieß es eben nur »Weiterentwicklung«.

Zuverlässigkeit: Oma weiß, wie wichtig es ist, sein Wort zu halten. Sie demonstriert Zuverlässigkeit und Pünktlichkeit in allen Geschäftsbereichen. Sie selbst erscheint zu jedem Meeting pünktlich und gut vorbereitet und besteht hartnäckig darauf, dass die Meetings immer zur festgelegten Zeit beginnen und enden – allein schon, um die Bedeutung von Respekt für die Zeit anderer zu unterstreichen.

Lebenslanges Lernen: Auch mit einem gewissen Alter weiß Oma um den Wert des ständigen Lernens und Wachsens. »Ich habe keine Zukunftsangst, ich habe Zukunftspläne«, sagt sie. Sie bildet sich selbst als langgediente

Führungskraft weiter, belegt Seminare und fördert die Weiterbildung und persönliche Entwicklung ihrer Mitarbeiter. Sie führt »Lerntage« ein, an denen Mitarbeiter sich von ihrer regulären Arbeit freinehmen können, um an Schulungen, Workshops oder Fachkonferenzen teilzunehmen.

Gegenseitige Hilfe: Oma hat in ihrem Leben wahrscheinlich sowohl Unterstützung erhalten als auch anderen dabei geholfen, ihren Weg zu machen. Daher betont sie immer wieder den Wert der Hilfe und Unterstützung. Sie ruft ein internes Programm ins Leben, bei dem Mitarbeiter für eine Woche die Rolle eines Kollegen übernehmen, um besser zu verstehen, welche Herausforderungen und Aufgaben diese Rolle mit sich bringt. Den Auszubildenden stellt sie erfahrene Bezugspersonen als Anlaufstelle zur Seite, die sie liebevoll »Die AZUBI-Eltern« nennt.

Omas Werte sind eine Mischung aus traditionellen Prinzipien, die sie im Laufe ihres Lebens erworben hat, und der Erkenntnis der Bedeutung von Anpassung und Veränderung in einer sich ständig wandelnden Welt.

ROUTINE: WERTEFINDER

Sie wollen Ihre Werte herausfinden? So funktioniert's:

1. Nehmen Sie Stift und Zettel zur Hand.
2. Unterteilen Sie das Blatt in eine linke Spalte (»Fragen«), mittlere Spalte (»Antworten«) und rechte Spalte (»Dahinter stehender Wert«).
3. Die Fragen für die linke Spalte lauten:
   - *Was motiviert mich?* Überlegen Sie, was Sie im Leben antreibt und was Ihnen Energie gibt.
   - *Wann fühle ich mich am glücklichsten?* Denken Sie an Momente, in denen Sie sich besonders lebendig und erfüllt gefühlt haben.
   - *Welche Entscheidungen bereue ich nicht?* Analysieren Sie Entscheidungen, die Sie getroffen haben und mit denen Sie im Einklang sind.
   - *Wofür würde ich kämpfen?* Überlegen Sie, welche Themen oder Prinzipien so wichtig für Sie sind, dass Sie dafür einstehen würden.
   - *Was würde ich ändern, wenn ich die Macht dazu hätte?* Denken Sie darüber nach, welche Veränderungen Sie in der Welt oder Ihrem Umfeld anstreben würden.

- *Bitte vervollständigen Sie folgende Sätze:* »Es ist für mich völlig inakzeptabel, wenn jemand ...«, »Ein Leitsatz, der mir besonders am Herzen liegt, ...«, »Besonders wichtig an meiner heutigen Arbeit ist mir ...«

4. Tragen Sie nun Ihre Antworten in die mittlere und die Ableitungen der Werte in die rechte Spalte ein.
5. BONUS: Um herauszufinden, was Ihre drei Kernwerte sind, markieren Sie die drei für Sie wichtigsten Werte in der rechten Spalte und bilden daraus eine Top 3 (Werte-Ranking).

Die Top 5 Kernbotschaften zu Omas Regel Nr. 10
WENN DU EINE MEINUNG HAST, MUSST DU DAZU STEHEN. WENN DU EIN BLATT IM WIND BIST, FÄLLST DU IRGENDWANN AUF DEN BODEN

1. Führungskräfte sollen ihre Werte kennen und diese auch kommunizieren, damit Mitarbeiter verstehen, was für ihre Vorgesetzten wichtig ist (Orientierung).
2. Überlegen Sie, mit wem Sie gemeinsam ein Buch schreiben würden – mit hoher Wahrscheinlichkeit ist das genau der Mensch, der dieselben Werte vertritt wie Sie.
3. Gradlinigkeit schafft Vertrauen und Glaubwürdigkeit und bezieht sich auf Ehrlichkeit, Integrität und die Bereitschaft, den richtigen Weg zu gehen. Es bedeutet, nach innen und außen transparent und aufrichtig zu handeln.
4. Nachhaltigkeit ist heute ein zentrales Thema. Unternehmen, die diesen Wert leben, berücksichtigen ökologische, soziale und ökonomische Aspekte. Sie streben langfristige Lösungen an, um die Umwelt zu schonen, soziale Verantwortung zu übernehmen und einen nachhaltigen Mehrwert für das Unternehmen zu schaffen.
5. Selbstmanagement: Dieser Wert bezieht sich auf die Fähigkeit, sich selbst zu organisieren, Prioritäten zu setzen und effizient zu arbeiten. Selbstmanagement beinhaltet auch die Bereitschaft, sich weiterzuentwickeln und Verantwortung zu übernehmen.

Danksagung

Paul dankt

Ich beginne meine Danksagung mit Ihnen, liebe Leserinnen und Leser, dass Sie immer noch lesen, obwohl das Buch längst zu Ende ist. Danke an das unschlagbare Team von GABAL: Karen Lehwald für ihre uneingeschränkte Unterstützung und ihre Begeisterung für diese wunderbare Buchidee, unsere großartige Lektorin Britta Künkel und den sympathischen und ausnehmend kreativen Kölner Grafiker Guido Klütsch. Danke für Rat und Tat in allen Lebenslagen, Prof. Dr. Dr. h. c. mult. Martin Schieg und Klaus Stäringer. Danke an Tobias »Technik-Toby« Wessely, der immer schon eine Lösung parat hat, obwohl ich das Problem noch gar nicht sehe – sowohl Chuck Norris als auch MacGyver können einpacken. Danke an Dr. Eberhard Schnell, meinen treuen Coach seit Jahren, langsam bin ich so weit. Danke an meine Lebensgefährtin Sabine, die mich spontan in den Schlusszügen dieses Buches auf Malta besuchte und mir noch mal einen Energieschub gab. Ein besonderer Dank gilt meiner Professorin Dr. Judith Mangelsdorf, die mich in die Geheimnisse der Positiven Psychologie einweihte. Frei nach dem US-Psychologen Christopher Peterson »Other people matter«, danke ich allen Menschen, die ich seit Jahren zu meinen Freunden zählen darf. Ich wünsche Euch alles und nichts. Alles, was Euch glücklich macht, und nichts, was Euch verzweifeln lässt.

Holger dankt

Ein besonderer Dank gilt meinen Töchtern Chiara Marie, Yve Marlena und dem wichtigsten Menschen in meinem Leben – meiner lieben Frau Anja. Danke auch an Dr. Frederik Zohm, Michael Heidemann und die Familie Dettendorfer (alle namentlich im Buch erwähnt) und an die vielen tausend Mitarbeiterinnen und Mitarbeiter in meinem Berufsleben, die mich immer wieder motiviert haben, es noch besser zu machen.

Literatur- und Quellenverzeichnis

1 »Mitarbeiter-Zuversicht. Wo sind die Pessimisten in Europa?« (2017), URL: https://www.hrtrends.at/news/vergleich-mitarbeiter-zuversicht/003280/ (Stand: 19.06.2024)

2 »Nonnenstudie« (2023), URL: https://de.wikipedia.org/wiki/Nonnenstudie (Stand: 19.06.2024)

3 Kerkmann, Christof: »Mitarbeiter benoten Vorstand schlecht« (2023), URL: https://www.handelsblatt.com/technik/it-internet/sap-mitarbeiter-benoten-vorstand-schlecht/29344686.html (Stand: 19.06.2024)

4 Biswas-Diener, R., Kashdan, T. B. & Minhas, G. (2011). A dynamic approach to psychological strength development and intervention. Journal of Positive Psychology. Linley, A. (2008). Average to A+: realizing strengths in yourself and others. Coventry, UK: CAPP Press.

5 Buckingham, Marcus & Clifton, Donald: Entdecken Sie Ihre Stärken jetzt! Das Gallup-Prinzip für individuelle Entwicklung und erfolgreiche Führung. CAMPUS 2011

6 Strack, Rainer; Booker, Mike; Kovacs-Ondrejkovic, Orsolya; Hermann, Anastasia; Löwe, Philipp (2018): »Deutschland zweitbeliebtestes Arbeitsland weltweit«, URL: https://media-publications.bcg.com/Decoding-Global-Talent-2018_Deutschland-Zweitbeliebtestes-Arbeitsland_June2018.pdf (Stand: 19.06.2024)

7 Benson, Kyle: »The Magic Relationship Ratio, According to Science« (2024), URL: https://www.gottman.com/blog/the-magic-relationship-ratio-according-science/ (Stand: 19.06.2024)

8 »Top 100 Zitate zur Mitarbeiteranerkennung, die Führungskräfte inspirieren« (2023), URL: https://www.vantagecircle.com/de/blog/mitarbeiter-anerkennungszitate/ (Stand: 19.06.2024)

9 Ebner, Markus: Positive Leadership. Erfolgreich führen mit PERMA-Lead: die fünf Schlüssel zur High Performance. facultas, 2019

10 »Harvard Study of Adult Development« (2015), URL: https://www.adult-developmentstudy.org/ (Stand: 19.06.2024)

11 Agarwala, A. (2023): Die Bundesjugendspiele sollen kein Wettkampf mehr sein. DIE ZEIT, 13. Juli 2023. URL: https://www.zeit.de/2023/30/bundes-jugendspiele-reform-leistung-paedagogik (Stand: 19.06.2024)

12 »Der Mensch wird am Du zum Ich. Martin Bubers Ich-Du-Philosophie«, URL: https://www.friedrich-verlag.de/friedrich-plus/sekundarstufe/religion/mensch/der-mensch-wird-am-du-zum-ich-11594 (Stand: 19.06.2024)

13 Clarke, Monique (2021): »Challenge Accepted: Mazda's Defining Challenger Spirit«, URL: https://www.insidemazda.co.uk/2021/08/03/challenge-accepted/ (Stand: 19.06.2024)
14 »Fight-or-flight response« (2024), URL: Wikipedia, https://en.wikipedia.org/wiki/Fight-or-flight_response (Stand: 19.06.2024)
15 »Dweck's Theory of Mindset«, URL: https://www.studysmarter.co.uk/explanations/psychology/cognition/dwecks-theory-of-mindset/ (Stand: 19.06.2024)
16 https://gutezitate.com/zitat/163612
17 Faber, Wim (2021): »Superhirn: Londons Taxifahrer dienen der Forschung«, URL: https://taxi-times.com/superhirn-londons-taxifahrer-dienen-der-hirn-forschung/#:~:text=Schon%20vor%20Jahren%20wurde%20in,wichtigen%20Geb%C3%A4uden%20auswendig%20lernen%20m%C3%BCssen (Stand: 19.06.2024)
18 https://de.musicthoughts.com/t/359
19 »Aphorismus zum Thema Reden von Martin Luther« (2001), URL: https://www.aphorismen.de/zitat/15304 (Stand: 19.06.2024)
20 Halusa, Martin. Bankrotteure leben besser. Maschinen, Models und Millionen. Die Geschichte des Horst-Dieter Esch. Ullstein 1994
21 Der Interviewausschnitt ist auf meiner Website unter https://www.pauljohannesbaumgartner.de/ueber-pjb/antenne-bayern/ nachzuhören.
22 »Dafür sind wir zuständig« (2018), URL: https://www.aboutamazon.de/news/arbeiten-bei-amazon/dafuer-sind-wir-zustaendig (Stand: 19.06.2024)
23 »Malvina Reynolds« (2023), URL: https://de.wikipedia.org/wiki/Malvina_Reynolds (Stand: 19.06.2024)
24 »Handykonzern in der Krise. Nokia verliert fast eine Milliarde Euro« (2012), URL: https://www.sueddeutsche.de/wirtschaft/handykonzern-in-der-krise-nokia-verliert-fast-eine-milliarde-euro-1.1499542 (Stand: 19.06.2024)
25 ebenda
26 ebenda
27 Fichter, C., Basel, J. & Keller, S. (2018): Organisation. In: C. Fichter (Hrsg.), Wirtschaftspsychologie für Bachelor (S. 163-192). Berlin: Springer. https://doi.org/10.1007/978-3-662-54944-5_8
28 Smith, Greg (2012): »Why I Am Leaving Goldman Sachs«, URL: https://www.nytimes.com/2012/03/14/opinion/why-i-am-leaving-goldman-sachs.html (Stand: 19.06.2024)

Personen- und Stichwortverzeichnis

Über die Autoren

PAUL JOHANNES BAUMGARTNER, Experte für Positive Leadership

Wie blühen Mitarbeiter auf, bleiben und wachsen? Diese Frage treibt Paul Johannes Baumgartner seit nunmehr über 20 Jahren um. Sein Credo: »Vergesst die Mitarbeiterbenefits – es dreht sich alles um die Firmenkultur.« Glückliche Mitarbeiter rechnen sich nachweislich fürs Unternehmen: mehr Umsatz, höhere Produktivität und Rentabilität.

2002 gründete er sein Beratungsunternehmen PJB Kommunikation mit den Schwerpunkten Mitarbeiterbegeisterung und Kundenloyalität. Er ist ein gefragter Vortragsredner, Ideengeber und mehrfacher Buchautor.

Frisch, motivierend und persönlich rüttelt er in seinen Vorträgen und Seminaren sein Publikum auf. Er gibt sein Wissen an mehreren Universitäten weiter, unter anderem an der TU München. Außerdem geht er seit 30 Jahren einer weiteren großen Leidenschaft beim landesweiten Radiosender ANTENNE BAYERN nach. Dort begeistert er als Moderator ein Millionenpublikum.

HOLGER MANDEL, Vorstand eines ehemaligen DAX-Unternehmens

»Road to No. 1« war nur ein Slogan, den Holger Mandel für große Reorganisationen in einem Unternehmen in seiner fast 40-jährigen Berufserfahrung nutzte, zuletzt als Vorstand eines ehemaligen DAX-Unternehmens. Fast selbsterklärend aus dem Titel: Er repräsentiert die geballte Managementpower, die immer die Poleposition anvisiert.

Holger Mandel ist eine internationale Führungspersönlichkeit, die ihren Managementstil in amerikanischen, schwedischen und deutschen Großkonzernen der Investitionsgüter- und Automobilindustrie über drei Jahrzehnte lang erfolgreich unter Beweis gestellt hat. Sein Resümee:

Führungskultur und Werte in den Unternehmensbroschüren ähneln sich. Auffallend: Die gelebten Unternehmens- und Führungskulturen in Konzernen wie Caterpillar, Volvo oder Volkswagen könnten kaum unterschiedlicher sein.

Gemeinsam mit seiner Frau Anja lebt Holger Mandel heute in Gräfelfing bei München und auf der Insel Krk. Der ehemalige MAN Truck & Bus Vorstand engagiert sich als Business Angel und Beirat/Aufsichtsrat.

Beide Autoren
stehen für Bodenständigkeit und gesunden Menschenverstand. Vielleicht auch deshalb, weil beide Dorfkinder sind. Holger Mandel wuchs im Ederbergland in einer kleinen Gemeinde in Hessen auf, Paul Johannes Baumgartner in dem 1.000-Seelen-Dorf Achslach im Bayerischen Wald. Wenn die Erde eine Scheibe wäre, würde man direkt hinter beiden Ortsschildern runterfallen.

»Profi sein, Mensch bleiben« lautet beider Devise. Obwohl sie unterschiedlicher nicht sein könnten, sind sie Praktiker und lieben es, wenn Dinge funktionieren. Was sie überhaupt nicht mögen, sind selbsternannte Leadership-»Koryphäen«, die von der Kanzel herunter belehren und Führungskräften sagen wollen, wie sie ihre Arbeit zu erledigen haben.

Kennenlernen durften sie sich auf der Bühne eines Führungskräfte-Summits und waren sofort voneinander begeistert. Paul Johannes Baumgartner über Holger Mandel: »Eine spannende Führungskraft, die man sich genauer anschauen soll – am besten aus der Nähe.« Holger Mandel über PJB: »Paul Johannes Baumgartner bringt altes Denken zum Entgleisen, provoziert, motiviert, reißt mit und begeistert. Einer der besten Experten auf dem Gebiet des Positive Leadership.«

GABAL.
Wissen vernetzen